“四川师范大学学术著作出版基金资助”

高校教育管理与学生素质的培养探索

张建成 著

九州出版社
JIUZHOUPRESS

图书在版编目（CIP）数据

高校教育管理与学生素质的培养探索 / 张建成著.
-- 北京 : 九州出版社, 2023.12
ISBN 978-7-5225-2213-5

Ⅰ. ①高… Ⅱ. ①张… Ⅲ. ①高等学校-教育管理-研究②大学生-素质教育-研究 Ⅳ. ①G640

中国国家版本馆 CIP 数据核字（2023）第 187106 号

高校教育管理与学生素质的培养探索

作　　者　张建成　著
责任编辑　刘　嘉
出版发行　九州出版社
地　　址　北京市西城区阜外大街甲 35 号（100037）
发行电话　（010）68992190/3/5/6
网　　址　www. jiuzhoupress. com
印　　刷　唐山才智印刷有限公司
开　　本　787 毫米×1092 毫米　16 开
印　　张　11. 75
字　　数　260 千字
版　　次　2024 年 1 月第 1 版
印　　次　2024 年 1 月第 1 次印刷
书　　号　ISBN 978-7-5225-2213-5
定　　价　58. 00 元

PREFACE 前言

高等教育管理体制的一系列重大改革促使我国高等教育的规模不断扩大，如今，我国的高等教育已经进入大众化教育阶段。高等教育的大众化从表面上来看，是对高等教育的规模进行了扩展。但从实质上来说，高等教育大众化带来的是教育观念、目标、模式、手段等的一系列变革。在这一过程中，要想推动高等教育的进一步发展，高校必须以高等教育大众化的要求为依据，对大学生进行科学的教育管理。

大学生是高校开展教育管理的主要对象，大学生教育管理的现状对于高校能否紧跟时代步伐有着重要的影响，并决定了高校能否在推动高等教育发展方面发挥作用。因此，高校在开展大学生教育管理时，必须严格贯彻与落实“一切以学生为中心”的教育理念，准确把握大学生的思想与行为特点，创造性地开展工作，以便提高教育管理工作的针对性和实效性。

本书主要研究高校教育管理与学生素质的培养，从高校教育管理概述入手，针对“以生为本”教育管理进行分析；在些基础上对学业管理、就业创业管理、其他管理做了一定的介绍；并对高校学生人文素质培养、高校学生信息素质培养、高校学生创造性思维与身体素质培养提出了一些建议；旨在摸索出一条适合高校教育管理与学生素质培养工作的科学道路，帮助相关工作者在实践中少走弯路，提高效率。

由于时间的仓促，作者水平有限，书中难免存在不足之处，真诚地希望读者对本书提出宝贵的意见和建议。

CONTENTS

目 录

第一章　高校教育管理概述 …… 1

第一节　大学生管理的内涵与价值 …… 1

第二节　大学生管理的过程与方法 …… 17

第二章　高校“以生为本”教育管理探析 …… 39

第一节　“以生为本”教育管理理念的理论基础 …… 39

第二节　“以生为本”教育管理实践的哲学逻辑 …… 43

第三节　“以生为本”教育管理实践的现实路径 …… 50

第三章　高校大学生学业管理 …… 56

第一节　高校课程管理 …… 56

第二节　高校课程考试管理 …… 63

第三节　学习理论与大学生学习动机 …… 73

第四节　大学生常见的学习问题及其自我控制 …… 81

第五节　学习的常用策略 …… 90

第六节　大学生学习能力的培养 …… 95

第四章　高校就业创业管理 …… 101

第一节　大学生职业生涯规划与管理 …… 101

第二节　大学生就业管理的内容与原则 …… 109

第三节　大学生创业的误区与创业素质的培养 …… 119

第五章　高校学生人文素质培养 …… 128

第一节　人文素质教育的内涵 …… 128

第二节　大学生人文素质教育的内容、原则与方法 …… 131

第三节　强化大学生人文素质教育的探索 …… 142

第六章　高校学生信息素质培养 ······ 146
第一节　信息素质教育与应用型人才 ······ 146
第二节　对大学生进行信息素质教育的意义 ······ 152
第三节　大学生信息素质教育的探索与实践 ······ 157
第七章　高校学生创造性思维与身体素质培养 ······ 163
第一节　大学生创造性思维的培养 ······ 163
第二节　大学生身体素质教育 ······ 172
参考文献 ······ 180

第一章　高校教育管理概述

第一节　大学生管理的内涵与价值

大学生管理是高等学校为实现人才培养目标而面向大学生实施的特殊的管理活动，有其特定的内涵和重要价值。

一、大学生管理的内涵

研究大学生管理，首先就要明确其内涵。而要全面、深入地把握大学生管理的内涵，就要弄清大学生管理的定义，了解大学生管理的特点，明确大学生管理的目标。

（一）大学生管理的定义

管理，就其字面意义而言，就是管辖、处理的意思。管理的涉及面极其广泛，人们往往按照某种需要、从某种角度来看待和谈论管理，因此，对管理也就形成了多种不同的解释。即使是在管理学界，对管理也有多种不同的定义。有的从管理职能和过程的角度，认为管理是由计划、组织、指挥、协调和控制等职能为要素组成的过程；有的强调管理的协调作用，认为管理是在某一组织中，为完成目标而从事的对人与物质资源的协调活动；有的突出组织中的人际关系和人的行为，认为管理就是协调人际关系，激发人的积极性，以达到共同目标的一种活动；有的从决策在管理中的重要地位的角度出发，认为管理就是决策；有的从系统论的角度出发，认为管理就是根据一个系统所固有的客观规律，施加影响于这个系统，从而使这个系统呈现一种新的状态的过程。这些不同的定义，从各个不同的角度揭示了管理活动的特性。

综合上述各种观点，我们可以对管理的概念做如下表述：管理是在一定的社会组织中，人们通过决策、计划、组织和控制，有效地利用人力、物力、财力、时间和信息等各种资源，以达到预定目标的一种社会活动过程。

大学生管理是高等学校管理的一个重要组成部分，也是高等学校人才培养工作的一个重要环节。因此，大学生管理既具有管理的一般本质，又有其自身的特殊本质。这主要表现在下述几点。①

第一，大学生管理是在高等学校这一特定的社会组织中进行的。任何管理活动都是在一定的社会组织中进行的。高等学校是系统培养专门人才的社会组织，大学生的教育和培养是其首要的和基本的任务。大学生管理也就是高等学校为实现这一任务而进行的特殊的管理活动。

第二，大学生管理的目的是实现高等学校的人才培养目标，促进大学生的全面发展。管理总是有一定目的的，管理的目的就是要实现一定社会组织的某种预定目标。世界上既不存在无目标的管理，也不可能实现无管理的目标。大学生管理作为高等学校人才培养工作的一个重要环节，其目的就是要实现高等学校在人才培养方面的预定目标，促进大学生的全面发展，使之成为德智体全面发展、富有创新精神和实践能力的中国特色社会主义事业的建设者和接班人。

第三，大学生管理的实质是要有效地利用学校的各种资源，为大学生的成长成才提供指导和服务。大学生管理的任务是要为大学生顺利完成学业、健康成长成才提供各方面的指导和服务，包括对大学生行为和大学生群体的引导、为家庭经济困难学生提供的资助服务、为毕业生提供的就业服务，等等。为此，就需要通过科学的决策、计划、组织和控制，有效地利用学校的各种资源，包括人力、物力、财力、时间和信息等。综上所述，所谓大学生管理，也就是指高等学校为实现人才培养目标，促进大学生全面发展，通过决策、计划、组织和控制，有效地利用各种资源，为大学生成长成才提供各种指导和服务的社会活动过程。

（二）大学生管理的特点

大学生管理作为高等学校为实现人才培养目标而为大学生提供的引导与服务，有其自身显著的特点。

1. 突出的教育功能

大学生管理是高等学校人才培养工作的重要组成部分，因此，大学生管理既具有管理的属性，又具有教育的属性，有着突出的教育功能。

（1）大学生管理的目标服从和服务于大学生教育的目标

大学生是为了接受大学教育而跨进大学之门的，大学生管理则是高等学校为实现大学生教育目标，促进学生圆满完成大学学业而实施的特殊管理活动，因此，大学生管理的目标必然服从和服务于大学生教育的目标。一方面，大学生教育目标是制定大学生管理目标的基本依据。实际上，大学生管理目标也就是大学生教育目标在大学生管理活动中的贯彻和体现，是其在大学生管理领域的分目标。离开了教育目标，大学生管理也就偏离了方

① 丁慎政．立德树人理念下的大学生管理工作研究［J］．知音励志，2017（8）：51.

向。另一方面，大学生教育目标的实现有待于大学生管理目标的实现。大学生管理是实现大学生教育目标的重要手段，只有通过有效的管理，建立和保持正常的教育教学和生活秩序，充分调动大学生学习的积极性和主动性，为大学生提供各种必要的指导和服务，才能保证学校教育教学活动的顺利进行和学生的健康成长。没有有效的大学生管理，教育目标也就不可能实现。

（2）教育方法在大学生管理方法体系中具有突出的作用

教育方法是包括大学生管理在内的现代管理活动中最经常、最广泛使用的一种基本手段。这是因为，一切管理活动都离不开人，而人是有思想的，人的活动总是由一定的思想意识支配的。因此，任何管理活动都要坚持思想领先的原则，注意做好人的思想工作，通过影响人的思想去引导和制约人们的行为。而大学生管理作为大学生教育和培养工作系统中的一个重要组成部分，也就必然要更加注重运用教育的手段，以增强大学生管理的实效性。同时，教育方法也是大学生管理中其他方法顺利实施并收到实效的基础。大学生管理的法律方法、行政方法和经济方法的实施，一般都要伴之以思想道德教育，才能收到良好的效果。

（3）大学生管理过程同时也是教育大学生的过程

高等学校是教育和培养专门人才的场所，高等学校的一切工作都应当对学生起到良好的教育和影响作用。直接面向大学生所实施的大学生管理工作，当然更是如此。事实上，在大学生管理过程中包含着十分丰富的教育因素。大学生管理过程中所贯彻的以人为本、民主法制、公正和谐的理念，所体现的从学校和学生的实际出发、遵循教育规律和管理规律、实事求是的科学精神，所采用的民主管理、依法管理、科学管理的方法等等都会对学生起到潜移默化的影响。大学生管理过程中所实行的依据大学生成长成才的规律和要求制定的各项规章制度，都会对大学生起到思想导向、动机激励和行为规范的作用。大学生管理过程中管理人员的情感、态度和言行也会对大学生起到表率和示范作用。可见，大学生管理的过程同时也是教育学生的过程，并直接影响着大学生思想品德的形成与发展。

2. 鲜明的价值导向

大学生管理总是为一定社会培养人才提供服务的，大学生管理的目的、管理体制和管理形式总是受到社会的经济基础、政治制度和意识形态的制约。因此，大学生管理必然具有鲜明的价值导向，它总是贯穿并体现着一定社会的主导价值体系，并直接影响着大学生价值观的形成、变化与发展。我国是人民民主专政的社会主义国家，我国的高等学校是为社会主义建设事业培养专门人才的。这就决定了我国的大学生管理必然要坚持社会主义的价值导向。具体地说，大学生管理的价值导向主要体现在以下几方面。①

① 王兆麒，周静．论高校学生管理的价值导向及优化——以大湾区协同发展为例［J］．太原城市职业技术学院学报，2023（4）：109-111.

（1）大学生管理的价值导向集中体现在管理目标中

目的性是人类实践活动的基本特征。而人的实践活动的目的，总是基于一定的需要和对实践对象的属性及其变化趋势的认识与判断，因此总是体现着一定的价值观念。大学生管理的目的同样如此。事实上，大学生管理的目的以及作为其具体展开的整个目标体系，都是基于一定的价值观念确定和设计的，都贯穿和体现着一定的价值观念和价值追求，因此，大学生管理的价值导向不仅对管理者的管理行为和大学生的日常行为起着导向、激励和评价作用，而且会对大学生价值观的形成和发展起到重要的引导和促进作用。例如，建立和维护良好的教育教学和生活秩序是大学生管理的重要目标，这一目标就体现了“有序”的价值，因此这一目标的执行，又会促进大学生形成“有序”的观念。同时，大学生管理是大学生教育的重要环节。为谁培养人，培养什么样的人，始终是大学生教育的首要问题，当然也是大学生管理的首要问题。显然，对这个问题的解决，必然鲜明地体现一定的价值观念和价值追求。在我国现阶段，也就是要体现社会主义核心价值体系，体现实现中国特色社会主义的共同理想对人才培养的要求。因此，我国大学生管理的目标也必然要体现社会主义的价值导向。

（2）大学生管理的价值导向突出体现在管理理念中

大学生管理理念是大学生管理的指导思想，直接制约着大学生管理的原则和方法。而大学生管理理念也总是体现了社会的价值体系，并往往是社会的先进的价值观念在大学生管理中的贯彻和体现。例如，大学生管理中的“以人为本”的理念，就是我们党所坚持的“以人为本”的价值观念在大学生管理中的贯彻和体现。在大学生管理中全面贯彻“以人为本”的理念，坚持做到“关心人、尊重人、依靠人、发展人、为了人”，必然会对学生正确认识人的价值，确立“以人为本”的价值观念产生积极影响。

（3）大学生管理的价值导向具体体现在管理制度中

科学而又严密的规章制度，是大学生管理的基本手段，是大学生管理规范化、制度化和法治化的基本保证和主要标志。而管理规章制度总是人们在一定的价值观念指导和影响下制定出来的，总是体现着一定的价值导向，具体表现为要求大学生做什么，不做什么；鼓励和提倡做什么，反对和禁止做什么；奖励什么样的行为和表现，惩罚什么样的行为和表现等。大学生管理制度中的这些规定无不体现着鲜明的价值导向。《高等学校学生行为准则》明确要求大学生要做到：志存高远，坚定信念；热爱祖国，服务人民；勤奋学习，自强不息；遵纪守法，弘扬正气；诚实守信，严于律己；明礼修身，团结友爱；勤俭节约，艰苦奋斗；强健体魄，热爱生活。显然，这些对于大学生行为的基本要求，鲜明地体现了社会主义的价值导向。

3. 复杂的系统工程

同任何管理活动一样，大学生管理也是一项系统工程，具有整体性、层次性、动态性和开放性。同时，大学生管理又有其特殊的复杂性，因此是一项十分复杂的系统工程。

（1）大学生管理的任务是复杂的

既要紧紧围绕大学生的中心任务，加强对学生学习行为和实践活动的管理和引导，又要切实为大学生的健康成长着想，加强对学生日常行为，包括交往行为、消费行为、网络行为的管理和引导，及时发现、校正和妥善处理学生的异常行为；既要加强对大学生现实群体包括学生班级、学生党团组织、学生社团和学生生活园区的管理和引导，又要适应网络时代的新情况，加强对大学生以网络为平台形成的虚拟群体的管理和引导；既要对大学生在校园内的安全加强管理和引导，又要为大学生在校外的安全提供必要的指导和督促；既要做好面向全体学生的奖学金评定工作，以充分调动学生的学习积极性，又要做好面向家庭经济困难学生的资助工作，以帮助他们顺利完成学业；既要引导新生科学制订职业生涯规划，明确努力的具体目标，又要为毕业生提供就业、创业指导和服务，使学生能够在合适的岗位上施展自己的身手、实现自身的价值。总之，大学生管理渗透于大学生专业学习和日常生活的各方面，贯穿于大学生培养工作的所有环节和全部过程，其任务是复杂而又艰巨的。

（2）大学生是具有明显差异和鲜明个性的

大学生管理的对象是大学生，而大学生则有着显著的差异和鲜明的个性。他们各有其特殊的精神世界和思想感情，有着不同的气质、性格、兴趣、爱好和习惯。即使是同一个年级、专业、班级的学生，由于他们各有特殊的生活条件和生活经历，他们的思想行为也各有特点。同时，随着自主意识的增强，大学生普遍崇尚个性，追求个性的自由发展和完善。对同一学生而言在成长变化不同的历史时期有着不同的特点。因此，大学生管理就不可能按照完全统一的要求、规格和程序来进行，而要善于根据大学生的个性特点，因人制宜，因势利导，有针对性地开展工作。这就使大学生管理具有了特殊的复杂性。

（3）影响大学生成长的因素是复杂的

大学生管理的目的是要促进大学生的健康成长，而影响人学生成长的，不仅有学校教育因素，还有外部环境因素。外部环境的构成因素是复杂的。现实世界中，所有与大学生的学习、生活、活动和交往有关的环境因素，都会或多或少地对大学生的成长发生影响。其中，有社会的因素，也有自然的因素；有物质的因素，也有精神的因素；有经济的、政治的因素，也有文化的因素；有国际的、国内的因素，也有家庭的、学校周边社区的因素；有现实的因素，也有历史的因素。尤其是随着现代信息技术的迅猛发展，世界越来越紧密地联系在一起，大学生可以方便快捷地获取来自世界各地的信息，因此，影响大学生思想行为及其成长的环境因素也就更为广泛，更为复杂。同时，外部环境对大学生的影响也是复杂的。一是其影响的性质具有多重性。其中，有积极影响，也有消极影响，二者往往交织在一起，同时发生作用。同样的环境因素对于不同的大学生可能会发生不同性质的影响。例如，富裕的家庭经济条件对许多大学生是顺利完成学业的有利条件，但对有的大学生则成为铺张浪费、过度消费甚至不思进取、荒废学业的重要原因。二是其影响的方式具有多样性。有直接的影响，有间接的影响；有显性的影响，有隐性的影响；有通过对大学生思想情感的熏陶发生作用的，有通过对大学生行为的约束发生作用的。凡此种种，不一而足。因此，在大学生管理过程中，管理者不仅要善于对大学生的学习和生活进行正确的指导，而且要善于正确认识和有效调控各种环境因素对大学生的影响，尽可能充分利用其对大学生的积极影响，防止、抵御和转化其消极影响。显然，这是一项十分复杂的工作。

4. 显著的专业特色

大学生管理，传统上是经验性的事务型工作，但由于大学生管理有其特殊的管理对象、特殊的内在规律和特有的方法体系，决定了必须形成大学生管理专业视角、使用专业方法、形成专业研究模式。因此，大学生工作管理是专业性很强的工作。

（1）大学生管理有其特殊的管理对象

大学生管理的对象是大学生，而大学生则有着区别于一般管理对象的显著特点。一是大学生是具有高度自觉能动性的人。大学生具有强烈的自主意识、突出的独立意向和较高的智力发展水平，崇尚独立思考，要求自主自治。在大学生管理过程中，大学生不仅仅是接受管理的对象，也是积极活动的主体。对于管理的要求和规章，对于管理者施加的指导和督促，他们总要经过自己的思考，做出自己的评价、选择和反应。更重要的，他们还会主动积极地参与到管理活动中来，自觉地接受管理和实行自我管理。这就要求在大学生管理中必须着力激发和引导大学生的自觉能动性，使他们能够自觉地顺应大学生管理的目标和要求，主动接受管理，积极开展自我管理。二是大学生是正处于成长和发展关键时期的人。他们的心理日趋成熟但还尚未完全成熟，智力迅速发展，情感日益丰富，自我意识显著增强，但又存在着诸如理智与情绪的矛盾、自我期望与自身能力的矛盾等心理矛盾。他们正处于思考、探索和选择之中，世界观、人生观和价值观正在形成，思想活动具有显著的独立性、敏感性、多变性、差异性和矛盾性。他们即将走上社会，正在做进入职场、全面参与社会劳动实践的最后准备。可见，大学生有着既不同于少年儿童又区别于成人的特点。同时，也正由于大学生还处于趋向成熟的过程之中，因此在他们身上又蕴藏着各方面发展的极大的可能性，有着发展的巨大潜力。这就要求在大学生管理中，要针对大学生的特点，切实加强并科学实施对大学生的指导和服务，以促进他们的健康成长，并使他们的身心获得最佳的发展。三是大学生是以学习为主要任务，并在教师的指导下进行自主学习的人。大学生的主要职责是学习，大学生的学习是由教师指导的，按照一定的制度和规定有目的、有计划、有组织地进行的。同时，大学生可以按照学校的有关规定自主地选修课程，自主地支配大量的课外学习时间。因此，大学生的学习不仅需要掌握科学的学习方法，而且需要高度的学习自觉性和有效的自我管理。这就要求大学生管理紧紧围绕大学生的学习任务，切实加强对大学生学习行为的指导和管理。

（2）大学生管理有其特殊的内在规律

这是由大学生管理自身的特殊矛盾决定的。大学生管理的特殊矛盾就是社会基于对专门人才的需要而对大学生在行为方面的要求与大学生行为实际状况之间的矛盾。这一矛盾存在于一切大学生管理的活动之中，贯穿于一切大学生管理过程的始终，决定着大学生管理的全局。它构成了大学生管理的基本矛盾，也是大学生管理区别于其他社会实践活动的特殊矛盾。大学生管理就是为解决这一矛盾而专门进行的特殊社会实践活动。因此，大学生管理作为一种管理活动，固然要遵循管理的一般规律，但又有其区别于其他管理活动的特殊规律。大学生管理作为一种人才培养的手段，固然要遵循教育的一般规律，但又有其区别于其他教育活动的特殊规律。这就需要对大学生管理的特殊规律，进行专门的探索和研究。大学生管理理论研究的任务，就是揭示大学生管理的特殊规律。

（3）大学生管理有其特有的方法体系

大学生管理所具有的特定的管理对象和特殊的管理规律，决定了大学生管理有其特有的方法体系。由于大学生管理工作涉及面极其广泛，具有很强的综合性，因此需要掌握管理学、教育学、心理学、社会学等多方面的理论方法和技术。但大学生管理的方法体系又不是这些学科方法和技术的简单拼凑和机械相加，而是需要在系统掌握这些学科理论、方法和技术的基础上，针对大学生的特点，依据大学生管理的特殊规律和具体实际，把它们有机地结合起来加以综合运用，从而形成自己特有的方法体系。

二、大学生管理的价值

大学生管理对社会进步、高等学校发展和大学生成长、成才都有着重要的意义和价值。全面认识大学生管理的价值，是大学生管理研究的重要课题，也是切实加强和改进大学生管理的重要思想基础。

（一）大学生管理价值概述

价值本来是一个经济学的范畴。它是伴随着商品生产的出现而产生的。在经济学领域中，价值指的是凝结在商品中的无差别的人类劳动。现在，价值范畴已经广泛地运用于社会政治、法律、道德、科技、教育和管理等各个领域之中，成了人们评价一切事物的一个普遍的范畴。因此，价值范畴又具有了哲学意义上的新的内涵。在哲学意义上，价值是指客体对于主体的作用和意义，它体现了客体的属性和功能与主体的需要之间的一种特定关系，即客体属性和功能对主体需要的满足关系。价值作为一个关系范畴，不能离开主客体中任何一方而存在。一方面，价值离不开主体，主体的需要是衡量价值的尺度，只有能够满足主体需要的事物或对象，才具有价值；另一方面，价值也离不开客体，客体的属性和功能是价值的载体。价值的实质，也就是客体的属性和功能对主体需要的满足。

大学生管理的价值是指大学生管理对于社会、高等学校和大学生所具有的作用和意义，也就是大学生管理的属性和功能对社会进步、高等学校发展和大学生成长、成才需要的满足。① 大学生管理价值的客体是大学生管理本身。大学生管理具有能够对大学生的成长和发展、对高等学校实现教育目标、对培养社会合格人才发挥作用的属性与功能。正是大学生管理的这些属性和功能构成了大学生管理价值的基础。大学生管理价值的主体是社会、高等学校和大学生。高等学校是大学生管理的实施者。高等学校之所以要实施大学生管理，就根源于实现教育目标的需要，而大学生管理则具有能够满足这种需要的属性和功能。因此，高等学校也就成了大学生管理价值的主体。同时，高等学校的教育目标又是依据社会对专门人才的要求和大学生自身发展的需要制定的，因此，社会和大学生也就都成了大学生管理的主体。大学生管理价值所体现的也就是大学生管理的属性和功能对社会、高等学校和大学生需要的满足关系。

大学生管理价值有下述显著特点。

1. 直接性与间接性

大学生管理对其价值主体的作用，就其作用的形式而言，有直接作用和间接作用。因此，大学生管理价值也就具有直接性和间接性的特点。大学生管理价值的直接性是指大学生管理能够不经过中介环节而直接作用于价值主体，以满足其一定的需要。一般说来，大学生管理对大学生的影响和作用往往是直接发生的。大学生管理价值的间接性是指大学生管理需要通过一定的中介环节而间接作用于价值主体，以满足其一定的需要。一般说来，大学生管理对于社会的影响和作用往往是通过对大学生的影响和作用而间接地发生的。

2. 即时性与积累性

大学生管理价值的实现即大学生管理以自身的属性和功能对价值主体某种需要的满足总要经过一个或短或长的过程，因此，大学生管理价值也就具有即时性与积累性的特点。大学生管理价值的即时性是指大学生管理活动在短时间内就能够迅速达到目标，从而满足价值主体的某种需要。例如，及时办理新生中家庭经济困难学生的助学贷款，以使他们能够跨进大学、安心学习；及时处理学生中发生的突发事件，以保障学生安全和校园稳定等等。大学生管理价值的积累性是指大学生管理往往要经过一个相当长的过程，通过长期的工作积累，才能达到目标，从而满足价值主体的需要。例如，建立良好的教育教学秩序，以满足高等学校人才培养工作的需要；培养学生良好的思想品德和行为习惯，以满足社会发展与学生自身发展的需要，等等。这些就不是一朝一夕所能实现的，而是需要长期的工

① 王琳. 个人自主与责任意识：大学生自我管理的价值基准［J］. 吉林省教育学院学报，2021（1）：83-86.

作积累。

3. 受制性与扩展性

大学生管理价值的受制性是指大学生管理价值的实现要受到其他种种因素的影响。这是因为，大学生管理价值就是对大学生成长成才的作用和意义。而大学生的成长成才则还要受到高等学校内部其他因素和外部环境因素的影响。因此，大学生管理在大学生成长成才中作用的发挥，也就必然要受到其他种种因素的制约。当其他因素对大学生的影响与大学生管理的作用方向相一致，大学生管理就容易收到实效，大学生管理的价值也就易于实现。反之，如果其他因素对大学生的影响与大学生管理的作用方向不相一致，大学生管理就难以收到实效，大学生管理的价值也就难以实现。大学生管理价值的扩展性是指大学生管理可以通过大学生的活动和影响对高等学校内部其他工作和外部环境因素发生作用，从而使自身价值得到扩展。例如，大学生管理通过对学生科技创新和创业活动的鼓励和支持，激发起学生科技创新和创业的积极性，这就必然会推动学校的教学创新，最终提高学生的科技创新能力和创业能力。再如，大学生管理通过对学生日常行为的引导，使学生养成了遵守社会公共道德规范、自觉维护公共秩序和环境卫生的行为习惯，这就必然会对学校周边环境的优化发生积极的影响。

4. 系统性与开放性

大学生管理价值的系统性是指大学生管理的价值是一个由多种维度、多种类型的内容构成的有机整体。按价值的主体，可分为社会价值、高校集体价值和个体价值。社会价值是大学生管理对社会运行和发展的作用和意义；高校集体价值即大学生管理对高等学校运行和发展的作用和意义；个人价值即大学生管理对大学生个体成长和发展的作用和意义。按价值存在的形态，可分为理想价值和现实价值。理想价值是大学生管理价值的应有状态，即大学生管理所追求的最终价值；现实价值是大学生管理的实有状态，即在现实条件下已经实现或正在实现的价值。还可以按价值的性质，分为正向价值和负向价值；按价值的大小，分为高价值和低价值，等等。大学生管理价值就是由上述各种价值组成的系统。大学生管理价值的开放性是指大学生管理的价值会随着价值主体需要和大学生管理功能的变化发展而变化发展。随着社会的发展，大学生管理服务对象的需要在变化发展，这就必然会促使大学生管理的功能发生相应变化和发展，从而使大学生管理的价值得到增强和拓展。例如，随着计算机网络的发展及其对大学生的二重影响，要求大学生管理必须加强对大学生网络活动的管理和服务，从而使大学生管理的价值拓展到网络空间。

（二）大学生管理的社会价值

大学生管理的社会价值是指大学生管理对社会运行与发展的作用和意义，即大学生管理的属性和功能对社会运行与发展需要的满足。大学生管理的社会价值集中表现在它是培养中国特色社会主义建设合格人才的重要手段，构建社会主义和谐社会的内在要求。

1. 培养合格人才的重要手段

中国特色社会主义事业的发展需要数以亿计的高素质的劳动者、数以千万计的专门人才和一大批拔尖创新人才。高等学校是人才培养的重要基地，其中心任务就是要为中国特色社会主义建设培养合格的专门人才。而大学生管理则是高等学校人才培养工作的重要手段，在培养合格人才中发挥着不可或缺的重要作用。

（1）维护正常的教育教学秩序

高等学校的教育教学活动总是按照一定的制度和规章有目的、有计划、有组织地进行的，建立和维护正常的教育教学秩序是高等学校教育教学工作的内在要求和基本条件。这就需要有严格的、科学的管理，包括大学生管理。大学生管理在维持高等学校教育教学秩序中具有特殊的重要作用。在大学生管理中，实行严格的学籍管理，按照一定的制度和规定，有序地做好有关学生入学与注册、课程和各种教育环节的考核与成绩记载、转专业与转学、休学与复学、退学、毕业与结业等各项工作，是建立正常的教育教学秩序的基础。实施系统的学习管理，引导学生明确学习目的，提高学习的主动性和自觉性，规范学生的学习行为，督促学生自觉遵守学习纪律和考试纪律，形成良好的学风，是建立正常的教育教学秩序的关键。加强对学生班级、学生社团等学生群体的管理，引导学生紧紧围绕学校的教育教学目标，有序地开展班级活动、社团活动和其他课余活动，是建立正常的教育教学秩序的重要条件。

总之，大学生管理是建立和维护正常的教育教学秩序的重要保证。没有有效的大学生管理，就不可能有正常的教育教学秩序。

（2）激励、指导和保障学生的学习行为

高等学校教育教学的过程是教师与学生双向互动、“教”与“学”辩证统一的过程。其中，“教”是主导，“学”是关键。学习是大学生的主要任务，是大学生能否成为合格人才的关键。而大学生管理则对大学生的学习行为起着重要的激励、指导和保障作用。大学生管理对学生学习行为的激励作用主要表现在：引导学生充分认识大学学习的社会意义和个体价值，明确学习目的，以激发学生的学习动机；运用颁发奖学金和授予荣誉称号等方式，表彰学业优秀的学生，以鼓励学生勤奋学习；把竞争机制引入学生的学习活动之中，围绕学生的专业学习，组织各种竞赛活动，以激发学生的学习热情。大学生管理对学生学习行为的指导作用主要表现在：指导新生了解大学阶段学习的特点和要求，促使他们尽快实现学习方式从被动到自主的转变；指导学生根据社会需求和自身实际制定职业生涯规划，确定自己的职业发展方向，从而明确学习的目标；指导学生掌握科学的学习方法，养成良好的学习习惯，不断提高自主学习的能力和学习效率；指导学生积极开展社会实践活动。注重在实践中加深对专业理论知识的理解，在实践中提高自己的专业技能。大学生管理对学生学习行为的保障作用主要表现在：加强资助管理，切实做好助学贷款和助学金的发放工作，组织和指导学生的勤工助学活动，为家庭经济困难学生安心学习、顺利完成学业提供必要的经济条件；开展学生学习心理的辅导，帮助学生克服学业焦虑等各种消极心理，以积极健康的心态对待学习等。

（3）培养学生的思想品德

中国特色社会主义建设所需要的合格人才不仅要具备良好的专业知识和能力素养，还要具备良好的思想品德。所谓思想品德是指人在一定的思想体系指导下，按照社会的言行规范行动时，表现在个人身上的相对稳定的特征。它是以心理因素为基础的思想与行为的统一体。培养大学生良好的思想品德，不仅需要深入细致的思想政治教育，还需要有效的管理。这是因为人们良好思想品德和行为习惯的形成，有一个由他律到自律的过程。大学生各方面还未成熟，发展尚未稳定，加之学生个体的思想基础不同，接受教育的主动性、积极性和自觉性各不相同，因此，大学生自我管理、自我约束的能力尚有欠缺并存在差异。要帮助大学生提高自理、自律的水平，使他们能够自觉地遵循社会的思想规范、政治规范、道德规范和法纪规范，并形成良好的行为习惯，就必须在加强思想政治教育的同时，加强对大学生各方面的管理，注重大学生日常行为规范的训练。通过大学生管理，科学制定并严格执行各项规章制度，强化行为管理和纪律约束，使大学生的学习、交往等各方面的行为都能够按照一定的规范有序地进行，不仅有助于培养大学生良好的行为习惯，也可以为思想政治教育创造良好的环境条件，从而增强思想政治教育的效果。

2. 构建和谐社会的内在要求

实现社会和谐，始终是人类孜孜以求的社会理想，也是中国共产党和中国人民不懈奋斗的重要目标。社会和谐是中国特色社会主义的本质属性，构建社会主义和谐社会是发展中国特色社会主义的基本要求和重要保证。大学生管理作为对大学生这一特殊社会群体提供引导和服务的社会活动，在构建社会主义和谐社会中发挥着特有的重要作用，具有特殊的重要价值。

（1）大学生管理是维护社会稳定、实现社会安定有序的重要保证

我们所要建设的社会主义和谐社会应该是民主法治、公平正义、诚实友爱、充满活力、安定有序、人与自然和谐共处的社会。安定有序是社会主义和谐社会的内在要求和重要特征，也是实现社会和谐的基本条件。社会稳定则是安定有序的基本内容和重要表现，也是改革、发展的前提。而高校稳定是社会稳定的重要条件，高校稳定的关键则又在大学生。这是因为，大学生的思想尚未成熟，存在着显著的矛盾性。他们关心国家发展，关注时事政治，追求民主自由，并具有较强的政治参与意识，但尚缺乏政治经验和社会生活经验，政治辨别能力不强，因此容易受到社会上错误思潮和不良倾向的影响。同时，大学生正处于青年期，情感具有强烈性。这既使大学生热情奔放，勇往直前，也使大学生易于冲

动，甚至失去理智。成千上万的大学生集中在高等学校的校园内，如果缺乏正确的引导和有效的管理，一些不良的倾向和问题，很容易在大学生中扩散开来，并造成不良的社会影响。因此，切实加强大学生管理，正确引导大学生的社会活动和政治行为，妥善解决大学生在学习、生活、交往和就业中碰到的各种矛盾和问题，及时处理大学生中发生的各种突发事件，以保持高等学校的稳定，对于维护社会稳定，实现社会安定有序具有特殊的重要意义。

（2）大学生管理是构建和谐校园的重要手段

高等学校是现代社会中不可或缺的重要社会组织，担负着培养人才、推进科技进步、传播先进文化的重要任务。构建和谐校园，是构建社会主义和谐社会题中应有之义，也是推进高等学校科学发展的内在要求。加强大学生管理，引导和组织大学生积极发挥在和谐校园建设中的主体作用，是构建和谐校园的重要保证。加强大学生管理，建立和完善学生参与民主管理的组织形式，引导、支持和组织学生依法参与学校的民主管理和实行自主管理，切实维护和保障学生在校期间享有的权利，引导和督促学生全面履行法律规定的义务，自觉遵守国家法律和学校管理制度，能够有力地推进高等学校的民主法治建设。加强大学生管理，妥善地协调学生与学校、学生与教师之间的关系，维护学生的正当利益，实事求是地评价学生的思想品德和学业成绩，公正地实施奖励和处分，正确地处理学生中的各种矛盾和问题，可以使公平正义在校园中得到弘扬。加强大学生管理，督促学生在学习考试、科学研究、人际交往和日常生活中坚持诚实守信，做到不作弊、不剽窃，引导学生尊敬师长，友爱同学，团结互助，才能在校园中形成诚信友爱的良好风气。通过大学生管理，充分调动学生的积极性和创造性，围绕专业学习，开展丰富多彩的社团活动和社会实践活动，鼓励、组织和支持学生开展科学研究、进行创造发明、尝试创业活动，才能使校园真正充满活力。通过大学生管理，建立和维护学校正常的教育教学秩序和生活秩序，加强学生的安全教育和管理，保障学生的身心健康，有效地预防和妥善地处理学生中的突发事件，努力建设平安校园，才能使校园实现安定有序。通过大学生管理，引导和督促学生自觉维护校园环境，节约使用水、电等各种资源，才能使校园成为人与自然和谐共处的生态校园。

（3）大学生管理是促进大学生集体和谐发展的重要手段

包括大学生党团组织、班级、学生会、社团等在内的大学生集体是大学生学习和日常生活的基本组织形式，直接影响着大学生的思想和行为，是大学生思想政治教育和管理的重要载体。大学生集体的和谐发展，不仅直接关系着大学生个体的健康成长和全面发展，也直接关系着高等学校的和谐稳定和科学发展。大学生管理内在地包含着对大学生集体的管理，因此在促进大学生集体和谐发展中具有十分重要的作用。通过大学生管理，引导大学生集体自觉遵循学校的有关制度和规定，紧紧围绕学校的人才培养目标和学生成长成才的需要，积极开展丰富多彩的集体活动，充分发挥自身在大学生自我教育、自我管理中的作用，可以促进大学生集体的发展与学校发展的和谐与统一。通过大学生管理，切实加强大学生集体的思想建设、组织建设、制度建设和作风建设，引导大学生增强集体意识，主动关心集体发展，积极参与集体活动，弘扬团结互助精神，不断增进同学友谊，注重相互沟通与交流，及时化解各类矛盾，可以促进各个大学生集体自身的和谐发展。通过大学生管理，引导大学生党团组织、班级、学生会、社团等各类大学生集体正确处理相互之间的关系，加强相互之间的沟通和协调，做到相互配合、相互支持，形成大学生自我教育、自我管理的合力，可以促进各类大学生集体的和谐与共同发展。

（三）大学生管理的个体价值

大学生管理的个体价值是指大学生管理对大学生个体成长与发展的作用和意义，即大学生管理的属性和功能对大学生个体成长与发展需要的满足。大学生管理的个体价值主要表现在引导方向、激发动力、规范行为、完善人格和开发潜能等几方面。

1. 引导方向

大学生管理具有突出的导向功能，对大学生的成长和发展起着重要的导向作用。大学生管理的导向作用，主要表现在以下三方面。

（1）引导政治方向

政治方向是政治立场、政治观念、政治态度、政治品质和政治信念的综合体，是人的素质中的首要因素，决定着人们思想和行为的基本倾向。我们党历来强调在人才培养中必须把坚定正确的政治方向放在第一位。当今世界，随着经济全球化和信息技术的迅速发展，国际政治斗争趋于复杂，西方意识形态的渗透日益加剧。引导大学生确立坚定正确的政治方向即坚持中国特色社会主义的方向，是高等学校的一项极为重要而又十分紧迫的任务。要实现这一任务，首先要加强大学生思想政治教育，同时，也要加强大学生管理。这是因为，大学生管理的社会属性决定了大学生管理必然具有鲜明的政治方向性并对学生的政治方向发挥引导作用。加强大学生管理，严格执行高等学校学生管理规定，引导和督促大学生自觉遵守高等学校学生行为准则，加强对大学生的行为尤其是政治行为的管理和指导，引导学生正确行使依法享有的政治权利，防止和抵制各种腐朽意识形态对大学生的影响，及时纠正校园中出现的错误倾向，维护和保障校园的政治稳定和政治安全，对于引导大学生坚持坚定正确的政治方向无疑具有重要作用。

（2）引导价值取向

价值取向是指人们基于自己的价值观在面对或处理各种矛盾、冲突、关系时所持的基本价值立场、价值态度以及所表现出来的基本价值倾向。价值取向决定和支配着人的价值选择，制约着人们思想和行为的方向。随着经济全球化的发展和我国国际交往的扩大，西方的各种价值观念也渗透进来。因此，引导大学生掌握社会主义核心价值体系，坚持正确的价值取向，有着尤为重要的意义。如前所说，鲜明的价值导向是大学生管理的一个显著特点。大学生管理通过坚持和贯彻体现社会主义核心价值体系的管理理念，制定和执行以培养社会主义建设合格人才为根本宗旨的管理目标体系和管理规章制度，对大学生的价值取向发挥重要的引导作用。

（3）引导业务发展方向

引导大学生确定既符合社会需要，又符合自身实际的奋斗目标，明确业务发展的方向，可以引导他们把自己的主要精力和时间投入实现既定目标的业务学习和实践活动之中，从而促进他们早日成才。大学生管理在引导大学生业务发展方向方面的作用集中表现在：通过对学生学习活动的指导，引导学生根据相关专业的要求和自己的兴趣爱好，确定专业学习的目标，从而明确在专业学习方面努力的方向；通过对大学生职业生涯规划的指导，引导学生根据社会需求、职业发展的趋势和自身的主观条件与愿望，确定自己的职业理想，从而明确自己职业生涯发展的方向。

2. 激发动力

高等学校的系统教育为大学生的成长和发展提供了良好的条件，而大学生能否健康成长和全面发展，关键在于大学生自身的主观努力即主观能动性的发挥。因此，要促进大学生的成长和发展，就必须注重激发大学生的内在动力，充分调动他们的主动性和积极性。大学生管理具有显著的激励功能，在激发大学生内在动力方面具有突出的作用。大学生管理对大学生的激励作用，主要是通过以下三种路径实现的。

（1）需要激励

需要是人的行为动力的源泉，是行为动机产生和形成的基础。人的积极性的发挥及其发挥的程度，归根到底取决于其需要能否得到满足以及满足的程度。大学生管理坚持以人为本的管理理念和服务学生的管理原则，关心学生的实际需要，维护学生的正当利益，扎扎实实地为大学生的成长和发展提供各方面的指导和全方位的服务，因此，也就必然会对大学生发挥重要的激励作用。

（2）目标激励

人的行为总是指向一定目标的，目标是人们期望达到的成果和成就，能够激发人的内在积极性，鼓励人们奋发努力。人们对目标的达成满足自身需要的价值看得愈大，估计目标能够实现的可能性愈大，目标的激发力量也就愈大。大学生管理遵循社会发展要求与大学生自身发展需要相统一的原则，科学地制定管理的目标，着力引导大学生根据社会需要和自己的兴趣爱好、主观条件，合理地确定自己的学习目标和发展目标，从而对大学生发挥着重要的激励作用。

（3）奖惩激励

奖励和惩罚是大学生管理的重要方法，其目的就是要通过运用正、负强化手段，控制

大学生行为结果的反馈调节作用，以维持和增强大学生努力学习和践行大学生行为准则的主动性和积极性。奖励是通过奖赏、赞扬、信任等褒奖形式来满足大学生的需要，使其感到满足和喜悦，从而更加奋发努力的正强化手段；惩罚是通过造成被惩罚者某种需要的不满足而使其感到痛苦和警醒，从而变消极行为为积极行为的负强化手段。大学生管理通过恰当地运用奖励和惩罚，鼓励先进，鞭策后进，从而激励全体大学生奋发努力。

3. 规范行为

大学生管理的一项重要任务就是要科学制定和严格执行各项管理规章制度和纪律，以规范大学生的行为，促进其形成文明的行为方式和良好的行为习惯。大学生管理在规范大学生行为方面的作用，主要是通过以下三种途径实现的。

（1）加强制度建设

制度建设是大学生管理的重要内容。大学生管理中的制度建设，就是要依据社会发展要求、人才培养目标和大学生健康成长与发展的需要，科学制定和不断完善各项规章制度，使大学生明确应该做什么、不应该做什么，应该怎么做、不应该怎么做，并引导和督促大学生规范自己的行为，逐步形成文明的行为方式。

（2）严格纪律约束

纪律是一定的社会组织为实现组织目标而要求其全体成员必须共同遵守并富有组织强制力的行为规范。它是建立正常秩序、维系组织成员共同生活的重要手段，是完成各项任务、实现组织目标的重要保证，因此成为大学生管理中不可或缺的重要手段。在大学生管理中，通过严格执行学习、考试、科研、集体活动、校园生活、安全保卫等各方面的纪律，以约束和调整学生的行为，并对违纪行为及时做出恰当的处罚，可以有效地引导和规范学生的行为，促进其良好行为习惯的养成。

（3）引导自我管理

自我管理是大学生管理的重要路径。自我管理的一项重要内容就是要启发学生的自觉性和主动性，引导学生自觉遵守管理制度，主动地用体现社会要求的大学生行为准则规范行为，实行自我约束和自我监督。这种自我约束和自我监督，既表现在大学生个体的自我管理中，也体现在大学生群体的自我管理中。在大学生班级、寝室、社团等群体的管理中，充分发挥学生的主体作用，引导学生在民主讨论的基础上，形成全体成员共同遵守的规章制度，并相互监督执行，不仅有助于营造良好的群体氛围、实现群体的目标，而且有助于提高全体成员规范和约束自己行为的自觉性。

4. 完善人格

人格是一个人所具有的稳定而统一的心理特征的总和。通俗地讲，人格就是指一个人的品格、思想境界、情感格调、行为风格、道德品质、精神面貌等。人格既是个人发展状况的集中表现，也是个人发展的内在主观条件。人的全面发展内在地包含着人格的健全和完善。大学生管理以促进大学生的全面发展为根本目的，因此必然要注重培育大学生健全的人格，以促进他们形成崇高丰富的精神境界、高尚优秀的道德品质、积极健康的心理品格。大学生管理在完善大学生人格方面的作用，主要表现在以下两方面。

（1）优化环境影响

环境是影响大学生人格形成和发展的重要因素，对大学生的人格具有陶冶和感染的重要作用。大学生管理在营造良好的校园环境、优化校园环境方面具有重要作用。大学生管理通过制定和执行合理的规章制度，建立和维护正常的校园秩序；通过有效的学习管理和班级管理，促进良好学风和班风的形成；通过对大学生交往活动的管理和引导，优化校园的人际环境；通过对大学生网络活动的管理和指导，净化校园的网络环境；通过对学生社团和学生课余活动的管理和指导，形成积极向上、丰富多彩的校园文化生活环境；通过对学生生活园区的管理和学生日常行为的指导，为学生营造安定有序、文明健康的日常生活环境；等等。

（2）指导行为实践

实践是大学生人格形成和发展的基本途径。大学生所接受的各种教育影响，只有在实践中通过他们亲身的体验，才能真正为他们所理解、消化和吸收。大学生行为习惯的养成、实践能力的提高等，更是自身长期实践活动的结果。因此，大学生管理通过对大学生行为和实践活动的管理和指导，也就必然会对大学生人格的完善发挥重要作用。

5. 开发潜能

人的潜能是指人所具有的有待开发、发掘的处于潜伏状态的能力。它包括人的生理潜能、智力潜能和心理潜能。人的潜能是人的现实活动力量的潜伏状态和内在源泉，人的能力的发展，在一定的意义上，也就是开发潜能，使之转化为现实活动力量即显能的过程。人的潜能是巨大的，人的潜能的开发具有十分广阔的前景。大学生正处于成长和发展的关键时期，着力开发他们身上所蕴藏的丰富潜能，将他们内在的潜能转化为从事社会建设的实际能力和现实力量，是大学生培养工作的重要任务。大学生管理作为大学生培养工作的重要组成部分，在开发大学生内在潜能方面发挥着不可或缺的作用。

（1）指导学习训练

学习和训练是开发潜能的基础。只有通过系统的学习和训练，掌握必要的知识和方法，才能使潜能得到正确的、有效的发挥。大学生管理通过对大学生的学习活动的管理和指导，引导大学生确立正确的学习目标，掌握科学的学习方法，不仅可以充分发掘大学生在学习方面的潜能，以提高他们的学习能力，促进大学生系统地掌握专业理论知识和方法，从而使他们在专业方面的潜能得到开发和发展。

（2）运用激励机制

激励是开发潜力的重要手段。通过激励，可以充分调动人的主观能动性，打破安于现状的消极心态，振奋人的精神，转变人的态度，激发人的兴趣，调整人的行为模式，从而达到开发潜能的目的。而激励则是大学生管理的重要手段。大学生管理运用激励机制，通过引导学生明确努力方向和成才目标，奖励成绩优异、表现突出的学生，可以调动大学生的主动性和积极性，激发他们奋发向上的进取精神，从而促进他们不断地开发自身潜能。

（3）组织实践活动

实践是潜能转化为显能的中介和桥梁。人的潜能，只有在实践中，才能逐步显现出来，得到实际发挥，从而转化为显能。大学生管理通过支持和指导学生的社团活动和社会实践活动，鼓励和引导学生的科技服务和科技创新活动等，可以为大学生提供丰富多样的参与实践活动的机会，使他们的潜能在实践中得到开发和发展。

第二节　大学生管理的过程与方法

大学生管理是一个包括决策、计划、组织和控制等环节的动态的过程，在此过程中需要运用各种行之有效的管理方法。科学认识和全面把握大学生管理的过程，正确理解和灵活运用大学生管理的方法，是有效实施大学生管理的重要保证。

一、大学生管理的过程

研究大学生管理过程，主要是要弄清大学生管理过程的含义和构成要素，把握大学生管理过程的特点和主要环节。

（一）大学生管理过程的含义和构成要素

1. 大学生管理过程的含义

大学生管理过程，就是大学生管理工作者对影响和制约大学生发展和成长的各种因素及其相互关系及时做出相应调整，以实现整体目标的过程。大学生管理过程的实质，就是要把握组织环境、管理对象变化、发展的情况，并根据组织目标，适时调节管理活动，在动态的情况下做好管理工作。充分认识和掌握管理过程，对于做好大学生管理工作具有非常重要的意义。因为管理行为并不能直接达到管理的目的，管理行为是一种周而复始的动态运行过程，管理的目的就是在这种管理过程中实现和完成的。充分认识和理解大学生管理过程，才能既从局部上理解管理行为的各部分内容，有助于做好大学生管理的各部分工作，又从整体上理解由各部分内容结合而成的全部管理活动，有助于做好大学生管理的全部工作。

2. 大学生管理过程的构成要素

大学生管理过程的要素主要包括：管理者、管理对象、管理手段和职能、管理目标。管理者，即谁来管理；管理对象，即管理什么，包括人、财、物、时间、空间和信息等等；管理手段和职能，即运用什么样的手段和方法、发挥什么样的功能和作用等，也就是如何管理的问题，包括运用行政方法、法律方法、经济方法和教育方法等基本管理方法，对管理对象进行预测、决策、计划、组织、指挥、协调、激励和控制等；管理目标，即朝着什么方向走，最终达到什么目标。① 这四个基本要素相互作用，缺一不可。

（二）大学生管理过程的特点

大学生管理过程既具有一般管理过程的特征，如目的性、有序性、可控性等，又具有区别于其他管理过程的显著特点。与其他管理过程相比较，大学生管理过程主要有以下三方面的特点。

1. 大学生的管理过程是一个大学生管理工作者与大学生双向互动的能动过程

大学生的管理工作是一种复杂的社会活动。社会的主体是人，人的活动构成了社会活动的基本内容。因此，在管理的过程中既要发挥管理者的主导作用，也要发挥被管理者的主体作用，并努力达到两者的统一。管理过程是管理者和被管理者之间相互影响、相互作用的一种双向互动的能动过程。作为管理者应该能动地认识和塑造被管理者，而作为被管理者则应该在管理者的启发和引导下，进行自我管理，并达到自我教育，从而实现接受管理和自我管理过程的有机结合，使被管理者将管理者所传授的思想观念和行为规范纳入自身的思想品德结构中，成为支配和控制自身思想和情感行为的内在力量，即“内化”，实现由“管”到“理”，由“他律”到“自律”的飞跃。

2. 大学生管理过程是有效利用学校的各种资源，为大学生成长成才提供指导和服务的过程

大学生管理过程有别于一般管理过程就在于它以培养大学生成才为根本目标，而要实现这一目标，就必须对学校的各种资源进行分析和管理，将人、财、物、时间、空间、信息等各种管理要素组织运转起来，以求有效利用这些资源，使之发挥最大的效益，为大学生的健康成长和成才提供行之有效的指导。

3. 大学生管理过程是与大学生教育过程紧密结合，保证教育目标顺利实现的过程

大学生管理工作者在对大学生实施管理的过程中应坚持管教结合，管中寓教，教中有管。当今的大学生不仅思想活跃，而且有很强的自主意识和自尊意识，这就对大学生管理

① 李志勋. 大学生管理过程中问题分析与机制创新研究［J］. 科学中国人，2017（17）：70-71.

工作者的管理水平提出了较高的要求。在管理的过程中，管理者必须寓情于理，寓意于行，不断提高管理工作的水平，力争使管理的过程成为被管理者受启发、受教育和实现内化的过程，并且促使被管理者把已经形成的思想观念和行为准则转化为自己外在的行为，养成相应的行为习惯，即实现由内化到“外化”，由“自律”到“自为”的飞跃。

（三）大学生管理过程的主要环节

大学生管理过程主要包括决策、计划、组织和控制四个环节。这四个环节是既相互区别，又相互联系的。

1. 大学生管理决策

大学生管理决策是指大学生管理工作者为了达到一定的目标，在掌握充分信息和对有关情况进行深刻分析的基础上，运用科学的方法，从两个以上的可行性方案中选择一个合理方案的分析判断过程。大学生管理决策过程包括研究现状，明确问题和目标，制定、比较和选择方案等阶段性的工作内容。

（1）研究现状

有问题有待解决才需要决策，也就是说，决策是为了解决一定的问题而制定的。因此，制定决策，首先要分析问题是否已经存在，是何种性质的问题，这种问题是否已经对社会、对学校、对大学生自身以及未来发展产生了不利影响。分析大学生在学习、生活、各种能力的培养、实践活动以及未来就业、创业等方面可能遇到的种种问题和面临的挑战，确定问题的性质，把问题作为决策的起点。当然，研究这些问题的主要人员应该是学校高层管理人员，这不仅是因为他们要对学校的发展负责、对学生的未来发展负责，而且由于他们在学校中所处的地位使他们能够通观全局，高屋建瓴，易于找出问题的关键所在。

（2）确立目标

在分析了大学生在学习、生活、各种能力培养、实践活动以及未来就业和创业等方面可能遇到的种种问题、面临的挑战或者说不协调之后，还要进一步研究针对问题将要采取的各种措施应符合哪些要求，必须达到何种效果，也就是说，要明确决策的目标。这是因为，确立决策目标具有以下作用：一是保证学校内部各种目标的一致性。二是为动员和分配学校的各种资源提供依据。三是形成一种普遍的思想状态或气氛，如促成一种井然有序的学习、生活秩序，形成积极投身社会实践的传统，培养一种开拓创新的良好氛围。四是帮助那些能够和学校目标保持一致的学生形成一个学习、实践活动和生活核心，同时为阻止那些不能与学校目标保持一致的学生进一步参与此类活动提供一种解释。五是促成把学校总目标和不同阶段目标转化为一种分工结构，包括在学校内部把任务分配到各个责任点上。六是用一种能够对组织各项活动的成本、时间和成效等参数加以确定和控制的方式，提供一份关于组织目的和把这种目的转化为分阶段目标的详细说明。

要确立目标，需做好以下几方面工作：一是提出目标。这一目标应该包括上限目标（理想目标）和下限目标（必须实现的目标）。二是明确多元目标之间的相互关系。大学生管理目标是多重的，但是对于不同年级、不同专业的学生来说，其目标的相对重要性是不同的。在特定时期，决策只能选择其中一项作为主要目标。然而，多元目标之间的关系是既相互联系又可能相互排斥的，如对毕业班的大学生来说，考研究生和考公务员以及求职之间就是这种既相互联系又相互排斥的关系。因此，在选择了主要目标后，还要明确它与非主要目标之间的关系，以避免在决策的实施过程中将主要精力和时间投放到非主要目标上去，避免捡了芝麻丢了西瓜。三是限定目标。目标的执行有可能给学校和大学生带来有利的结果，也可能带来不利的结果。限定目标就是要把目标执行的有利结果和不利结果加以权衡，规定不利结果在何种程度上是允许的，一旦超越这一程度则必须停止原计划，终止目标活动。一般说来，不论是何种目标，都必须符合三个基本特征：能够计量、规定期限和确定责任人。

（3）拟定决策方案

决策的关键在于选择，而要做出正确选择，就必须提供多种可供选择的方案。从实践来看，任何目标都可以通过多种不同的活动来实现，而不拟出几个实现它的抉择方案的情况是很少的。因为对于主管人员而言，如果看来只有一种行事方法，那么这种方法很可能就是错误的。在此情况下，主管人员可能就不再努力去考虑其他能够使决策做得更好的方法。

决策方案描述了学校为实现目标拟采取的各种对策的具体措施和主要步骤，因为目标的实现可以采取多种不同的活动，所以应该拟出不同的行动方案。在拟订方案的过程中，第一，要确保有足够多的方案可供选择。为了使选择有意义，不同方案必须相互区别而不能相互包容。假如某个方案的活动能够包含在另一个方案之中，那么这个方案就失去了存在的意义和价值。第二，形成初步方案。一般说来，任何一个方案的产生都应该建立在对环境的具体分析和发现问题的基础之上，然后，根据问题的具体性质以及解决问题所要达到的目标，提出各种改进设想，并对诸设想进行分析、整理和归类，进而形成各种不同的初步方案。第三，形成一系列可行方案。在对各种初步方案进行遴选、补充的基础上，对遴选出来的方案做进一步完善，并预期其实施结果，这样便会形成一系列不同的可行方案。

（4）比较与选择

要选择方案，首先要了解各种方案的优劣。为此，需要对不同方案加以评价和比较。这种评价和比较主要包括如下几方面：一是实施方案所需要的条件能否具备，具备这些条件需要付出何种成本；二是方案实施能够给学校和学生各自带来什么利益（包括长期利益和短期利益）；三是方案实施中可能遇到哪些问题，其导致活动失败的可能性有多大。根据上述评价和比较，便可以寻找出各种方案的差异，分析出各种方案的优劣。在此基础上进行的选择，不仅要确定能够产生综合优势的实施方案，而且要准备好环境发生变化时的备用方案。确定备用方案的目的是对可预测到的未来变化准备充分的必要措施和应急对策，避免在情况发生变化后因疲于应付而忙中添忙，乱中增乱，或束手无策而蒙受这样或那样的损失。

2. 大学生管理计划

计划过程是决策的组织落实过程，决策一旦做出，计划就要紧紧跟上。计划是对决策目标的进一步展开和落实，离开了计划，决策便失去了意义。

大学生管理计划就是在既定目标的前提下，进一步根据实际情况，科学地、及时地预计和制定为达到一定的目标的未来行动方案。具体来说，就是通过将学校在一定时间内的活动任务分解给学生管理的每个部门、环节和个人，从而不仅为这些部门、环节和个人的工作以及活动的检查与控制提供依据，而且为决策目标的实现提供组织保证。

大学生管理计划是一种协调过程，它给学生管理部门和学生管理工作者以及学生指明了方向。当所有有关人员了解了组织的目标和为达到目标他们必须做出的贡献时，他们便开始协调他们的活动，互相合作，形成团队。而缺乏计划则会走许多弯路，从而使实现目标的过程无效率而言。大学生管理计划还可以促使学生管理部门和学生管理工作者展望未来，预见变化，以及制定适当的对策，同时减少不确定性、重叠性和浪费性的活动。大学生管理计划还能通过设立目标和标准以便于进行控制。在计划中必须要设立目标，而在控制职能中，人们又会将实际的绩效与目标进行比较，发现可能发生的重大偏差，采取必要的校正行动。可以说，没有计划，就没有控制。

（1）大学生管理计划的制定

一般来说，制定大学生管理计划可遵循以下程序。

①收集资料，为计划的制定提供依据

计划是为决策的组织落实而制定的，了解决策者的选择，理解有关决策的特点和要求，分析决策制定的大环境和决策执行的条件要求，是制定行动计划的前提。由于计划安排的任务需要不同专业、不同年级的大学生利用一定的资源去完成，因此，计划的制定者还应该收集反映不同专业和不同年级学生的活动能力以及外部有关资源供应情况的资料，从而为计划制定提供依据。

②目标或任务分解

目标或任务分解是将决策确定的学校总体目标分解落实到各个部门、各个活动环节，将长期目标分解成各个阶段的分目标。通过分解，便可以确定学校的各个部分在未来各个时期的具体任务以及完成这些任务应达到的具体要求。分解的结果是形成学校的目标结构（包括目标的时间结构和空间结构）。目标结构描述了学校中较高层次的目标（总体目标和长期目标）与较低层次目标（部门、环节、个人目标与各阶段目标）相互间的指导（如总体目标对部门目标、长期目标对阶段目标）与保证（部门目标对整体目标或阶段目标对长期目标）关系。

③目标结构分析

目标结构分析是研究较低层次目标对较高层次目标的保证能否落实，亦即分析学校在各个时期的具体目标是否能够实现，能否保证长期目标的达成；分析学校各个部分的具体目标是否能够实现，能否保证整体目标的达成。如果处于较低层次的某个具体目标尚不能实现，那么就应该考虑能否采取一些补救措施，倘若做不到这一点，就应该考虑调整较高层次的目标要求，有时甚至要对整个决策进行修订。

④综合平衡

一般而言，综合平衡工作应着眼于以下几点。一是分析由目标结构决定的或与目标结构对应的学校各部分在各时期的任务是否相互衔接和协调。具体来说，就是分析任务的时间平衡和空间平衡。时间平衡是要分析学校在各阶段的任务是否相互衔接，从而能否保证学校活动顺利进行；空间平衡则要研究学校的各个部分的任务是否保持相应的比例关系，从而能否保证学校的整体活动协调进行。二是研究学校活动的进行与资源供应的关系，分析学校能否在适当的时间筹集到适当品种和数量的资源，从而能否保证学校活动的连续性。三是分析不同环节在不同时间的任务与能力之间是否平衡，即研究学校的各个部分是否能够保证在任何时间都有足够的能力去完成规定的任务。由于学校的外部环境和活动条件会发生这样那样的变化，这样就可能导致任务的调整，因此，在任务与能力平衡的同时，还应该留有一定余地，以保证这种可能产生的调整在必要时能够顺利进行。

制定并下达执行计划。在综合平衡的基础上，学校便可以为各个部门制定各个时段的行动计划（如，长期行动计划、年度行动计划、季度行动计划），并下达执行。

（2）大学生管理计划的执行

制定计划的目的在于执行计划，而计划的执行需依靠学生管理工作者和大学生的共同努力。因此，能否保质保量完成计划，在很大程度上取决于在计划执行过程中能否充分调动广大学生管理工作者和大学生的积极性。

（3）大学生管理计划的调整

计划在执行过程中，有时需要根据实际情况的变化进行调整。这既可能是因为计划活动所处的客观环境发生变化，还可能是因为人们对客观环境的主观认识有了这样那样的改变。为了使大学生的各种组织活动更加符合环境特点的要求，必须对计划进行适时的调整。而滚动计划就是保证计划在执行过程中能够根据情况变化适时修正和调整的一种现代计划方法。这种方法根据计划的执行情况和环境变化情况定期修订未来的计划，并逐期向前移动，使短期计划、中期计划有机结合起来。由于计划工作中很难准确预测将来影响发展的各种变化因素，而随着计划的延长，这种不确定性就越来越大，如果一定要按几年以前的计划实施，可能会带来一些不必要的损失。采用滚动计划能够避免这种不确定性所带来的不良后果。滚动计划的基本做法是，制定好学校在一个时期的行动计划后，在执行过程中根据学校内外条件的变化定期地加以修改，使计划不断延伸，滚动向前。滚动计划方法主要应用于长期计划的制定和调整。这是因为，一般来说，长期计划面对的环境比较复杂，采用滚动计划可以根据环境变化和学校内部活动的实际进展适时进行调整，以便于使学校始终有一个为各部门、各阶段活动导向的长期计划。当然，这种计划方式也可以应用于短期计划工作，如，年度和季度计划的制定和修订。

3. 大学生管理组织

大学生管理组织就是高校学生管理机构和学生工作管理者为了有效地实施既定的计划，通过建立管理机构，确定职位、职责和职权，协调相互联系，从而将组织内部各个要素联结成一个有机整体，使人、财、物、信息、时间、技术等资源得以最佳配置和利用。

大学生管理机构设置是否科学合理，组织工作是否有效，直接关系到大学生的成长和未来发展，关系着大学生管理目标的实现。要有效地实施大学生管理，一定要使大学生管理组织机构科学化、合理化，为此，就需要构建一套科学的大学生管理机构并使其职能有效发挥。

（1）大学生管理机构及其职能

各高校的学生管理工作已形成了比较一致的组织结构形式，具体表现为：学校党委和学校行政→校党委副书记和副校长→学生工作处和团委→院系党总支副书记→年级辅导员→学生会。

①学生工作处

学生工作处同时具有行政管理职能和思想政治教育职能，既负责学生的招生、就业、奖惩、生活指导、日常行为管理等行政管理工作，又负责新生入学教育、日常思想教育和毕业生就业思想教育，如此安排为管理和教育有机结合提供了组织保障，有益于全校学生工作在学校党委宏观指导下有步骤有计划地进行，克服管理和教育脱节两张皮现象。

②团委

团委在大学生管理方面的主要职能是：在学校党委的领导下，全面负责大学生团组织的建设和管理；负责对学生会和学生社团进行管理和指导；组织和指导学生的社会实践活动和志愿者活动等。

③学生会

学生会具有比较完整的组织系统，包括校学生会、院（系）学生会以及各班级的班委会。学生会具有比较严密的管理系统，各部门、各成员之间既有分工也有合作，既是相对独立的又是一个整体。要使大学生管理工作有效实施，必须完善、巩固和依靠学生会组织。对学生组织，学校上级管理部门除了给予必要的指导外，在财力上也要给予一定的支持。同时还应该给予他们一定的权力和地位，充分发挥他们的积极性和主观能动性。因为学生会组织的结构设置涉及广大学生的方方面面，代表的是广大学生的利益，所以如何使学生会组织真正起到学生与学校之间的桥梁作用，对有效实施大学生管理非常重要。

④大学生自我管理委员会

目前，有一些高校开始尝试设置大学生自我管理委员会，它一般挂靠在校学生处或团委，下设生活保障部、宿舍管理部和风纪监察部等机构。生活保障部的主要任务是参与创建文明食堂的宣传和教育，其目的在于美化就餐环境，维护就餐秩序，对不文明行为进行纠正和制止，创建文明的生活环境。宿舍管理部主要是与学校宿舍管理办公室或物业管理部门共同对宿舍进行管理，以求为广大学生营造一个清洁、安静、舒适的学习和生活环境。风纪监察部的主要职责在于整治校园环境，可定时、定点或随时随地对学生中发生的违纪行为进行监察，同时还承担着维护食堂秩序、学校巡视以及检查学生上课迟到、早退等方面的工作。

（2）大学生管理工作者的职务设计

为了提升大学生管理工作成效，各高校正在进行学生管理工作者的新的职务设计，力求实现学生管理工作者的“三化”——职业化、专业化和专家化。大学生管理工作是集理论性、知识性、实践性、时代性和时效性于一体的工作，它致力于大学生的成长和发展，应该成为一种专门的职业。学生管理工作者既应该是学生教育管理服务工作的多面手，又应该是学生就业指导、生活学习指导、成才指导、心理咨询、形势与政策教育等方面的专业人才，唯有如此才能满足学生管理工作的需要，提高管理成效。在实际工作中，不仅能应付日常事务，还要认真研究学生工作中出现的新问题，要像专家和学者那样，把学生管理工作当作一种事业去经营、去追求，掌握学生管理工作的规律和艺术，成为学生管理工作方面的专家学者。

（3）大学生管理队伍的人员配备

为了进一步提高高校学生管理的水平和成效，各高校应该根据教育部的要求和本校实际工作需要，科学合理地配备足够数量的学生管理工作队伍，在保证数量的基础上，专兼职相结合，不断优化结构。目前，各高校的学生管理工作基本上采取院系主要负责制，由院党委副书记、专职辅导员及兼职辅导员协同工作。此外，基于目前大学生就业形势日益严峻，不少高校在大学生管理队伍中尝试配备职业指导人员，旨在为大学生成功就业提供指导和必要的帮助。

4. 大学生管理控制

大学生管理控制是对大学生管理的计划、组织等管理活动及其效果进行测量和校正，以确保组织目标以及为此而拟定的计划得以实现的有效手段。大学生管理控制是大学生管理机构和每一位大学生管理工作者的重要职责，正确和因地制宜地运用控制手段和方法是使控制工作更加有效的重要保证。

在一个组织中，控制就是核实所发生的每一件事是否符合所规定的计划，所发布的指示以及所确定的原则。其目的就是要指出计划实施过程中的缺点和错误，以便加以纠正和防止再犯。控制在每件事、每个人、每个行动上都起作用。因为，在现代管理系统中，各组织要素的组合关系是多种多样的，时空变化和环境影响很大，内部运行和结构有时变化也很大，加上组织关系的复杂，处在这样一个复杂多变的系统中，如果组织缺少有效的控制，就很容易产生错乱，甚至偏离正确的轨道。如果计划从来不需要修改，而且是在一个全能的领导人的指导之下，由一个完全安全均衡的组织完美无缺地来执行的，那就没有控制的必要了。然而，现实情况往往与理想状态相去甚远，计划总是赶不上变化，在执行计划的过程中总是或多或少地出现与计划不一致的现象，于是，控制便成为一种必须。控制是大学生管理过程一个不可分割的部分，是管理的一项工作内容。但是，控制不同于强制，最有效并持续不断的控制不是强制，而是触发个人内在的自发控制。

（1）控制的类型

根据时机、对象和目的的不同，我们可以将控制分为以下三种类型。

①预先控制

预先控制是在活动开始之前进行的控制。其内容包括检查资源的筹备情况和预测其利用效果。

②现场控制

现场控制也被称为过程控制，是指活动开始之后对活动中的人和事进行指导和监督。对大学生的学习和活动进行现场监督的作用在于：首先，使学生以正确的方法进行学习，参加各种活动。通过现场监督，大学生管理工作者可以直接向学生传授学习、参加各种活动的要领和技巧，纠正其错误的做法，从而提高大学生的学习能力和实践能力。其次，可以保证计划的执行和计划目标的实现。通过现场检查，大学生管理工作者可以随时发现大学生在活动中与计划要求相偏离的现象，从而将问题消灭在萌芽状态。

③成果控制

成果控制亦即事后控制，是指在一项活动告一段落之后，对该活动的资源利用情况及其结果进行总结。由于成果控制发生在事后，因此对本次活动已经于事无补，其目的是总结经验教训，为未来计划的制定和活动的下一步推进提供借鉴。

（2）有效控制的要求

①适时控制

最有效的控制不在于偏差或问题出现以后的处理和补救，而在于事先通过适时控制消除可能导致偏差或问题的可能性，从源头上防止偏差或问题的形成。这也就是说，纠正偏差和解决问题的最理想方法应该是在偏差或问题未产生之前，就注意到偏差和问题产生的可能性，预先采取必要的防范措施，防止偏差或问题的产生。落实到操作上，就是建立预警系统，形成应急机制。该机制的目的是通过建立预警系统，对可能发生偏差或问题的对象的信息进行分析和研究，及时发现和识别潜在的或现实的偏差或问题，进行客观评估，采取防范措施，防止和减少偏差和问题发生的可能。具体做法可以由各学校根据自己的实际情况，建立一支由班级、院系有关师生组成的突发事件预警队伍，该队伍的每位成员都要接受专门的培训，并且明确职责和分工，定期对本班、本系、本院的学生进行了解、评估和帮助，将有关的信息汇总到学校的突发事件干预机构，再由突发事件干预机构根据实际情况统一部署，采取相应的措施。与事后的亡羊补牢之举相比，事先的适时控制才是最重要的，与其在偏差或问题发生之后进行补救，莫若事先适时控制。

②适度控制

适度控制是指控制的范围、程度和频度要恰如其分，恰到好处。那么，如何才能做到这一点呢？一般来说，要注意以下三方面的问题：一是既要避免控制过多又要防止控制不足。没有人喜欢被控制，事实上，控制多半会招致被控制者的不快，大学生亦是如此，但是不进行控制又是不现实的，因为失去控制往往会导致组织活动的混乱、低效甚至无效。那么，该如何对大学生的学习以及各种活动进行控制呢？行之有效的控制应该是既能满足对活动监督和检查的需要，又要防止与大学生产生激烈冲突。为此，要求大学生管理工作者必须做到：注意避免控制过多，控制过多不仅会招致年轻大学生的反感，而且会扼杀他们学习和参加各种活动的积极性、主动性和首创精神，影响他们才能的发挥和能力的提高。防止控制不足，控制不足，不仅会影响组织活动的有序进行，而且难以保证各层次活动进度和比例的协调，造成资源的浪费。此外，控制不足还可能导致大学生无视学校的正当合理要求，自由散漫、我行我素，破坏学校的校风校纪。二是全面控制与重点控制相结合。学校管理机构和学生管理工作者不可能，而且也没有必要不分轻重缓急、事无巨细对大学生的所有活动进行控制。适度控制要求学校在建立控制系统时利用 ABC 分析法和例外原则等工具，找出影响大学生活动效果的关键环节和关键因素，并据此在相关环节上建立预警系统或控制点，进行重点控制。三是控制的产出大于投入。一般来说进行控制是要有投入的，衡量工作成绩和活动成效，分析偏差或失误产生的原因，以及为了纠正偏差和补救失误而采取的措施，都需要一定的花费。与此同时，任何控制，由于纠正或补救了工作或活动中的偏差或失误，又会带来一定的成效。因此，一项控制，只有当它的产出超过投入时，才是值得的。

③客观控制

控制工作必须针对大学生学习和活动的实际情况，采取必要的纠偏措施和补救手段，促使其工作或活动继续有效推进。基于此，有效的控制必须是客观的，符合大学生实际情况的。客观的控制源于对大学生学习和活动的实际情况及其变化的客观了解和评价。为此，控制过程中采用的检查、衡量方法必须能够正确反映大学生活动在时空上的变化程度，准确地判断和评价各部门、各环节的工作与计划要求相符或背离程度。

④弹性控制

大学生在学校学习以及参加各种活动时，难免遇到各种意想不到的突发问题或无力抗拒的变化，这些问题和变化可能会与原有的计划严重背离。而有效的控制即使在这样的情况下也应该能够继续发挥作用，维持正常运行。这也就是说，真正有效的控制应该是具有灵活性和弹性的。

二、大学生管理的方法

科学实施大学生管理，不仅要系统把握大学生管理的过程，还要掌握行之有效的管理方法。大学生管理的方法是复杂多样的，各种方法都有其特殊的作用和特点。全面掌握和正确运用大学生管理的方法，是提高大学生管理效率的关键。

（一）大学生管理方法的内涵

大学生管理方法，是指在管理活动中为实现管理目标、保证管理活动顺利进行所采取的工作方式。[①] 管理方法是管理过程中不可缺少的运作工具，它来自管理实践，而又与管理理论的形成有着密切的关系。从某种意义上说，现代管理理论中一个又一个学派的出现，无不标志着管理方法的一次又一次创新。

管理方法作为管理理论、管理原理的自然延伸与具体化和实际化，是管理原理指导管理活动的必要中介和桥梁，是实现管理目标的途径和手段，管理理论必须通过管理方法才能在管理实践中发挥作用。管理方法的作用是任何管理理论、管理原理都无法替代的。如今，管理方法在吸收和运用多种学科理论和知识的基础上已逐步形成了一个相对独立、自成体系的领域。

（二）大学生管理方法的类型及特点

随着大学生管理方法的日渐成熟，大学生管理方法也已逐渐形成了一个相对完整的管理方法体系。

1. 法律方法及其特点

大学生管理的法律方法是指以法律规范以及具有法律规范性质的各种行为规则为手段，调节大学生管理系统内外的各种关系，规范大学生管理行为的管理方法。大学生管理中所涉及的法律，既包括国家正式颁布的与大学生管理相关的法规，也包括各级政府机关所制定的具有法律效力的有关大学生管理工作的条例、规章和制度。法律方法的内容，不仅包括建立和健全各种法规，而且包括相应的司法工作和仲裁工作。这两个环节是相辅相

① 于杰. 大学生管理方法探析［J］. 知音励志，2015（24）：63.

成、缺一不可的。只有法规而缺乏司法和仲裁，就会使法规流于形式，无法发挥效力；法规不健全，司法和仲裁工作则无所依从。管理的法律方法具有以下特点。

（1）严肃性

法律和法规的制定必须严格按照法律规定程序进行，法律和法规一旦制定和颁布出来后就具有了相对的稳定性。法律和法规不可因人而异，必须保持它的严肃性。司法工作更是严肃的行为，必须通过严格的执法来维护法律的尊严。

（2）规范性

法律和法规是所有组织和个人行动的统一准则，对人们有同等的约束性。法律和法规都是用极严格的语言准确阐释其含义，并且只允许对它做出一种解释。法律和法规之间不允许相互冲突，法规应服从法律，法律应服从宪法。

（3）强制性

法律、法规一经制定就要强制执行，每个公民都应该毫无例外地遵守。否则，就要受到国家强制力量的惩处。

2. 行政方法及其特点

行政方法是指依靠行政组织的权威，运用命令、规定、指示条例等行政手段，按照行政系统和层次，以权威和服从为前提，直接指挥下属工作的管理方法。行政方法的实质是通过行政组织中的职务和职位来进行管理。它特别强调职责、职权、职位，而并非个人的能力和特权。因为在行政管理系统中，各个层次所掌握的信息是不对称的，所以才有了行政的权威。上级指挥下级，完全是由于高一级的职位所决定的。下级服从上级是对上级所拥有的管理权限的服从。行政方法实际上就是行使政治权威，其主要有以下特点。

（1）权威性

行政方法的基础是管理机构和管理者的权威。管理者权威越高，他所发出的指令的接收率就越高。提高各级领导的权威，是运用行政管理方法的前提，也是提高行政方法有效性的基础。对大学生管理工作者而言，必须努力以自己优良的品质、卓越的才能去增强管理权威，而不能仅仅依靠职位带来的权力来强化权威。

（2）强制性

行政权力机构所发出的命令、指示、规定等对管理对象具有程度不同的强制性。行政方法就是通过这种强制性来达到指挥与控制管理活动的目的。但是，行政强制与法律强制是有区别的，法律的强制性是通过国家机器和司法机构来执行的，只准许人们可以做什么和不可以做什么；而行政的强制性是要求人们在行动和目标上服从统一的意志，它在行动的原则上高度统一，但允许人们在方法上灵活多样。行政的强制性是由一系列的强制措施作为保证来执行的。

（3）垂直性

行政方法是通过行政系统和行政层次来实施管理的，因此基本上属于纵向垂直管理。行政指令一般都是自上而下，纵向直线下达。下级组织和领导人只接受一个上级的领导和指挥，横向传来的指令基本上没有约束力。因此，行政方法的运用，必须坚持纵向的自上而下，切忌通过横向传达指令。

（4）具体性

相对其他方法而言，行政方法比较具体。不仅行政指令的对象和内容是具体的，而且在实施过程中的具体方法上也因对象、目的和时间的变化而变化。因此，任何行政指令往往都是在某一特定的时间内对某一特定的对象起作用，具有明确的指向性和时效性。

（5）无偿性

运用行政方法进行管理，上级组织对下级组织的人、财、物等的调动和使用不按等价交换的原则，一切根据行政管理的需要，不考虑价值补偿问题。

（6）稳定性

行政方法是对特定组织行政系统范围内适用的管理方法。由于行政系统一般都有严密的组织机构、统一的目标、统一的行动，以及强有力的调节和控制，对于外部因素的干扰有着较强的抵抗能力，因此，运用行政方法进行管理可以使组织有较高的稳定性。

3. 经济方法及其特点

经济方法是运用各种经济手段，调节各种不同经济利益之间的关系，以获取较高的经济效益和社会效益的管理方法。对大学生管理而言，所谓的经济手段主要包括奖学金和罚款等。奖学金是指政府、学校、社会为表彰和鼓励优秀学生而设立的一种精神或物质奖励，其设置具有激励效应。这种激励效应是通过评奖评优等外在因素的刺激，使学生完成目标的行为总是处于高度积极状态，以进一步鼓励、激发、调动其内在的积极因素，即通过对优秀者、先进者某种行为的肯定和奖励以及对优秀事迹的宣传，达到鼓励先进，鞭策后进，引导全体学生共同进步、全面成才之目的。奖学金的项目和条件应能表达学校管理者对学生的期望，并且能对学生的行为方向和努力目标具有引导作用。罚款是对大学生违反规章制度给学校造成危害的行为所进行的经济惩罚。它可以制约和收敛某些人的不轨行为。但是，罚款的名目和数额要适当，不能滥用。要防止用罚款来代替管理工作和思想工作的倾向，以免招致学生的不满和反对。奖励和惩罚最重要的是严明，该奖即奖，当罚则罚，激励正气，祛除邪气。只有这样，才能使奖学金和罚款成为真正的管理手段。经济方法具有以下特点。

（1）利益性

经济方法是通过利益机制来引导被管理者去追求某种利益，间接影响被管理者的一种方法。

（2）关联性

经济方法的使用范围很广，不但各种经济手段之间的关系错综复杂，影响面宽，而且每种经济手段的变化都会产生多方面的连锁反应。有时它不仅影响当前，而且会波及长远，产生一些难以预料的后果。

（3）灵活性

一方面经济方法针对不同的管理对象可以采用不同的管理手段。另一方面，对于同一管理对象可以在不同情况下采用不同方式来进行管理。

（4）平等性

经济方法承认被管理的组织和个人在获取自己的经济利益上是平等的。学校按照统一的价值尺度来计算和分配成果。各种经济手段的运用对相同情况的大学生具有相同的效力。

4. 教育方法及其特点

教育是指按照一定的目的、要求对受教育者从德、智、体、美、劳诸方面施加影响的一种有计划的活动。大学生管理中的教育方法主要是指通过深入细致的思想政治教育，激发大学生的积极性和主动性，引导大学生的思想和行为，以实现大学生管理职能的管理方法。教育是管理的基本方法之一。这是因为，管理的中心是人，而人的行为总是受一定的思想支配和制约的，因此，在管理中就要注意做好人的思想工作，通过影响人们的思想去影响人们的行为，从而促进组织目标的实现。而大学生管理作为大学生教育和培养工作中的一个重要组成部分，更要注重运用教育的手段，以增强大学生管理的教育性。教育方法具有以下几方面的特点。

（1）启发性

教育方法重在通过入情入理的说服，启发大学生认同学校教育与管理的目标，并把个人的目标与学校教育与管理的目标紧密结合起来，从而使大学生能够自觉地遵循大学生行为规范，积极主动地为实现学校的教育与管理目标而努力。

（2）示范性

大学生管理的目的在于促进大学生的全面发展，使其个性得到张扬和完善。在这个过程中，大学生管理工作者的言传身教、人格魅力对大学生起着十分重要的示范作用。

（3）潜在性

大学生思想教育是一个春风化雨、润物细无声的过程，是一个全身心投入、彼此产生共鸣的过程，因此具有潜在性的特点。

（4）长效性

运用教育方法，可以帮助和引导大学生树立正确的世界观、人生观和价值观，从而对他们的行为起到持久的引导、激励和规范作用。

（三）常用的大学生管理方法

1. 目标管理的方法

目标管理是由管理大师彼得·德鲁克提出来的，德鲁克认为，为了充分发挥不同组织成员在计划执行中的作用，协调他们的努力，必须把组织任务转化成总目标，并根据目标活动及组织结构的特点分解为各个部门和层次的分目标，组织的各级管理人员根据分目标的要求对下级的工作进行指导和控制。目标管理要求组织内的每一个人、每一个部门全力配合实现组织的目标，对于分内的工作自行设定目标，决定方针，编订制度，以最有效能的方法达成目标，并经由检查、绩效考核、评估目标达成状况及尚需改善之处，作为后续目标设定的参考依据。

（1）目标管理的程序

①设定目标

设定目标包括确定学校的总目标和各部门的分目标。总目标是学校在未来从事活动要达到的状况和水平，其实现有赖于全体成员的共同努力。为了协调大学生在不同时间地点的努力，各个部门的各个成员都要建立和学校总目标相结合的分目标。这样就形成了一个以学校总目标为中心的一贯到底的目标体系。在设定每个部门和每个成员的目标时，大学生管理部门和学生管理工作者要向学生提出自己的方针和目标，学生也要根据学生管理部门和学生管理工作者的方针和目标制定自己的目标方案，在此基础上进行协调，最后由学生管理部门和学生管理工作者综合考虑后做出决定。具体来说，设定目标就是要做到每个院系、每个班级在不同的阶段都要设定不同的目标，如学习目标、实践能力目标、纪律目标、卫生目标以及道德修养和人生理想目标，并以此作为努力的方向。同时，还要注意目标的设定一定要明确清晰、能够量化。要求要适度，既要具有挑战性，又是通过努力可以达成的。最后还要为日标的实现确定一定的时程，即目标实现要有一定的时间限定，不能无休止。

②执行目标

各层次、各院系的大学生为了达成分目标，必须从事一定的活动，同时在活动中必须利用一定的资源。为了保证他们有条件组织目标活动，就必须赋予他们相应的权力，使之能够调动和利用必要的资源。有了目标，大学生们便会明确努力的方向，而有了权力，就会产生强烈的与权力使用相应的责任心，从而充分发挥自己的判断能力和创造能力，使目标执行活动有效地进行。

③成果评价

成果评价既是实行奖惩的依据，也是上下左右沟通的机会，同时还是自我控制和自我激励的手段。成果评价包括学生管理机构和学生管理工作者对学生的评价，学生对学生管理部门机构和学生管理工作者的评价，同级关系部门相互之间的评价以及各层次自我的评价。上下级之间的相互评价有利于信息和意见的沟通，也有益于组织活动的控制。横向的关系部门相互之间的评价，有利于保证不同环节的活动协调进行。而各层次中学生的自我评价，则有利于促进他们的自我激励、自我控制以及自我完善。

④实行奖惩

学生管理部门和学生管理工作者对不同成员的奖惩，是以上述各种评价的综合结果为依据的。奖惩可以是物质的，也可以是精神的。公平合理的奖惩有利于维持和调动大学生饱满的工作热情和积极性，奖惩有失公正，则会影响大学生行为的改善。

⑤确定新目标

开始新的目标的管理循环。成果评价与成员行为奖赏，既是对某一阶段组织活动效果以及成员贡献的总结，也为下一阶段的工作提供了参考和借鉴。在此基础上，为各组织及其各层次、部门的活动制定新的目标并组织实施，便展开了目标管理的新一轮循环。

（2）实施目标管理应遵循的原则

①授权原则

即在大学生实施目标的过程中，学生工作管理者要能够给予学生适度授权。

②协助原则

即学生工作管理者要给学生提供有关资讯及协助，并且要帮助他们排除实际执行中的一些困难，解决一些问题。

③训练原则

作为高校学生工作管理者，一方面要进行自我训练，以不断提高自己目标管理的水平，另一方面还要训练学生，帮助他们掌握相关的方法。

④控制原则

目标的实现是有期限的，为了确保目标的顺利实现，学生管理部门和学生工作管理者在每一阶段中都要对学生的活动加以监督、检查，对出现的问题及时进行协助矫正。

⑤成果评价原则

成果评价原则由一系列原则构成，这些原则包括公开、公平、公正和成果共享原则。坚持公开原则就是要求公开评估，如学生进行自我评估，学生管理工作者进行客观评估。坚持公正和公平原则就是本着对事不对人的原则对目标达成情况进行客观比较。坚持成果共享原则要求充分肯定学生的成绩，将成绩归于学生。

2. 民主管理的方法

当前的大学生管理工作中，实施民主管理势在必行。对民主的追求是人的一种高层次追求。民主与人的素质有关，大学生作为文化素质比较高的人群对民主会有更高更切实的要求。对大学生实施民主管理，不仅有助于大学生学习、生活和社会实践活动的有效进行，也有利于大学生实现自身的全面发展。实施民主管理，应着力做到以下几点。

（1）尊重学生的主体性

对大学生进行民主管理，就是要求在对大学生的管理中重视人的因素，也就是重视大学生的主体性，把大学生视为具有独立人格的个体。目前，有些学生工作管理者忽视学生的主体地位和平等独立的人格，如，部分规章制度是在学生不知情的情况下制定出来并要求学生遵守的，学生在这一过程中完全处于被动的位置。再如，为了执行上级任务，忽视学生主体意愿，单方面强制性开展活动。要实施民主管理，大学生管理工作者必须改变态度，充分尊重大学生的主体地位，将其视为实现教育目标的主体，实现学校特别是大学生管理工作者与学生之间的互动，倾听他们的心声，反映他们的要求。对大学生的重视和尊重，会激发大学生对学校和学生工作管理者的信任和合作态度，进而支持其工作，如此就会达成学校和大学生管理工作者与大学生之间的相互信任、相互支持，从而取得良好的管理效果。

（2）正确认识学生的价值

大学生管理的对象是大学生，大学生管理的目的在于促进大学生身心健康的发展，使其个性得到张扬。在大学生管理中，应该充分发扬民主，既把大学生看作高校学生管理工作的对象，又看作管理的主体。目前，有些高校的学生工作管理者在进行管理和教育的过程中，缺乏民主，忽视人的自觉性，重制度，轻教育，这种管理方法必须摒弃，应转而采取民主的方法。着力培养大学生的主体意识，引导大学生自我管理、自我教育、自我服务、自主发展，促使其主体能力最大限度地发挥，为其日后走向社会、走向工作岗位打下坚实基础。

（3）建立学生参与管理的新型管理模式

从大学生的心理特征来看，他们正处于心理自我发现期，这一时期产生了认识和支配自我、支配环境的强烈意识，他们的思想和行为表现出明显区别于中学生的相对独立倾向，希望自己的意志和人格受到外界更多的尊重。他们对学校制定的规章制度、行为纪律会思考其合理性，不想被动地处于服从和遵守的地位，而是要求参与管理。根据大学生的这一心理特点，大学生管理应该打破传统的专制管理模式，激励大学生在管理中的主动精神和主人翁态度，鼓励大学生对学校的各项工作进行策略思考，形成民主管理的良好氛围，使学生真正参与到高校事务中来，体现学生的主体地位。如建立学校与学生的平等对话关系，让学生参与到教学工作、管理工作、后勤工作、社团工作中来，这样不仅可以减少潜在冲突的发生，而且可以改善学校及学生管理工作者与学生的关系，建立彼此合作、相互依赖、相互尊重、平等对话的良性互动关系和双方主体间的伙伴关系。

3. 刚性管理的方法

刚性管理，是指以规章制度为核心，凭借制度约束、纪律监督、奖惩规则等手段对组织成员进行管理。刚性管理是一种强调严格控制、采取纵向高度集权、以规章制度为核心的管理。规章制度往往是以规定、条文、标准、纪律、指标等形式出现的，强调外在的监督与控制，具有很强的导向性、控制性，其约束力是明确的。任何一个组织机构，它的正常运行和发挥效益都离不开严格的制度和规范。刚性管理是保证一个组织健康、正常运转所必要的管理机制的一个有机组成部分，它是以“合于法”为基本思路的管理方式和手段。

大学生正处于成长的关键时期，极易受外界环境的影响，惰性容易增长，判断能力、自我控制能力也比较差。在自身发展过程中，表现出强烈的自我矛盾倾向。如自我意识虽强，但缺乏自我监督、约束和调控的能力。有自我设计、自我奋斗、自我选择、自我发展的欲望，但是又受到自身素质、能力和社会环境的限制。在如此情形下，刚性管理不仅是必要的，而且也是行之有效的。刚性管理的出发点并不是为了惩罚学生，而是在法理的前提下，达到正确规范学生、约束学生行为，进而维护学校秩序，提高教育教学质量，提升学生的学习和活动效率，促进学生成长的目的。

刚性管理强调以外在的规范为主，它主要通过各项政策、法令、规章、制度形成有序的行为。管理者的意志通过这些具体条文体现，学生的一切行为都有章可循、有据可依，是非功过的评说都有统一的标准、统一的尺度。这些有形的东西不仅具有很强的可操作性，使学生有明确的行动方向，而且给学生以安全感和依托感，使学生放心地、充满希望地在制度框架内自由行动。实施刚性管理，应着力抓好以下几个环节。

（1）依法治校、依法管理，构建宏观管理体系

以管理主体结构为基础，构建新的学生宏观管理体系，以法治建设为手段，保证宏观管理的有序高效运行。随着教育活动层次和范围的不断拓展，教育行为的社会背景也发生了许多变化，学生不再被简单地当作学校管理的相对人，而是学校内部关系的权利主体，不仅仅承担义务，而且享有权利。

（2）制定校纪校规，严格管理

学校为了维护教学秩序和教育环境，必须对违反校规和屡犯错误的学生给予处分。当然，在管理制度上对违纪的处分标准要依法和清晰，不能恣意专断地滥用管理权。在做出涉及学生权益的管理行为时，必须遵守权限、条件、时限以及告知、送达等程序义务，做到程序正当、证据充分、依据明确、处分恰当。

（3）建立日常工作制度

学生管理的日常工作，有相当一部分是可预见的，有规律可循的。建立规范化的日常工作制度，既可以为学生工作在执行、管理方面提供制度上的保障，也便于监督，同时还能够提高工作效率，降低工作成本，减少违纪现象。

4. 柔性管理的方法

柔性管理是相对于刚性管理提出来的。进入 21 世纪，人类对管理的要求已经不单单

停留在严格、规范、科学的层面，而是更强调人与人的相互关怀和人格尊重，旨在不断追求人与人之间的情感互动和心灵共鸣，从而共同实现组织目标。促进人的全面发展的管理活动越来越为人们所接受。于是，柔性管理便应运而生。大学生管理亦是如此，它面对的是有思想、有感情、有追求的大学生，单纯的刚性管理已不能完全解决大学生管理中出现的新问题，必须辅之以柔性管理。柔性管理坚持以人为中心，注重人文关怀和心理沟通，强调通过营造和谐的组织文化和共同的价值观，以增强组织的向心力和凝聚力，从内心深处激发每个成员的积极性、主动性和创造性。柔性管理是刚性管理的完善和升华，以刚性管理为基础和前提，旨在使组织焕发生机和活力。如果说刚性管理更多地表现为静态的外显行为，那么柔性管理则更多地表现为动态内隐的心理认同。但对于大学生管理而言，不管是刚性管理，还是柔性管理，其落脚点都是促进大学生的成长发展。因此这两种方法在大学生管理中如同车之两轮、鸟之两翼，是相辅相成的，应该做到“共融、共生、共建”，实现刚柔相济。

对高校学生管理工作者来说，柔性管理的精髓在于以学生为本，注重人文关怀，它强调在尊重大学生人格和尊严的基础上，充分发挥大学生的积极性、主动性和创新精神，使之在大学的学习、生活、能力培养、品格塑造、校园活动以及社会实践方面变被动为主动，变消极为积极，变他律为自律，促进大学生自我管理、自我约束、自我完善，趋善避恶，使之成长为适应社会需求的高素质、强能力、富有良好潜质和优秀品格的优秀人才。

实施柔性管理，应该遵循以下几项基本要求。

（1）确立“以学生为本”的管理理念

学生管理工作者在对大学生的管理中，必须确立“以学生为本”的管理理念，将“一切为了学生，为了学生的一切，为一切的学生”作为工作的出发点，整个学生工作围绕学生的全面发展来展开。为此，必须改革以管理者和管理制度为中心的传统管理，实现工作方式方法由管理型向引导服务型转变，由说教型向示范型转变，真正体现“以学生为本”的工作态度，把保障和维护学生的利益放在所有工作的首位，以促进大学生全面协调发展为目标，把管理与大学生的幸福、自由、尊严、价值目标联系在一起，切实做到在情感上感动学生，在人格上尊重学生，在学习上激励学生，在生活上关心学生，在成才上引导学生。尽一切力量在学生的学习、生活、实践等方面予以帮助和指导，最大限度地满足每一个学生成长成才的需要。

（2）进行个性化管理

柔性管理的职能之一就是协调，而协调关系只能从个体开始。也就是说学生管理工作者必须与具体的学生打交道，在打交道中形成共识，形成相似。心理学家在对魅力的研究中发现，人们对于与自己相似的个体容易保持好感，这是“相似性吸引”使然。因此，学生管理工作者应该由个体入手开展工作，实施个性化管理，凡事因人、因事、因时、因地而异，充分考虑学生的个性特点、兴趣爱好、个人定位、个人素质和能力、优势劣势以及未来的职业目标等因素，既考虑学生思想动态、心理变化以及需求的共性，又要兼顾学生不同性格特点、兴趣爱好、未来职业选择和职业目标的差异性，进行有针对性（必要时可以一对一）的个性化管理。

（3）发挥大学文化的引领作用

大学文化虽然是一只无形的手，看不见的手，但却是一所大学的灵魂之所在，它在塑造大学个性、凝聚广大师生员工的精神和灵魂方面发挥着巨大作用。健康向上、充满活力且体现时代精神的大学文化对学生价值观的形成、行为的规范、素养的提升具有潜移默化的影响，因此，在柔性管理中，应该发挥大学文化的引领作用，有针对性地将大学文化融于院风、班风、学风的建设之中，甚至融于一切活动中，以此培养大学生健康向上、积极进取的精神和良好的行为，使之不仅掌握知识、发展能力，而且学会做人，养成良好习惯，形成健康人格、优良品德，促进大学生的自我完善和不断成长。

（4）建立健全激励机制

没有激励就没有动力，从某种意义上说，对大学生的管理就是围绕着激励展开的，激励是大学生自主性、主动性、积极性、创造性和潜力得以持续发展的动力源泉。从管理学角度看，人的所有行为皆由动机支配，动机又由需要来引发，无论何种行为，其方向都会指向目标，并进而满足需要。基于此，对大学生的管理也必须从培养全面发展的、适应社会需要的人才出发，从大学生的具体需要、动机、行为、目标入手，建立健全大学生激励机制，关注大学生的思想、情感、心理以及行动，帮助学生进行目标管理，指导学生进行职业生涯规划，为每个人的个性化发展拓宽空间。创造一种激励学生提高素质、强化能力、健全人格、激发创新、追求卓越的文化环境，激励学生夯实专业基础、不断提高能力水平、加强思想品德修炼，使之成为有理想、有目标、有追求、有能力的优秀人才。

（5）注重身体力行

管理工作在很大程度上是要身体力行的，如果管理者不懂得如何在自己的工作中做到卓有成效，就会给其他人树立错误的榜样。大学生管理的形式多种多样，诸如树立典型、学习材料、宣讲规范、个别谈心、反例警示、创造环境等，其中运用最多的是言教，而效果最好的是身教。身教重于言教。当代大学生崇尚人格魅力，高校学生管理人员要实现对大学生的有效管理，必须首先赢得大学生的尊重。而要做到这一点，除了自身德才兼备以外，还必须以自己的真诚无私去换取学生的真诚无私，以自己的善良正派去构筑学生的善良正派，以自己的务实强干引领学生的务实强干，以自己的纯洁美好去塑造学生的纯洁美好。唯如此，学生管理工作者才能以榜样的力量激励学生，以高尚的人格感染学生，以实在的行动带动学生，使之产生强烈的认同感，消除其对抗情绪和逆反心理，促使其真正做到言行一致，知行合一。大量事实证明，学生管理工作者的身体力行，不仅可以提高管理的实效性，同时还可以减少重复劳动和无效工作。

5. 系统管理的方法

系统管理，即将相互关联的过程作为系统加以识别、理解和管理，以便组织提高实现目标的有效性和效率。

大学生管理具有系统性管理的特点，主要表现在以下几方面：一是整体性。大学生管理作为一个系统是由多个子系统组成的，教学管理、生活管理、社团管理、社会实践管理、就业管理等子系统之间既是相互独立的，同时又存在着相互依存、相互影响和相互制约的关系。根据系统论思想，如果整个学生管理系统的各个子系统的功能都能发挥正常，那么整体的功能就会比较理想。即使某些子系统的功能发挥不甚理想，只要能够组成一个良好的有机整体，一般情况下也能够取得较为理想的效果，这就是所谓的整体大于部分之和。二是关联性。大学生管理工作中的各要素既相互区别，又相互联系、相互作用、相互依存，并各有分工。如，社团管理与社会实践管理尽管分工不同，但彼此之间却又紧密相连，很多时候会表现得你中有我，我中有你。三是环境适应性。特定的环境会造就特定的管理，大学生管理离不开特定的环境。如，大学生专业知识的学习、实践能力的打造、品格素养的修炼等都需要在一定的环境中进行，离开一定环境是不可想象的。学生管理工作只有具备了环境的适应性，能够顺应环境、有效利用环境提供的有利条件，才会富有成效。四是动态平衡性。学生管理系统的各要素在时间、空间和资源上的不同组合，要随着宏观环境即社会的变化发展而变化发展，对宏观环境要保持灵敏的适应性。如，当今社会对大学毕业生的素质能力提出了新的要求，上手快、学习能力强、富有创新精神成为许多用人单位的共同诉求，这就要求我们的学生管理工作必须改变传统的重知识灌输、轻学习能力和创新能力培养的教学管理模式，变单纯的知识教育为知识与能力培养并重，加大社会实践的力度以适应社会需求。与此同时，还须保持系统的动态平衡，即让系统的各要素在各环节上保持相应的比例关系，以免系统内部失调，影响整个系统的正常运转。五是目的性。大学生管理系统是一个具有多种目标的系统。在这一系统中，既有总的目标，又有分目标，总目标、分目标有机结合形成一个目标体系，通过目标体系的不断优化，实现资源的有效利用。一方面要最大限度地利用学校资源，另一方面还可以争取社会上一切可能的资源为我所用，以此推动学生管理工作的突破，使之为学生提供最大的发展空间。

在大学生管理工作中实施系统管理，应着力抓好以下几个环节。[①]

第一，建立一个多维立体的大学生管理体系，以最佳效果和最高效率实现管理目标。这一体系应包括一种大学生管理的组织结构，一种符合大学生学习、成长特点和进一步发展的管理模式，一套标准化的工作流程，一套科学完善的大学生管理工作制度，一套行之有效的管理运作方法等。

第二，正确理解和把握体系内各过程的相互依赖关系。在一个体系中，各过程是紧密相

① 王诗禹．“互联网+”背景下高职大学生管理方法的研究［J］．丝路视野，2022（26）：115-117.

连的，往往牵一发而动全身。因此，作为大学生管理工作者，应该力争在学生工作管理过程中做到统筹兼顾，实现体系内各个过程之间的相互协调、相互配合，谋求 1+1>2 的效果。

第三，各部门及人员须正确认识和理解为实现共同的目标各自所必须发挥的作用和担负的责任。作为同一系统的各层次、各部门的管理人员必须各尽其职，各负其责，这样才能减少职能交叉造成的障碍，顺利实现大学生管理的目标。

第四，大学生管理的决策者必须准确判断各个管理部门的组织能力，在行动前确定资源的局限性，避免因决策失误或虑事不周而造成人力、物力、财力的浪费。

第五，设定目标，并据此制定计划，设计方案，确定如何有效运作本体系中的一些特殊活动，使之能够高水平完成。

第六，通过测量和评估，持续改进体系。通过研究制定完善测量、评估制度与办法，探索建立评估制度体系，加强对评估指标体系和规范简便评估办法的研究，及时进行检查和评估，从而不断提高大学生管理的质量与水平，努力推进大学生管理目标的实现。

第二章　高校“以生为本”教育管理探析

第一节　“以生为本”教育管理理念的理论基础

一、“以生为本”教育管理理念的时代内涵

“以生为本”作为新形势下高校素质教育的前沿教育内核，是对“以人为本”的继承和在教育管理工作方面的深化发展，更是新时代的高等教育从传统的“唯分论”和“填鸭式”的知识性教育向“全方位”“全过程”“全员”育人的发展性教育的转变。“以生为本”教育管理理念的时代内涵解读如下：

（一）从教育观上的解读：主体回归学生

“以生为本”的教育观是以维护和保障学生在教育管理实践活动中的主体地位为基础，以促进学生全面发展为目的的教育管理思想。对“以生为本”从教育观方面进行解读可从词源意上入手，剖析“以生为本”的真正教育内涵。第一，关于“以生为本”的“生”字的解读。当前，“以生为本”的“生”字被解读为学生、生命、生长等，但其落脚载体即为学生，最终目的都是为了彰显学生主体地位，发挥学生主体作用，促进学生全面发展。第二，关于“以生为本”的“本”字解读。“本”是一个名词，被解读为根本和本体两种含义，两者具有本质区别。首先，“根本”作为名词可解释为事物的根源或最重要的部分，[①] 那么以学生为本即将学生作为学校教育管理实践中最重要的部分。其次，“本体”是德国哲学家康德（Immanuel Kant）唯心主义哲学中的重要概念，指与现象对立的不可认知的“自在之物”。辩证唯物主义否认现象和本体之间有不可逾越的界限，认为只有尚未认识的东西，没有不可认识的东西。那么，“以生为本”即本体为学生。学生是现实、客观、具体存在的，是具有自我意识和思想的生命个体，是独立于教师的头脑之外，不依教师的意志为转移的客观存在。

① 中国社会科学院语言研究所词典编辑室．现代汉语词典［K］．北京：商务印书馆，2013：443.

（二）从价值观上的解读：一切为了学生

第一，“以生为本”重视学生的本体价值。“以生为本”把学生看作学校生存和发展的根本。认为“以生为本”的理念就是要把“一切为了学生，为了学生的一切，为了一切学生”作为推动学校各项工作改革的动力之本。① “以生为本”理念的“本”之意蕴即为“根本”，学生是教育存在和发展的根本，学校的一切工作都围绕学生而展开。正是因为有了学生求知的现实需求，才衍生了教育并发展成学校集中式的教育。而一旦否定了学生这一因素，那么也就无所谓学校教育了。综上所述，学生在教育管理工作中处于根本性的地位，只有坚持从学生的具体现实需求作为一切工作的方向，才能更好地发展教育事业。

第二，“以生为本”肯定学生的个体价值。学校办学必须实现学生培养的生本化和个性化。“本体”指的即学生本体。学生是现实、客观、具体存在的，是具有自我意识和思想的生命个体，是独立于教师的头脑之外，不依教师的意志为转移的客观存在。但是学校教育管理的服务对象又是一个个独立存在的人，不能脱离学生的个体而空谈教育。因此，在学校的教育管理工作中必须充分地重视学生的地位，在大学生的教育管理工作中充分地挖掘学生的潜能，提供相应的发展平台，引导和鼓励学生发挥主观能动性，促进学生个性发展，从内生动力和外因驱动双管齐下助力学生发展。

第三，“以生为本”尊重教育管理者的劳动价值。教师是人类灵魂的工程师和人类文明的传承者。其时代重任为“三传三塑”即“传播知识、传播思想、传播真理，塑造灵魂、塑造生命、塑造新人”。必须尊重教育管理者的劳动及其劳动成果，以学生为本也并非是否定教育管理者的价值而片面地搞“一刀切”。

（三）从伦理观上的解读：高度尊重学生

在“以生为本”教育管理实践中，教育管理者必须高度尊重学生，这是生本教育管理的本质和基本原则。对学生的尊重应从内部和外部两方面进行探索和认知。

第一，内部顺应学生的学习天性。首先，学习是人类自身发展的需要。学习是一种生物学特性，是人类50万年的进化发展中产生和发展着的特性，是大自然用基因和DNA保留在我们细胞中的信息。其次，人类发展所面临的不确定性促进了人类学习的必要性。在自然世界的运行中，所有事物都受到相应条件的限制，具有其自身的规定性。但是人能够顺应规律，并在社会实践活动中认识规律并运用规律，让自身跳出自然景观中一个景物的单一桎梏，蜕变为自然景观的塑造者。最后，主体的主动促进效率提高。教育管理者知识性灌输所导致的“减法”思维与阻碍学生主动探索的割裂思维都不能让学生的学习天性得

① 董泽芳.“以生为本”是大学办学的第一理念［J］. 中国高等教育，2002（12）：31.

以保持，唯有以促进学生进行知识性领悟的“乘法”思维和不“打岔”学生探索的整体思维进行引导才能更好地促进学生发展。因此，我们应该尊重学生，让学生能够以顺应自然规律的方式促进自身的全面发展。

第二，外部适应学生的独立性。学生的独立性表现在生命和精神两个维度上。人的精神发展具有二重性，一方面是作为自然个体与生俱来的发展趋向。正如有的人天生就具有音乐天赋，具有与生俱来的好歌喉，也有人天生对色彩敏感，致力于绘画等方面的钻研。学生作为自然个体，有其自身的独立天性。另一方面是作为社会人适应社会的发展动机。在社会化进程中，学生的发展不可避免地受着外界的影响，具体表现为行为的不得已和动机的社会化。学生在发展过程中，总是在被不断“指正”，总是在被试图改善。因此，充分发挥学生的天性，少给予一些一般化的“指教”，多一些适应学生个性化的引导，尊重学生的独立性，也就是为学生发展的可能性搭建更为广阔的舞台。

（四）从行为观上的解读：强调依靠学生

生本教育的方法是全面依靠学生，而“全面”作为形容词是“完整周密、兼顾各方面”的意思。当其作为名词时，意为“所有方面，各个方面的总和”。但是在“以生为本”的教育管理实践中单依靠学生还是有所不妥的，前文也介绍到不能否定教师的价值。因此，“以生为本”在教育管理实践中注重依靠学生可从“资源论”和“生态论”两个维度进行分析阐述。

第一，资源论。学生不仅是教育管理对象也是一种教育管理资源。在教育管理实践活动中，学生不仅仅是受体，更是重要的予体。学生一方面作为“生产自己知识的劳动力”发展着自己；另一方面也在教育管理实践中运用自己的经验、知识和智慧促进着教育管理者的成长，推动着教育管理活动的展开。我国高校教育管理改革到了攻坚克难的关键时期，在“加快一流大学和一流学科建设，实现高等教育内涵式发展”① 的背景下，更要“借力”学生这一浩然东风，助力高校教育管理改革蓄势腾飞。

第二，生态论。建设助力学生全面发展的新教育管理生态。教育管理生态是一种学生发展的条件系统或环境系统。在大学生教育管理实践中，着力营造与学生内部动力相一致的教育生态环境，将情感和认知相统一，实现学生自我发展的和谐。在“以生为本”的教育管理实践中，高校教育管理者作为外因，唯有营造良好的教育管理生态，强调依靠学生自身的力量，注重激发学生的主体作用，才能够更好地促进学生的全面发展。

综上所述，“以生为本”中的“本”包含“根本”和“本体”两个方面，“以生为本”也并非否定教育管理者的价值。高校作为促进学生个性发展、培养学生创新精神和实

---

① 习近平决胜全面建成小康社会，夺取新时代中国特色社会主义伟大胜利——在中国共产党第十九次全国代表大会上的报告［R］. 北京：人民出版社，2017（10）：45.

践能力的改革前沿阵地，更是肩负着模范带头的重任。须将学生视为教育管理工作的主体，以学生发展为根本，挖掘学生的潜能。应该坚持主体回归学生的教育观、一切为了学生的价值观、高度尊重学生的伦理观和注重依靠学生的行为观。

二、“以生为本”教育管理理念的价值特征

“以生为本”在不同的时代、不同的主体下具有不同的内涵，其时代内涵和现实意蕴都在逐步丰富和发展。由此，“以生为本”在发展过程中具有本体终端性、对象特指性、践行校本性三个方面的特征。

第一，本体终端性。学生在学校的教育管理活动中处于终端位置并占据着主体地位。教育在不断改革中出现了“知识本体、能力本体、教师本体”等“类本体”，即离开所指事物对象本源和本质的非本体却又易与本体混淆的称为类本体。而教育管理工作的设计是为学生的学而设计，非为教师自身的教而设计，学校教育的本质要求和最终追求也都是为了学生的发展，并非为教而教。“以生为本”是治国方针在学校育人的落实延伸。而学校所面对和培养的对象就是学生，学校的主要功能是教书育人，其根本任务是立德树人。“以生为本”是“以人为本”在教育管理中的深化延展，培养出优秀的人才，是对“为什么办学，如何办学和为谁办学”最好的回答。

第二，对象特指性。在大学生的教育管理工作中，教育管理者所面临的对象有着其特殊性。不同时代的大学生都有其自身的特点，当前的大学生的特殊性表现如下：首先，自我意识显著增强。随着年龄增长和知识水平提高，大学生的自我意识与其文化素养成正比增长。他们专注于独立思考和自我评价，所以在大学生教育管理中不仅要认识到该群体的整体特征，还应注重其个体的差异性。其次，特殊发展需求与特殊行为并存。当前大学生普遍存在着自律性与他律性并存、沉稳性与突发性并存、目的性与随意性并存、独立性与依赖性并存的特点，但是大学教育作为步入社会的职前教育就必须在多学科和专业的前提下，根据学校自身的人才培养目标来对该教育管理理念进行具体运用。

第三，践行校本性。“以生为本”并不是永不改变的理论，它是在尊重学生个体差异的前提下根据学校教育管理的目标和专业特色而具有本土化、校本化、特色化的实践模式。要求在大学生教育管理中教育管理者根据学生的具体性，怀揣着多样化的观点，在多样的思维中引起学生的积极讨论与自觉探索。任何理论都需要在经过本地特色吸收融合后方能展现其功能，生本理论也是如此。“以生为本”是最大限度地让学生拥有自主的教育管理方式。在大学生教育管理中，只有将生本理念结合学校的办学特色才能更好地为学生提供发展条件，促进学生的发展。

第二节　“以生为本”教育管理实践的哲学逻辑

对“以生为本”理念在大学生教育管理中的哲学逻辑进行分析就是探究“以生为本”的“本”之意蕴和“以生为本”的“为”之原则，并分析“本”和“为”的辩证关系，助力大学生教育管理更接近促进学生全面发展的本质，让“教育更接近本质”。①

一、“以生为本”教育管理理念的“本”之意蕴

（一）以学生为本：判明中心，彰显学生主体地位

“以学生为本”这一理念从哲学的角度上所彰显的主体即认识论方面的主体。主体一词是相对于客体提出的，是指具有独立意识或个体经验的存在物，即从事认识和实践活动的人，它与相关活动中所指向的对象（客体）相对应。

在教育管理活动中，我们只有坚持“学生的主体地位”，才能更好地做到全员育人和促进学生的全面发展。“以学生为本”理念要求面向全体学生，将学生作为教育管理活动的出发点和落脚点并不断促进学生的全面发展。学生是教育管理过程的根本受体，更是自主教育管理中的重要予体。“以学生为本”彰显了学生的主体地位，学生作为一个独立意义的主体，其“本”之意蕴可以从以下三个维度进行分析阐述。

1. 学生是自主教育管理的主体

在高校教育管理活动中，学生不仅仅是认识的主体、实践的主体更是发展的主体。在“以学生为本”的理念下，教育管理者需要将学生放在教育管理工作的主体性位置，充分调动学生的主观能动性，让学生能够积极主动地参与到相应的教育管理活动中，真正地将学生作为教育管理活动的终端，引导学生自主地进行探究性自我教育并有效管理自我，不能将学生的发展异化成教育管理者的要求。

2. 学生是教育管理活动的独立个体

学生作为个体，具有独立的主观意志，在教育管理活动中会根据外部条件和自身的知识储备进行思维加工，有鲜明的独立性和自主性，不以教育管理者的意志为转移。这要求教育管理者在教育管理活动中应该因势利导，不能主观地将自己的意志强加于学生的思想之上，要尊重学生的个体独立性。

3. 学生是责权和需求的主体

学生的主体性源于学生的个体需求和责权的辩证统一，他作为一个独立的个体对整个

① 王珺. 教有的哲学逻辑［N］. 中国教育报，2019-03-11.

世界进行着自我的认识和改造。学生作为一个“社会人”，应该承担相应的社会责任。同时，在学校的教育管理活动中，学生也有自主教育、自主管理、自我发展的需求。教育管理者应该要尊重学生合理的主体性需求，引导学生对自己和他人负责，让学生能够认识到权利和责任的并存性和辩证统一性。因此，大学生在学校的教育管理活动中也有着自身的现实需求和主体动力。

综上所述，以学生为本主要体现在以下几个方面：首先，判明教育管理过程中的中心，彰显学生的主体地位。其次，反对割裂个人与社会的关系，不“一刀切”地否定教育管理者在教育管理活动中的价值和作用，主张学生是社会人的雏形。最后，以学生为本所提出的促进学生全面发展也并非是培养理性的“完人”，它主张在不忽视学生个人主体地位的基础上，更注重强调人与社会之间的整体性与和谐性，批判主体性的自我化。

（二）以生命为本：增强动力，发挥学生主体作用

“以生命为本”要求在教育管理过程中还学生自由，发挥学生主体作用，让学生能够感受到自主教育、自主管理的快乐，能够在体验探索中找寻生活的乐趣，享受无拘无束的想象空间，获得健全的人格。学生是发展的人，其发展的根本动力是自身身心发展的社会需要与个体现有发展水平之间的矛盾。马克思主义哲学的认识论告诉我们人具有主观能动性，要正确发挥主观能动性就必须按客观规律办事，从客观实际条件出发，不断积累正确的主观因素。“以生命为本”这一理念在大学生教育管理中发挥学生主观能动性有着重要的意义，它要求将内因和外因相互融合利用，充分发挥学生的主体作用。其哲学意蕴如下：内因和外因在事物的变化过程中有着动力性作用。其哲学分析模式认为：内因是事物变化的根据，外因是事物变化的条件。

1. 肯定内因的基础性作用

内因是事物变化的根据，外界条件对系统贡献仅在于提供系统演化之条件，但是却无法规定系统内部的作用方式。[①] 正如在同样水分、光照、土壤、温度等外部条件下，玫瑰和月季开出的花朵是不一样的，因为决定最后演化形态的导因是其内部因素。在传统的教育观中，系统等于局部的机械相加之和，且系统中的各部分没有联系，尤其是在生本教育管理体系中，教育管理活动即知识的线性传输，所以在传统的教育管理方式中，教师通常采用的方式为“灌输式”和“填鸭式”教育，无法有效激发学生的主体作用。

2. 发挥外因的条件性作用

外因是事物变化的条件，想引起系统的变化，必然会需要外界条件施加一定的“力”，正如种子的发芽、开花、结果都离不开来自外界的“物质流”和“能量流”，需要提供适

① 卫郭敏. 系统科学对内外因作用机制的诠释［J］. 系统科学学报，2019（2）：41.

宜水分、阳光和土壤。“橘生淮南则为橘，生于淮北则为枳”，只因“水土异也”，在淮北无法为橘树提供足够的水分和适宜的气候，所以导致的结果不是很能够令人满意的。其在教育系统中则表现为“师资”“课程体系”等外部条件对学生的影响，也由此可见教师对学生发展的作用不容忽视。

3. 坚持内外因辩证统一

内因是事物变化发展的根据，外因是事物变化发展的条件，外因通过内因起作用，在高校教育管理实践中，教育管理者必须坚持“内外因辩证关系原理”，尊重学生的主体性，并不断创造条件，引导学生充分发挥其主体作用。发挥大学生的主体作用可以从当前大学生教育管理的三个方面来分析阐述。第一，学生自身在大学生自主教育管理中发挥着举足轻重的作用，也只有大学生发挥了自己的主体作用，才能够更好地在自我教育管理中坚持“慎独”等优秀思想，以促进自身的全面发展。第二，在课堂教育管理中，学生是学习的主体，需要跟随课堂教师的步伐积累知识并发挥自己的主观能动性，以契合自身教育发展的规律来提高自身的知识水平和思想道德水平。第三，在学校相关教育管理行政部门中应该发挥学生自身的主体作用，做到积极筹划、积极建言献策，积极参与，积极以自身最大能力和正确态度去对待相关教育管理活动，最终锻炼自己的能力，助力自身全面发展。

（三）以生长为本：明确目标，促进学生全面发展

“以生长为本”的终极目标是促进学生的全面发展，它是生本思想的最终价值追求。“以人为本”的本质就是“以人为尊，以人为先，以人为重”。当把人本思想用于教育管理工作中时，教育管理活动就多了启迪学生心灵，激发学生潜能的价值追求。从哲学角度分析，个体的全面发展就是全方位促进人的才能展现，将一切智力和体力在最大限度上进行协调提升。

1. 把握学生发展的规律性

学生的全面发展是其个体不断社会化的过程，其主要被分解为当前社会普遍认同的德、智、体、美、劳五大要素，以便实现学生全面发展的可能性在实践中得到具体落实。如果仅仅是为了教而教，用机械的方法去强迫学生按照本不适合他的方式去做，那么就有违学生的本性，不能激发其内生动力。最终的结果就是教育管理者与学生都成了被动者。可是如果顺应学生本性，在现有的框架下，能够让学生找到属于自己的天空，改“拉牛上树”为“驱牛向草”，有助于激发学生的内生动力，不断地促其进自身的全面发展。

2. 尊重学生发展的独特性

“以生长为本”着力促进学生的全面发展，这不仅要求将学生看为一个整体，更加要求关注到学生的个体差异和个性化成长。在全面发展的基础上为个性明确方向，在个性

上、在特长上得以突破原有的束缚也是一种发展的方式。以生长为本要明确教育管理中促进学生发展的目标不仅仅需要全面推进，而且需要尊重学生的差异性，以差异发展助力全面发展。教育管理在促进学生的差异性发展上表现为个体的个性化和社会化共同推进。学生的个性化与社会化发展之间并不是完全对立的，反而是相互融合、相互促进的。教育管理者必须承认学生是独特的人，即学生是具有个性与差异的人，具有自身的独特性。要促进学生的全面发展必须要承认学生的差异和个性，在教育管理过程中要因人而异，因材施教。

综上所述，在高校教育管理中，促进学生的全面发展应该把握学生发展的规律性，尊重学生发展的独特性。以多样的教育管理方式和适应学生全面发展的教育管理模式，促进学生的全面发展。无论是学生作为自身教育主体的自我教育管理方式，还是通过在课堂学习理论知识，参与相关学科知识实践充实自身的课堂教育管理方式，抑或是参与学校组织的社会实践活动，不断锤炼自身，完善自我品格的学校教育管理方式，都应坚守形式多样本质同一，都要在注重学生生长、发展规律的前提下贯彻“以生为本”教育管理理念，最终实现促进大学生自身全面发展的终极目标。

二、“以生为本”教育管理理念的“为”之原则

教育工作者在从事大学生教育管理工作中会对自己的活动进行反思，这有助于提高其理论素养，也能够助力提高实际工作质量和效率。因此，“以生为本”理念在大学生教育管理的应用过程中还应该注重相应的原则，真正地将教育管理活动做专、做细、做精。

（一）先学后教，以学定教

人是对立统一的矛盾体，尤其是大学生在学校的教育管理活动中，其特性表现在三个方面：一是客体性与主体性并存。大学生在学校的教育管理活动中不仅仅是受教育的客体，而且是具有独立意义、具有自己的思想，能够支配自己的行为的主体。二是能动性与受动性并存。从哲学意义上讲，存在决定意识，意识能动地反作用于存在。而作为人脑产物的思想，可以反复地修正和调节，并形成理性认识，最终促进人的发展。同时人的意识来源于客观存在，大学生的发展也会较大程度地受到外界因素的影响。三是独立性与依赖性并存。这源于大学生的行为特征。独立性是大学生综合素质的重要体现，而依赖性受经济、生活、心理方面地发展程度影响。在当代大学生教育管理中，我们必须把握好二者的协调基点，课堂教育管理者对学校的教育管理活动中心的偏向将会影响教育管理方法的本质。传统教学（先教后学）与现代教学（先学后教）的理论基本出发点就是看相对应的教育管理活动力量是以学生的依赖性为前提还是以学生的独立性为基础。

“先学后教”和“以学定教”主要体现于以下方面：第一，先学后教即学生在课堂管

理者的引领下确立目标，然后通过自主探索式学习，对相关问题或知识有基本的了解和自我认识后再通过教师针对性的教学以对知识有更深层次的掌握。从哲学思维上看，“先学”是学生通过自身的实践活动从客观对象中形成对该事物的认识，而“后教”是在对该事物有一定的了解后再对该事物进行深度解读和剖析，更有助于掌握该事物的内部规律。这种“实践—认识—再实践—再认识”的教育活动符合认识运动的基本规律。通过学习、教育、实践形成合力，最终实现高质量人才的培养。第二，“以学定教”是针对“以教定学”而提出的，是“先学后教”带来的改革产物。“以学定教”的基本要求就是教育工作者在开展教育管理活动时首先要考虑到学生的身心素质，在学校的教育管理中应坚持以培养学生的能力和思维为主，以学生的知识水平、兴趣爱好等为依据设计相应的课堂教育管理方案。其核心理念就是“转换思路，倡导服务”，期望通过打破传统教育思想的桎梏。在新的教学理念下，更加注重学生的差异需求和个性发展。那么我们在实施以学定教、因材施教的过程中也应该注意以下几个方面：首先，在让学生自行学习和探索的前提下，强化其内生动力。学生是教育管理者工作的对象，也是服务的对象，在将学生的“学”转化为覆盖某些必要基础知识的活动的前提下进入第二步指导。其次，“以学定教”是学生在一定程度上对相关的理论知识有所掌握后，根据学生的具体学习情况，课堂教育管理者再次引领学生对相关知识进行整理，将碎片化的知识系统化，以此激发主体的学习热情，提高学习效率。

（二）把握适度原则，明确关系定位

马克思主义哲学要求我们要坚持适度的原则，教育管理者和学生之间的关系、定位如果没有一个平衡的基点，片面地以教育管理者为尊，一切以教育管理者马首是瞻，抛弃学生作为独立个人的主体性，或者过度地夸大学生的主体性作用，忽视甚至否定教育管理者的价值，都是有违教育管理的本质、不利于学生成长和大学生教育管理的改革的。所以“以生为本”的推进必须要把握适度原则，明确教育管理者与学生的关系定位。当定位清晰后就需要创造外部条件，重视内因驱动。所以，我们应该从以下几个方面来探讨其适度的原则。

1. 明确关系定位

关于教育管理者与学生关系定位的学说包括教师主体说、学生主体说、主导主体说等。

在大学生教育管理上，教育管理者必须加以指导。首先，在课堂教育管理中，作为课堂管理者的教师需要激发学生的学习探究兴趣，其所教之物不应该只是书本上的理论知识，更应该是培养学生自主探索的意识、方法和精神。其次，在大学生日常教育管理工作中，教育管理者，尤其是辅导员更是要在把握大局的情况下，通过学生组织来完成较为基础的大学生日常管理。在开展学生活动中，首先要让学生自行去完善和处理，相关教育管理者应该予以指导和把关，以正确的方式和方法给予学生最好的教育。

2. 哲学意义上的主体阐释

唯物辩证法认为在事物运动的变化过程中，内因是根据，外因是条件。首先，我们应该重视学生的内因。激发学生的自主学习和自我管理的意识，让学生的“学”变成主动、自觉的学。其次，教育管理者应该在学生的教育管理过程中不断地创造外部条件，助力学生的全面发展。

综上所述，“以生为本”首先要明确教育管理者与学生的关系定位，把握适度的原则，在教育管理活动中不能片面地强调教育管理者的地位也不能过度地夸大学生的作用，应该让二者协力共进。“以生为本”不是否定教育管理者价值，更不是对学生放任自流，而是在充分相信并挖掘学生潜力的基础上，教育管理者加以引导，更好地完成育人任务。

（三）理论联系实际，注重实效培养

理论联系实际，是认识与实践辩证统一的高度体现。理论来源于实践，最终作用于实际生活后才体现了其本身的价值。理论联系实际，注重实效培养在大学生的教育管理工作中主要体现在两个方面。

第一，教育管理者在大学生教育管理中要坚持理论联系实际。教育管理者在学生管理工作中必须坚持从实际出发，以行动为向导，从学生的实际工作中探索学生成长成才的规律，实现育人的功能。一方面，坚持理论联系实际就是坚持实事求是、与时俱进。有助于辅导员深入大学生学习生活实际，把握学生新动态，了解学生新情况，并予以精准施策。另一方面，坚持理论联系实际有助于培养辅导员等教育管理者的务实精神。在反对主观主义的前提下，提高工作的实效性，有效地规避了在大学生教育管理工作中假、大、空，出现脱离现实情况的风险，提高学生管理工作的针对性、科学性和效用性。

第二，在大学生培养过程中，要注重让大学生将所学理论在社会实践中进行巩固、升华，注重实效性培养。认识的最终目的在于实践，在大学生的教育管理工作中，学校传授给了学生知识和技能，但是如果这些技能不能运用于社会实践，不能在社会实践中产生相应的价值，那么一切教育管理也就是无效的。当学生通过教师、书本、网络学习到间接经验后，应该在实践中予以升华，这才不会让理论知识与社会实践有所脱离。实践是认识的起点，也是认识的归宿。所以，在大学生的教育中，更应该让大学生注重实践锻炼，将理论运用于社会实践中，实现学校人才教育的终极价值。

三、“本”与“为”的辩证关系

“以生为本”的“本”之意蕴即生本内涵，那么这个“本”就可以解释为生本“是什

么”，即理论。“以生为本”的“为”之原则可以解释为生本应该“怎样做”，即实践。故此，这里的“本”与“为”的关系也就是理论与实践的关系。

(一)“本”是“为”的指引前提

理论与实践相统一，是马克思主义最基本的原则之一。“以生为本”的“本”之理论指导着“为”之实践，“是什么”的“本”是“怎样做”的“为”的指引前提。具体表现如下：

第一，理论超越实践。这里的理论是指立足当前实际系统化的理性认识。理论作为一种观点，在一定程度上会超越实践，两者在实践上会出现一定的“间距差”。首先，理论具有向上兼容性。作为理性认识的理论，是立足于历史发展，着眼于人类智慧的总体积淀。其次，理论具有时代包容性。在当前时代本质和事物发展规律性的反思下，着力于在通晓思维中审视、引导甚至是矫正实践活动。

第二，理论指导实践。实践需要理论的支撑和指引，理论不仅仅能够规范和引导人们做什么，还能够教导人们不做什么。即使理论与实践存在一定的差距，但是理论依然可以指导实践，规范并矫正人们的行为。理论具有“概念体系性”，理论是多个概念在逻辑、系统的整合下形成的体系，具有全面性和指导性，能够指引相关的社会实践活动不断深化，实现自我的提升和飞跃。“以生为本”在大学生教育管理的应用中，首先要求我们立足当前教育管理实际，把握学生的具体情况，加强社会实践锻炼，切实促进大学生自由而全面地发展。其次，需要我们树立科学、可行的学生教育管理观念，在“立德树人”的教育背景下，结合错综复杂的教育管理对象具体情况，批判阻碍学生发展的实践，反驳不利于学校教育管理改革的实践。因此，当前应该梳理“以生为本”理念的“本”之意蕴，以科学、合理、可行的教育管理理念推进大学生教育管理改革，助力学生全面发展。

(二)“为”是“本”的适用反映

生本理论在践行过程中做出的倾向性活动，是对当前教育管理理论的最直观的反映。实践对理论具有直观反映性。不仅如此，理论也需要在实践中进行检验，只有科学、合理的理论才能较好地适用于实际生活中，而过时陈旧或夸大冒进的理论却不能有效地指导实践，甚至会起到反作用。

第一，实践反映理论。理论需要在实践中才能彰显自己的价值，“以生为本”的“本”也需要在“为”中体现和丰富。首先，人在实践活动中能够对客体和间接经验理论进行内容上的反映。其次，人在实践中的能动反映特性还能够具有创造性，在坚持科学的实践观基础上，坚持反映的摹写性和创造性结合起来，真正地揭示了认识的本质和规律。

第二，理论在实践中检验必须具有适用性。马克思主义哲学的首要问题是实践，坚持一切从实际出发，实事求是是我们思考和判断事物是什么、为什么和怎样做的立足基点和根本要求。因此，理论之“本”虽然可以指引事物发展之“为”，却也要对具体的实践具有现实可行的适用性。只有经过实践证明为真理的理论才是科学理论，如果相应的认识落后于实际，就容易犯保守的错误。如果理论认识企图超越阶段，就容易犯冒进的错误。理论依赖于实践，脱离实践的理论是空洞无价值的。认识世界的终极目的就是改造世界。可是如果过分地夸大理论的社会功能，甚至误认为理论即事物发展变化的规律，其结果也只能使相关实践活动以失败告终。

综上所述，“以生为本”的理论意蕴需要适用于当前我国的教育管理现状。在实践过程中，对不能创新教育管理方式的教职员工要加强激发学生主体性对教育管理有效性的宣传和引导；对过分夸大生本理论，无视教育管理现状，片面强调学生作用而忽视教育管理者价值的理论要在实践中否定其现实可行性。在“为”的实践中去丰富“以生为本”的理论。

（三）“本”和“为”具有目标同趋性

无论是“以生为本”的“本”之意蕴还是其“为”之原则，都具有一个共同的目标，那就是致力于助力教育管理改革，促进学生的全面发展。

第一，“以生为本”的“本”之目标是促进学生的全面发展。前文已经指出了生本是坚持以学生为本，判明中心，彰显学生主体地位；坚持以生命为本，增强动力，发挥学生主体作用；坚持以生长为本，明确目标，促进学生全面发展。在这里，我们需要明确的是理论和我们最终要达到的目标并不能完全地画等号。理论是人对事物的理解和论述，而我们要达到的目标是人类想要达到的境地或标准。当目标在经过人的社会实践得以完成时，就变成了一种具体的形态，而我们所追求的也就是这一种形态，而非停留在意识层面。

第二，“以生为本”的“为”之终点也是为了实现学生全面发展的目标。所有的理论也需要在实践中去实现，实践是实现目标的必由之路。学生社会实践缺失，教育管理者对实际生活认知不足，更加严重加深学生与现实社会间的鸿沟。只有将生本理论运用于具体实践中，从实际行动中不断改进教育管理方法，将理论的正确性与现实的可行性统一起来，寻求实现理想客体的具体途径和工作方法，才能够真正地推动学生的全面发展。

综上所述，“以生为本”的“本”之意蕴是从理论上针对当前我国大学生教育管理具体情况而提出的理念。在此基础上，从“为”的层面加以实践，最终达到助力教育管理改革，促进学生的全面发展的目标。二者具有目标上的同趋性、内在的一致性。

第三节　“以生为本”教育管理实践的现实路径

针对“以生为本”理念在大学生教育管理中应用所存在的问题及原因，立足“以生为本”理念的“本”之意蕴、“为”之原则及二者的辩证关系，分别从教育管理理念、交流互动途径、发挥教育管理者引导功能等方面提出实现“以生为本”的现实路径。

一、厘清“以生为本”教育管理理念的认识误区

当前，“以生为本”理念在大学生教育管理中的应用还存在着很多认识上的误区。譬如在运用过程中偏离了人才培养本源的定位取向、迷失原则底线的学生管理举措、违背责任的教育教学行为等都是对“以生为本”理念在高校教育管理实践中运用的误解。[①] 因此，高校在进行人才培养时，必须厘清“以生为本”教育管理理念，突出学生的发展，强化育人为本的价值定位，做好服务与管理的协调推进。

（一）坚持以生为本，重视学生发展

当前我国教育正在大力改革，而教育改革取得成功的重要途径就是坚持发展能满足社会需要、适应时代发展需要的教育。很显然，传统的以教育管理者为主体，完全不重视学生主体能动性的教育管理理念阻碍了大学生教育管理工作的改革。而当前一些过分夸大“以生为本”的提法也是不利于学生的发展，应当警惕。

第一，教育管理者应该引导学生树立自主教育管理的意识。大学生作为一个成年人，需要有成年人的意识和担当。在大学生教育管理中，仅仅靠教育管理者的引导和制度的约束是远远不够的。学生不应该把自己定位为“消费者”，将一切看成理所当然，过于放纵自己的行为。教育管理者应注重大学生对自身负责意识的引导。学生在生活、学习等方面遇到自身无法解决的问题时，应该主动与相应的教育管理者取得联系以获得帮助。只有学生从自身这一终端上保持与相应教育管理者的联系，树立了正确主动的意识，才能更好地让教育管理者服好务、把好关。

第二，作为课堂教育管理者的教师需加强对学生行为的引导。“以学生为本”并不是否定教师的价值，放纵学生的行为。当前高校学生管理中，部分教育管理者对“生本”的认识存在偏差，过分地夸大了学生的主体作用。甚至怕在教育管理工作中出现失误而担负责任，影响自己的前途。这是教育管理的一种畸形发展，更是当前高校教育的一种悲哀。生本不是放纵学生，教育管理者应该有立德树人的正确生本意识，不能放纵学生。

第三，学校教育管理行政部门工作人员应该尊重学生的主体地位。首先，树立精准服务意识。高校教育工作者应该了解学生的现实需求，变“端菜”为“点菜”。从教育、管理、服务三个维度搭建平台，推动大学生自主教育管理，充分发挥学生的主体性。其次，树立精准施策意识。相关教育管理者应该了解当前大学生的心理、行为等特征，对学生要加强引导，注重学生发展。学生的成长是内在因素和外部引力共同作用的结果。高校教育管理者需要不断创造条件，激发学生的主观能动性，促进学生自我完善，自我发展。

---

① 曹如军. 高等教育“以生为本”之辨［J］. 教育探索，2015（9）：19.

（二）坚持服务与管理协调推进

服务决定管理，管理推动服务发展。管理与服务是辩证统一的，不能割裂二者之间的联系。在大学生的教育管理活动中，为学生提供服务并非是将原来“师本教育”中师生之间的地位进行颠倒，而是改变原来“服从与命令”的对立关系，向平等、尊重的友好关系转变。教育管理者应该明确自己的定位，既要抛弃传统教育中独裁者的身份，又要走出当前过分夸大学生作用而忽视教育管理者价值的阴影。教育管理者应该以身作则，变成学生发展的领导者、指引者和督促者。

在服务和管理中也要注重班级整体与学生之间的关系，着眼于班级整体规划，着力于个人成长发展，推动班级整体和学生个人共同发展。整体和部分二者之间是不可分割的，二者相互影响。部分在一定程度上也限制、制约着整体的发展水平，甚至关键的部分还会对整体的发展起决定性作用。在班集体管理中，如果每个学生（部分）形成非常合理的整体结构，整体的功能将会以最优的效能影响每个个体。所以整体和部分的辩证关系要求我们要着眼于整体，着力于局部。要学会优化结构搞好局部，使整体功能得到最大限度的发挥。首先，着眼于班上每个同学的发展。班级的整体建设应该落实到每个学生肩上，面向全体学生，而且要注重学生的差异化发展。其次，学生干部的培养。在班级有效管理中，培养团结互助、综合素质高的学生干部是建立教育管理者与学生桥梁的有效手段。从马克思主义哲学整体和部分的辩证关系看，关键部分有时候会决定事物的发展，不能忽视。而学生干部在大学生教育管理中就是起着关键作用的重要组成部分。

二、优化人才培养模式，促进“师生”互动交流

针对教育管理者与学生互动交流不足的问题，教育管理者可以通过先进分子、班级事务反馈、第二课堂小组反馈、日常生活反馈及师生交流反馈五种形式建立学生思想动态反馈机制将学生的情况及时反馈给教育管理者。

在大学生的教育管理活动中，教育管理者与学生间的沟通是一种双边互动活动，特别是在班级管理中，教育管理者只有建立了完善的学生思想动态反馈机制，才能够更好地掌握学生思想动态，更好地为学生服务。尤其是在大学生日常管理中，应该保持对大学生思想问题的敏感性，坚持预防为主，治理为辅。一方面是在问题还未发生时，以行之有效的措施予以防范，规避相关风险。另一方面是将问题解决在萌芽状态，在问题已经产生，还未引起较大负面影响和损失的情况下予以制止和消除。而这些的前提条件是已经建立起及时、有效的学生思想动态反馈机制。当学生思想动态反馈机制建立后，在遇到相关问题时，就可以通过疏导教育法，加强教师和学生之间的沟通，对学生错误的意识进行引导，加强大学生日常教育管理的感召力。

在大学生教育管理中班级是一个非常重要的单位。可以通过以下五个方式进行学生思想反馈：其一，学生的思想动态可以通过辅导员直接向学生本人了解，也可以通过学生直接向辅导员汇报交流。这具有时间上的快捷性和事务处理上的针对性。但是，我们在实际操作和调研中发现，仅仅依靠教育管理者和学生之间的直接交流作为反馈渠道是狭窄且难以有效实现的。其二，通过先进分子进行反馈。在日常教育管理中通过党员、预备党员和入党积极分子组成的先进分子小组可以更加广泛深入地了解学生。其三，通过班级事务反馈。班长等班级干部在大学生日常教育管理中是与其他学生交流接触最多的。通过班级学生干部进行了解，有助于从整体和局部上形成一条主线。其四，通过第二课堂反馈。在大学生教育管理中，由于教室不固定，课程活动相对自由等原因，导致班级同学之间交流不多，通过组织团日活动等第二课堂增进学生间的了解，更利于思想的交流与反馈。其五，以寝室为单位进行学生状态了解。宿舍是班级管理的有机组成部分，具有管理复杂性、空间私密性、学生动态本质性等特点。寝室作为学生的生活场所，很多生活陋习都在寝室予以显现，展现“真我”。因此，大学生教育管理中要着重关注宿舍的动态管理，以高校辅导员、后勤管理处、学生处、保卫处、物业公司等多部门形成合力，对学生思想动态进行监管、反馈、引导。

三、明晰“引路人”角色定位，强化教育管理者引导功能

在大学生教育管理中，传统的“师本位”教育观念与绝对化的“生本位”教育观念都不利于学生的发展。在落实立德树人根本任务，推进“三全育人”的背景下，大学生在教育管理中应该探寻教育管理者和学生关系的平衡锚点，不能片面、单一地依靠大学生自身的主体性来进行教育管理，不能让高校教育管理者在大学生的教育管理中缺位，在对学生引导过程中缺力。教育管理者应该明晰自身“引路人”的角色定位，发挥自己的“导向”功能、“导思”功能和“导行”功能，增强教育管理者在促进大学生全面发展过程中的引导效用。

（一）发挥教育管理者“导向”功能

在高校就读期间是学习的黄金时期，学习知识、增强本领，为奋斗提供动力。当前大学生从心理特征上看自我意识显著增强，具有较强的自我教育能力。从行为特征上看具有明显的目的性且这一目的性让其在大学期间的行为和活动都具有明确的指向性。

大学生具有明确的目标性和较强的践行能力。但是由于中学的课程、实践活动与高校有较大差距，很多大学生不能明确地对自己的大学生活有科学合理地规划。因此，科学制定教育管理目标是“导向”功能成败与否的关键所在。大学生教育管理需要明确告诉学生在大学期间所要学习的课程是什么，相关资格证的认定条件，报考时间，注意事项等。

（二）发挥教育管理者“导思”功能

“学而不思则罔”在大学生教育管理中要坚持教育与管理相结合，以教育为主。要将教育引导和学生管理融合一体，以思想政治教育晓之以理，以学生管理导之以行，让二者互相促进、互相补充，让教育寓于管理之中，共同推进学生思想升华，收到事半功倍的效果。

第一，在课程教育管理中，以课程问题导向，巧设悬念。首先，“思”是“学”的延伸，只有通过自身对所学知识有所思、有所悟，才能让知识真正地为自己所用。其次，思考不仅能让人“知其然”还能“知其所以然”，有利于掌握推动学习、工作的主动权，避免陷入本本主义、教条主义的泥沼。首先，以问题情境为导向。有问题，才有疑虑，最终方能激发思考。因此，在大学生课堂教育管理上，应该坚持以问题为导向，让学生带着问题在相关文献资料中进行针对性探索。其次，以例释理。在大学生的课堂教育管理中会涉及很多晦涩的理论知识，这就要求高校课堂教育管理者在课堂中激发学生思索。

传统的教育教学中是以教材为主线，强调按部就班地以预设课程对学生进行知识性灌输。但是在生本课堂中强调的是在教师的主导下让学生能多一些自主探索，以合作探究式、问题导入式等手段加强学生思考。

第二，在日常教育管理中，多管齐下，启迪学生心灵。在大学生教育管理中，除了在课堂教育管理中要引起学生的思考，在日常教育管理中也需用多种方法启迪学生心灵，坚持显性教育与隐性教育并举。首先，开展谈心谈话活动。辅导员作为日常教育管理工作的组织者应该增加与学生谈心谈话的频次，加强谈话深度，既要摆事实、讲道理，又要办实事、解决问题。通过以理服人和以情感人两种方式推进学生从思想上进行反思、升华。其次，开展主题班会，以演讲辩论、文章分享等方式与大学生在思想上进行平等沟通，以潜移默化的隐性教育把握学生的思想脉搏，启迪学生心灵。

（三）发挥教育管理者“导行”功能

这里的“行”指的是行为——受思想支配而表现出来的活动。作为教育管理者要指导学生的行为，应该以言传和身教两个方面作为发力点，坚持教育为主。具体方法如下：

1. 说服教育法：加强思想导行

说服教育即教育管理者针对受教育者当前思想和行为上的问题，通过以事实切入，以道理说服让学生从思想、行为上转变。大学生的人格发展基本成熟但不完善，知行差距较大，思想认识肤浅，实际经验缺乏。因此，教育管理者需要将事物“由表及里”地进行本质性分析。通过讲解、谈话、讨论辩论等方式进一步让大学生通过“被说服”的方式从思想上改变并由此引导自己的行为。而不是“被压服”，让学生不得不按照相应教育管理者的看法做事。这种柔性的教育管理方式比刚性的方式更能从根本上解决问题。

2. 典型教育法：强化示范导行

典型即在相关同类型事物中最有代表性、更能说明本质的个体。首先，树立学生优秀典型。在大学生中，总会有特别优秀的同学。对优秀同学予以培养、推广，从正面树立典型，加强示范教育作用，影响学生的行为。其次，树立自身典型。教育管理者在对大学生进行行为上的引导时，应该注重自己的“身教”。“打铁还需自身硬”，[①] 只有教育管理者自身做到了言行一致，才能够大大地增加典型的示范感召力。

① 刘玉瑛. 中国共产党执政公信力建设研究［M］. 北京：中共中央党校出版社，2015：96.

第三章　高校大学生学业管理

第一节　高校课程管理

高校课程建设是学校教学基本建设的重要组成部分，是提高教育教学水平和人才培养质量的关键，它对高校的教育质量有着举足轻重的影响。

一、高校课程管理的意义

我国高教体制几经改革，已初步确立社会主义市场经济体制下的高等教育体制基本框架。但是高等教育体制改革对高校的课程、教学实践，尤其是课堂实践的触动甚微，因为高教体制改革的焦点是决策权和权力归属，对高校课程、教学不产生实质性的影响。高校课程、教学的质量的问题需要课程管理来解决，而高等学校课程管理又是一个亟待开拓的领域。高等学校课程管理意识的淡薄与高校课程改革、人才培养模式的转变和教学体制改革的实际发生冲突，因此，进行高校课程管理研究具有深远的理论和现实意义。

从理论上说，第一，课程管理不仅是一个研究领域的开拓，而且是课程理论研究的逻辑发展，是课程理论的自我完善。它的研究重点集中于课程目标的确定、课程内容的组织、课程实施、课程评价等问题。我国有学者较早就注意到了课程管理的问题，指出课程管理理论与课程设计理论、课程评价理论一样，是课程理论的一个重要组成部分。① 课程理论要走向成熟，首先要解决课程理论中的课程开发、设计、评价等基本理论问题。随着课程理论改革的深入，课程管理问题就必然要提到议事日程上来，课程管理与整个课程领域的问题及其他问题都相关，重视课程管理的作用和研究也是课程理论自身发展的要求。

第二，高校课程管理研究是高等教育管理研究的必要补充和突破。高等教育管理的研究与高校课程管理的研究在总的指向上是一致的，都是为了更好、更有效地培养所需的人才，更好地满足高校与社会的要求。高等教育管理学已成为一门独立的学科，其主要内容是高等教育体制、教育方针政策、教育经费及高校内部管理中的学校组织、人事管理、教学管理、后勤管理等。而高校课程管理涉及的问题要具体得多，如课程标准的制定、课程

① 杨梅. 关于高校课程管理机制创新的探讨［J］. 当代教育实践与教学研究，2015（12）：270.

实施过程的监控及管理机构的设立权限、职能的规定，它们都是具体的工作。高等教育管理学涉及的是整个高教管理领域的问题，它能提供的是分析各种问题的原理，以及对高教管理的分析框架。它的一般理论特性使其不能直接运用于如课程这样特定的领域，而且由于高等教育管理学的研究范围的限定，使其不能对课程管理的问题做出详细的讨论。所以，正像教育理论不能替代对高校课程管理的研究一样，开辟高校课程管理的研究领域就非常切合实际需要。

二、课程管理的内容

谈高校课程管理首先就要明确“管什么”，熟悉高校中与“课程”相关的方方面面，清楚实际的情况；在“低头看路”的同时也要“仰望星空”，知晓应然状态。因此，考察课程管理的内容总体上可以依据理论和实践两个层面来进行。

（一）理论层面

理论层面可以从对“课程”的理解入手，因为有效的领导和管理源于了解和理解构成课程概念基础的价值和理念。一种理解以凯洛夫的教育学为代表，凯洛夫将课程视为学校里开设的科目及其体系，课程内容是预先规定好的，教师按照既定内容执行就可以了。对课程与教学的关系的认识是“大教学小课程”，教学是上位概念，包含了课程。在这种观念下，“管理”关注的是通过制定规章制度更好地将已经编制好的教学计划和已经确定的课程内容执行好，重在运行和执行；同时对运行和执行情况进行监督和评价，关注点主要放在教师的教上面。这种认识在今天依然有支持者，例如高校中相当一部分教师在制定教学大纲时照搬照抄教材目录，不是依据培养目标、课程目标来选择和组织课程内容；课堂教学是“教教材”；学生评教、同行评教和专家评教长久不衰，强调的是对教师教的行为的评价和对学生学习的结果的评价。

另外一种理解对课程与教学的关系的认识是“大课程小教学”，课程是上位概念，教学相当于课程的实施。把“课程”理解为学校按照一定的教育目的所构建的各学科和各种教育、教学活动的系统。众所周知的“泰勒原理”强调教育目标（课程目标）的主导作用，围绕目标来选择和组织学习经验，最后评价目标是否实现，更加重视课程的开发。教师需要依据学校的办学定位、培养目标来确定课程目标，并依目标来选择和组织课程内容；评价更关注课程本身，而不仅是课程效果；课堂教学是“用教材教”。在这种观念下，不仅需要更好地对运行和执行进行管理，对其进行监督和评价，更需要为课程产生的过程（课程开发）提供支持和对其进行监控，对课程本身进行评价。

此外，从理论层面来考察课程管理的内容还需要深入理解“课程管理”这个名词的内涵。从广义讲，它包括了课程实施（也可称为实施系统）和课程产生过程（也可称为生成系统）两个方面，从狭义讲，主要是针对课程产生过程（即生成系统），即课程编制过程的管理。更强调对课程编制过程的管理。

（二）实践层面

实践层面可以参照全国高等学校教学基本状态数据采集涉及的与课程直接有关的数据、普通高等学校本科教育教学审核评估指标体系中与课程直接有关的观测点、教育行政管理部门出台的系列文件和通知等。上述文件材料中蕴含的与课程有关的内容是高校课程管理的规定动作和必选动作，每一所高校课程管理的内容包含但不限于上述文件材料所蕴含的，主要有以下内容。

制定人才培养方案和配套的教学大纲，夯实人才培养目标和毕业要求达成的基础。对课程体系整体设计，处理好通识教育和专业教育、理论教学与实践教学、必修和选修、课内和课外的比例关系。对“标”设置课程，这个“标”包括国家、地方、行业企业对人才培养的基本要求、普通高等学校本科专业类教学质量国家标准、师范类专业认证标准、工程认证标准等基本规范和专业标准。优化公共课、专业基础课和专业课的比例结构，保证思政课、劳动课、军事课、公共艺术课程、创新创业课程、国家安全教育课程等国家明文规定需开设课程的开出。

严格执行人才培养方案，凸显教育的计划性。严格按照指导教学的纲领性文件——人才培养方案开出课程，应开尽开。明确教材选用的原则和基本要求，规范选用教材，特别是马工程教材达到应选尽选，境外教材的选用严格按照有关文件的规定执行。为保障人才培养方案的顺畅运行，还需要配套制定保障人才培养方案运行的规章制度。

制定课程建设规划，稳步推进课程建设。制定课程发展规划或课程建设方案，有步骤有计划地加强培育学校的优质课程。从课程类别上讲，率先建设专业核心课程和受众面广、影响范围大的公共基础课程（通识教育课程）；从课程类型上讲，突出思想政治理论课程、创新创业教育课程、劳动教育课、心理健康课程、职业生涯规划与就业指导课程、与行业企业共建和共同讲授课程等，开办有师范专业的院校还要突出教师教育课程。从课程建设入手，着力提高人才培养能力，夯实振兴本科教育的基础，同时也为申报高级别的课程建设项目做准备、打基础。积极申报和建设各级各类课程建设项目，近几年以一流课程、课程思政示范课程、应用型示范课程、创新创业示范课程等项目为重点，有步骤有计划地加强培育学校的优质课程是申报成功各类高级别课程建设项目的基础，反过来各类高级别课程建设项目又可以作为“领路人”引领带动学校的优质课程建设，并且在一定程度上彰显学校的课程建设水平、办学实力和水平。另外，各级各类课程建设项目比较多，需要理顺它们之间的关系，强调一流课程和课程思政示范课程的建设，是要求学校的每一门课程在课程内容上都要体现“两性一度”的高质量要求，都要充分挖掘课程中蕴含的思政元素实施课程育人，这是每一门课程的底色和本色；应用型示范课程、创新创业示范课程等强调的是课程的特点。

融合信息技术，丰富课程资源和进行课堂改革。一是引入优质线上课程资源，特别是国家级、省级精品在线开放课程（线上一流课程），可以弥补学校课程资源的不足，满足学校教育教学所需，并可以作为“样本”为学校优质课程资源建设提供范本和案例。二是建设网络教学平台，为学校优质课程建设提供依托，为线上课程、线上线下混合式课程的运行提供环境，为课程评价提供翔实的基础数据等。三是建设精品在线开放课程（线上课程），包含面向社会开放的大规模网络课程、针对校内特定群体进行的小规模网络课程等，融合现代信息技术来建设、推广、应用学校的优质课程资源。四是促进现代信息技术与教育教学的融合，以大学生学习方式革命推动大学课堂革命，进一步推进适应教育教学新常态的课程的建设。

三、课程管理的主体

（一）摈弃错误的认识，做到管理不缺位、不越位

一是教师层面。一线教师对“管理”二字的反应，一般就是这与我无关，管理是行政管理部门的事情，在课程管理方面普遍认为那是教务处的事情。具体表现为：教师参与课程管理的积极性不强，只是按计划上课，按教材授课；对优质课程建设在提高人才培养质量等方面的重要性认识不充分；对于各级各类课程建设项目仅仅是为申报而申报，重申报轻建设，甚至个别教师持功利性目的，申报项目主要考虑经费、评职称的需要，而忽略了项目建设本身的意义。有这样的表现是因为对“课程管理”认识有偏差，基于美国学者斯塔克对课程管理的定义，教师在课程的编制、实施、评价和改进这些方面都需要履行责任和行使权力，因此教师是最重要的课程管理者，居于中心地位。

二是管理者层面。这里讲的管理者是狭义上的，单纯指高校中从事行政管理的机构和人员。高校多为校—院（系）两级管理体制，课程管理者包括学校层面和院（系）层面。作为办学主体的二级学院（系），对本单位课程建设与改革缺少整体和长远规划，课程建设与改革的工作多是老师们单打独斗，未形成教学团队，未给予学术支持，日常的课程管理多是被动地开展工作，办学主体的地位体现不够。教务处等学校层面的课程管理部门和人员把制定课程发展规划或课程建设方案、人才培养方案的原则意见等顶层设计和完善课程管理的一系列规章制度作为工作的重点，具体到各专业人才培养方案的制定、单门课程的开发编制则较少关注，认为这是教学学术的范畴，院（系）、教师应是主体。但往往忽视了院（系）、教师是否具备相应知识、能力和素质支持其做好相应工作，是否具备了做主体的资质。这反映出学校层面的管理者对课程管理的内容和范围的认识不全面，对自身角色定位的不准确。毕竟在高校中，院（系）这个层面能掌握、支配和使用的资源有限，

建设网络运行平台、引入优质线上课程、为教师课程建设赋能、各管理主体联动合力推进课程建设与改革等工作都更需要学校层面的课程管理者围绕“协调和支持”来履行责任、行使权力。

（二）积极引入社会力量，共建共管共治课程

大部分高校仅仅依靠自身的力量已经不能完成当今的课程建设与改革的任务了，比如五类一流课程中的线上线下混合式课程的建设。由相关文件中对线上线下混合式一流课程的界定可知，建设线上线下混合式一流课程必须具有两个条件，一是具有慕课、专属在线课程（SPOC）或其他在线课程，二是拥有网络教学平台。可以说，引入优质的线上课程资源和拥有网络教学平台是建设线上线下混合式一流课程的基础性条件。大部分高校现有的优质线上资源——国家级和省级的精品在线开放课程（线上一流课程）有限，为满足教学的基本需要就必须外引；线上线下混合式一流课程需安排 20%～50%的教学时间实施学生线上自主学习，这就需要营造一个智慧教学环境，建设一个网络教学平台来承载线上的教和学是最基本的一环。[①] 以课程服务平台为代表的社会力量逐渐融进了高校正在进行的课程建设与改革过程中。

课程服务平台企业肯定是要追求经济效益的，同时也要看到他们的专业性或者说优势：整合全国范围内的优质课程资源于一身；开发有普适性的网络教学平台；建立的团队在协助各高校进行课程建设的过程中积累了大量的成熟经验；在与各高校开展合作的过程中挖掘并延聘了一定量的在课程建设理论和实操方面有成绩的优秀专家学者等。这些也正是多数高校在课程建设与改革方面的短板，因此多数高校不再花费时间、精力去整合上述各方面资源，而是选择引入社会力量，来为学校的教师和管理者赋能，协助学校推进课程建设与改革，为课程建设成效的评价提供数据支持等。

除课程服务平台企业外，用人单位是另外一支重要的社会力量。特别是选择向应用型转型发展的本科院校有无与行业企业共建课程、共同讲授课程是衡量转型发展是否走深走实的重要指标。落地落实培养适合地方经济社会发展需要的人才，必然是依靠人才培养的核心要素——课程来实现，所以聘请用人单位的专家深度参与到高校的课程建设与改革中，按“需”定制课程确有必要。

四、提高课程管理有效性的路径

充分认识高等教育组织特性，遵循现代大学治理模式的演变和发展趋势，把握高校课程建设的规律和特点，改进高校课程管理，提高管理的有效性。

---

① 张栋. 高校课程管理：内容·主体·路径［J］. 四川文理学院学报，2022（5）：154-160.

（一）优化和限制科层制，持续改进行政管理

高校去行政化是近年来高等教育领域持续关注的一个问题，但是高校去行政化与去掉大学的行政管理不能画等号，高校去行政化更多的是治理行政权力的“越界”问题，比如行政权力对学术事务过多介入，排斥学术权力对学术事务的决策；学术权力按照行政权力的逻辑来运行的管理模式等等。从高等教育组织特性分析，大学具有理性科层组织与政治属性组织的双重属性。这就决定了大学的课程管理或者说课程治理不能完全摈弃行政管理这一方式。采用科层制组成管理系统还是有许多优点的：促进了高等教育管理的规范化、制度化与标准化，提高了管理效率，保障了资源的有效配置，最大化实现组织目标等。鉴于此，提高高校课程管理有效性的路径之一就是优化和限制科层制，持续改进行政管理。第一，强化管理人员课程建设与改革协调者、引导者、促进者、服务者的角色意识。高校的课程建设与改革需要教师、管理人员、学生、社会力量等各方有效参与，各方利益诉求不同，管理人员就需要担负起“协调各方增进共识、形成合力，致力于课程建设和改革”的职责。高等教育改革属于学术改革范畴，它很少从内部产生，而是一种“外部引发，内部反应”的过程。这就需要课程管理人员，特别是学校层面的高层课程管理人员来引导和促进课程建设与改革，尤其是建立适当的学校文化——一种既支持学习者和教师又对其提出一定挑战的文化。第二，明确校院两级从事课程建设与改革的部门和岗位的职责。科学合理界定校院两级在课程建设和改革上的职能，哪些工作由学校层面来推动，哪些工作由二级学院层面来落实；明晰分管教学副校长，教务处等与课程建设和改革有关的部门及管理者的工作职责，二级学院从事课程建设与改革的部门及课程管理者的工作职责。第三，完善二级学院课程管理机构，适度增加课程管理人员的数量。科层制的有效运行和科学管理需要一支数量充足、结构合理的高校职员队伍。高校的行政管理队伍庞大是经常被诟病的，这里的行政管理队伍庞大确切说应该是高校机关职能部门的人员数量多，实际上二级学院专门从事行政管理的人员占比并不高。要求二级学院发挥能动性，加强课程管理，切实履行课程管理的职责的前提是健全机构、配备人员。在行政管理人员在高校师资队伍占比有限定的前提下，精简高校机关职能部门管理人员的数量，充实二级学院的课程管理力量是应有之义。这样才能更好地将“服务意识”落实为“服务的行动”。第四，简政放权，科学合理适当下放课程管理权限。与“精简校高校机关职能部门管理人员的数量，充实二级学院的课程管理力量”相辅相成的是管理权限的下放。越俎代庖、包办代理的保姆式管理方式也是造成高校机关职能部门人员众多的一个原因，久而久之也不利于二级学院主动性、积极性和创造性的发挥。校级层面的课程管理要实现由微观管理转化为宏观调控，由过程管理转化为目标管理，由制约管理转化为激励驱动。

（二）重视协商民主制，进一步加强学术管理

追求学术自由，自觉维护和尊崇学术权力是大学的传统。推崇教授治校正是一传统的表现，这属于现代大学治理模式之一的学术治理模式，它的权力来源是以知识与学术为基础的学术权威、学术能力与同行评价，相比权力来源是组织的正式授权的另一种现代大学治理模式——科层治理模式，其更容易为教师所接受和认可。随着高等教育的发展变化，从各国大学内部治理体系的情况来看，纯粹以学术主导的治理方式呈现式微之趋势，但教师往往还是以此为“盾”来抵御“嘈杂的声音”，希望为教学科研营造一个良好的环境，减少各种束缚和羁绊。并且高校课程建设与改革是专业性很强的工作，属于学术事务与活动的范畴。综上，考虑高等教育组织的特性、高等教育的基本常识等，提高高校课程管理有效性另一路径就是重视协商民主制，进一步加强学术管理。

一是建立健全专家组织。单独成立专门的专家组织来就课程建设和改革中的重大事务进行审议、决策和提供咨询。或者明确学校现有的某个专家组织——教学指导委员会、学术委员会等，承担起相应的职能。再就是考虑专家组织的人员构成问题，要充分重视学校中学术能力强、同行评价高、享有学术权威的教师的作用，将这部分教师纳入专家组织；专家组织成员中来自行业和用人单位的不光需要实现零的突破，还需要达到一定的比例，建立配套机制支持他们全方位全过程参与学校的课程建设与改革。还要面对一个现实，绝大部分高校中能进入专家组织的教师同时也担任行政职务——校级领导、职能部门的处长、二级学院的院长，他们在行使学术权力时能否实现角色的转换，避免按照行使行政权力的方式或思维来行使学术权力。二是提供给课程建设与改革主体表达意见和建议的正式渠道和非正式渠道。专家组织的设立给行业、用人单位和极少部分教师提供了渠道，但是广大教师和学生是课程建设与改革的最直接相关利益者，在就课程建设和改革中的各项事务进行决策时要充分尊重广大教师与学生的意见与建议，明确这个群体的参与权和发言权，提供正式的渠道，比如校领导接待日、校长教师座谈会、校长学生座谈会等，彰显决策的民主性，力戒表面功夫做足、背后根本不听的“垃圾桶决策模式”。同时，提供非正式渠道给各主体来就课程建设与改革的事务进行沟通和交流不容忽视。

（三）提高课程管理站位，强调综合建设与改革

切实有效的课程管理体现在：课程建设与改革有计划、有步骤地全面铺开，课堂确实发生了改革，培养目标和毕业要求切实达成。而不是舍本逐末，进行“掐尖式”课程管理——仅仅追求获批国家级和省级一流本科课程、课程思政示范课程等。提高高校课程管理有效性的第三条路径就是提高课程管理站位，强调综合建设与改革。

一是建立课程管理的综合机制。还是以建设线上线下混合式一流课程为例来说，引进优质的线上课程资源、建设网络教学平台是“硬”前提，但更重要的是“软”前提——

混合式教学的推广和应用。要推广和应用混合式教学，使其成为今后教育教学新常态，前提是教师们要弄清楚、搞明白“何谓混合式教学”，在理论层面有深刻的理解和把握，在实操层面有直观的感受和体悟。为保障混合式教学在高校内的全面铺开还需要出台配套的教学管理办法，在运行管理、督导检查、教学工作量的计算等方面都需要做出科学、合理的安排。需要建立起“综合机制”，统筹协调各方力量，形成合力。二是凸显二级学院课程建设规划的重要性。课程建设规划上，特别强调作为办学主体的二级学院的规划。二级学院的课程建设规划是与专业内涵、特色建设紧密联系的。在专业人才培养方案教学计划表中列出的专业基础课程、专业核心课程的建设是二级学院课程建设的重中之重。有明确的课程建设规划，教师队伍建设、实验室建设、教学研究与改革等自然就有了重点和方向。尤其是在人、财、物等资源配备不够充分和宽裕的高校，二级学院制定有合理的课程建设规划尤为重要，可以集中力量办要紧事儿，无计划往往会造成有限资源的重复浪费和无效消耗。

第二节　高校课程考试管理

课程考试是高等教育教学过程中的一个重要环节，是评价教学得失和教学工作信息反馈的一种手段，也是稳定教学秩序、保证教学质量的重要途径之一。因此，如何搞好高校课程考试管理，使之科学化、规范化、合理化，是高校教学管理工作的一项重要内容。

一、高校课程考试管理概述

考试的概念有广义和狭义之分，本节中的“考试”是狭义的考试。即由主试者根据一定的社会要求，在一定的场所，采取一定的方式方法，选择适当的内容，对应试者的德、学、才、识、体等诸方面或某方面所进行的有组织、有目的的测度或甄别活动。因其性质、目的、内容、方法、手段的不同，考试可分为众多类型，如根据目的的不同，考试可以分为配置性考试、形成性考试、总结性考试和选拔性考试，课程考试就包含了其中的形成性考试和总结性考试。形成性考试是在教学过程中进行的各种测试，主要目的是了解教学效果，及时发现教学过程中存在的问题，以便改进，并为平时成绩的评定提供依据。总结性考试是在课程结束后进行的，主要目的是督促学生全面系统地复习，并对学生的学习效果和教师的教学效果做出评价。

高校课程考试是指高校内部根据课程教学目标的要求和高校教育目标的具体规定，自行主持实施的考试活动，包括平时测评和学期考试。其基本任务是检测学生的学习成绩，督促学生学习，发现教学中存在的问题。其目的在于掌握高校的教学情况，改进教学和督促高校教育目标的实现。[①] 其功能可归结为下述五种：第一，检查测评功能，即检查和评

① 黄海艳. 浅析高校课程考试管理中存在的问题及对策［J］. 成功，2017，(12).

定学生对课程大纲所规定的基本知识、基本原理的掌握程度。考评和检测学生运用所学的基础理论在实践过程中分析问题、解决问题的能力、创造力和潜力。第二，导向功能，即“指挥棒”作用。通过对考试内容、考试形式的合理安排，引导学生的学习，使学生达到预定的培养目标；通过严密的考试规程以及考试结果的客观评价、公正使用，能培养受教育者务实求真、遵规守纪、崇尚科学的习惯，增强行为主体的责任感、公德意识。第三，激励功能。考试作为一种检查学生学习效果的手段有着反馈作用，而反馈结果又对学生起着激励作用。考试结果可以反映学生的知识掌握程度和能力发展情况，以及所存在的问题。此外，考试作为一种检查教学成果的手段，对教师有着激励作用。考试结果反映了学生的学习情况，而学习情况又反映了教师的教学投入、教学内容、教学方法和总体教学水平，教师可通过考试结果总结发现薄弱环节。第四，鉴定功能。教育管理部门在对考试结果分析、认可后，依据有关规定对学生、教师和教学管理人员进行鉴别，以区别优劣，进行奖惩。第五，系统整合功能。由于学生平时学习节奏较慢，章节之间难以做到全面领会，而考试来临之际，学生已完整地学过一门课程的理论，他们可以将所学的基本知识和基本技能进行系统、全面地归纳、整理，进一步将所学的各部分内容有机地联系起来，以达到融会贯通的目的。学生的归纳综合能力、思维能力、创造能力和自悟能力在这一过程中可以得到全面系统的综合发展。考试功效的实现是需要一定条件的，离开了一定的条件，考试功效非但不能实现，甚至会严重地扭曲。那么，这一定的条件是什么呢？它就是量尺标准、实施规范、结果真实和使用公正，其中任何一方面出现偏差，都将影响考试功效的正常发挥。而这些条件的创设，就必须依靠严密科学的考试管理。

考试管理是以考试活动为对象，以提高考试活动效率、实现考试活动预期目标为目的的专门性的管理活动。高校课程考试管理则是以高校课程考试为对象，以提高考试活动效率，检测教师课堂教学质量，发现教学中存在的问题，充分评估学生的学习效果和学习创造能力为目的的管理活动，严密科学的考试管理具有如下功能。

（一）维护考试的权威

现代社会中的各种考试都有其特定的目的，正因为如此，无论什么考试，其程序、内容、方法一旦确定，不管是考试的组织者还是考试的参加者，都必须受到考纪考规的约束，而通过考试所获得的结果，都有法定的或公认的功用和社会价值，这就是考试的权威。任何一种权威的建立和维护，都离不开一定的条件。那么，建立和维护考试权威的条件是什么？那就是考试的各种规章制度，它是对考试活动全过程的管理。考试管理是保证考试预期目标得以实现的活动，即对一切有可能影响、阻碍考试预期目标实现的行为予以劝告、制止直至强行控制的活动。科学而有效的考试管理可以保证考试活动在公平、公正的环境中进行。加上考试结果的采用同样公平、公正就会获得学生对课程考试的认可，并积极地参与考试且自觉地维护考试的规章制度。

（二）实现考试的功效

任何社会活动功效的实现都离不开一定的条件，考试活动不但是一种社会活动，而且是一种特殊的社会活动。只有具备了一定的条件，考试功效才能实现，而这些条件的创设，是必须依靠严密科学的考试管理，即把考试活动的全过程置于有效的控制之中。同时，这种控制必须是全方位的。所谓全方位，是指考试活动全过程的每一个方面和每一个环节都必须有严密的控制措施。从考试的各个环节来看，无论哪个环节出了问题，都会对考试的功能造成危害。考试成绩的失真，不能发挥其检查教学效果的作用，不能使学生比较真实地了解自身在科学文化知识以及技能等方面的优与劣。考试前后出现的问题，如考场设置、考试质量分析等，有时看上去是小事，但如不及时纠正，任其发展，对勤奋学习者是压抑，对投机钻营者是放纵。不但不能实现考试功效，还会使道德标准、是非标准产生扭曲。

（三）树立踏实进取的学风

所谓学风，即治学之风尚，立校之根本。它是靠广大师生员工在科学研究、思想教育、行政管理和后勤服务等工作中共同努力建立起来的一种治学态度。因此，学风问题是高校工作中的一项重要的基础建设工程，是学校教育中一个不可忽视的问题。首先，良好的考风和学风具有很强的感染作用。学风是一种精神力量，它可以被感知、效仿、传播和宣传鼓动，从而形成强大的心理影响力和群体舆论，感染并熏陶每一位师生，而且对不适应者形成压力，使个体行为逐步适应群体行为。其次，良好的学风具有激励作用和良好的导向作用。多数学生的良好学风对少数学生的不良学风是一种示范和鞭策，促使具有不良学风的学生转向接受这种行为准则。同时，当坚持良好学风的个人受到学校的表彰时，学生会因之受到很大鼓舞，甚至将这种学风内在化，成为个人治学和成才的座右铭及行为准则。一个学校有严格而合理的考试制度，是提高教学质量、形成一个良好的学风的重要条件。严密科学的考试管理可以帮助学生形成正确的是非观，是非观是人们思想道德和行为的基础。在考试管理中法纪严明，不仅可防止或减少违法、违纪现象的发生，而且会引导学生对考纪考规的重要性、严肃性形成正确、明晰的认识，强化执法、守法观念，逐步养成遵纪守法的习惯，提高法纪素养，有利于消除投机取巧的病态心理，树立踏实进取的学风。可见，严格考试管理是促进学风建设的一个重要环节。

二、高校课程考试管理的构建

（一）高校课程考试应遵循的基本原则

课程考试是教学过程中十分重要的环节，它不仅要完成对学生在经历一个教学过程后学习情况的评价，而且还要检查教师的教学效果与水平，诊断教学中存在的问题，反馈教与学过程中的各种信息，进而发挥促进教学改革的作用。它所特有的检查测评、导向、激励、鉴定和系统整合五大功能是其他教学环节所不能替代的。高校课程考试必须适应社会发展的需要，必须适应被考者的身心发展水平，必须有利于促进和客观评价学生综合运用所学知识解决实际问题的能力，必须有利于提高教师教学水平，以保证不断提高人才培养的质量。

课程考试管理是一项基本的教学管理，是保证考试的公正性与客观性，正确发挥考试功效，促进教学工作的关键环节之一。考试管理质量直接关系到教风、学风的建设和教学质量的提高，是衡量学校办学水平、管理水平的重要标志。加强高校课程考试管理应遵循以下原则。

1. 方向性原则

考试管理是管理者根据既定考试目标要求，运用适当的程序、方法、手段及行为规范，合理调配人、财、物、信息等资源，对考试活动实行有效控制，以实现共同目标的一种社会活动过程。考试管理既因一定管理目标的需求而启动，又以实现预定目标为归宿，其管理过程的产生与形成均以一定的管理目标为先决条件，而目标本身总要体现为一定的方向；目标的正确与否要以所引导的方向是否正确作为衡量的标准。因此，科学的考试管理必须坚持方向性原则。

2. 科学性原则

科学性原则是指运用现代管理理论、教育测量与评价理论、教育管理理论、心理学理论等作为充分的科学依据，使考试管理活动具有可靠性、可信度，并采用科学的考试管理方法、成熟的管理经验，使考试管理活动行之有效，以利于实现预期的管理目标。

3. 公正原则

考试管理公正与否，关系到考试的权威性，反映的是校风、考风的建设程度，而且考试直接关系到被试者的切身利益，直接影响被试者的心理，影响着个体对社会的态度。因此，我们要积极地创造条件使考试尽量接近公正。

4. 系统原则

系统是指由相互联系、相互作用的若干组成部分构成的有机整体。这个整体具有其各个组成部分所没有的新的性质和功能，并和一定的环境发生交互作用。考试管理是一项系统工程，它包括教学管理工作、思想政治工作、后勤保障工作等方面，涉及教学系部、学生处、党团组织、总务、保卫等部门。教学管理部门要妥善安排，使考试工作井然有序地进行。

（二）高校课程考试管理运行条件的探讨

考试管理，其目的在于维护考试的标准规范，维持考试实际运作与计划方案相一致，使考试沿着预先设定的轨道运行，同时对不切实际的计划予以及时调整，纠正运行过程中出现的偏差，矫正反馈信息中不确切的数据或结论，保证考试结果的真实性，并从中分析成功与失败的原因，探明修正的途径，通过反馈给新的考试运行提供理论及实践的依据。将考试目的从观念形态转化为现实形态，高校课程考试管理的正常运转应具备以下条件。

1. 健全的考试组织机构

若无健全的考试组织机构，自然也就谈不上深入开展考试实践中相关问题的研究。要不断更新、完善考试理论，用以指导新的考试实践，进而强化考试主动适应社会发展需求的能力，使之正确发挥功能。考试组织是考试队伍的依附体，考试组织不健全，就不可能形成稳定的专业考试队伍，整个考试的设计、实施与管理必然是临时拼凑的，量尺标准、实施规范、结果真实的考试目标就难以企及。

2. 素质优良的考试管理队伍

一切先进的控制技术设备、各类考试行为规范、各项工作标准都有赖于高素质的控制者通过对人的有效控制发挥其作用，进而给考试运行以积极的影响。培养和造就一支高素质的考试管理队伍是保证考试质量、提高考试效率和效益的需要。参考考试管理系统的运行环节，考试管理队伍可以划分为考试行政队伍、考试业务队伍、考试科研队伍三类。

考试行政队伍是考试管理队伍中常规性的人员配置组合，它包括学校、职能部门和教学单位的领导者和一般行政工作人员。考试行政队伍的职责是负责考试管理机构各项职能活动的顺利进行和考试管理目的的有效实现。

如果说考试行政队伍的建设是源自加强考试活动外部组织管理的要求，那么，考试业务队伍的建设则是出自考试流程内部运行的要求。考试活动是一个动态的运行过程，其流程要经过命题、施测、评卷等依次相连的环节，各个环节都事关考试的质量。以命题队伍为例，倘若命题人员不能把人才评价标准准确体现于测试内容和目标中，作为测试工具的试卷就失去了效用，考试活动的效果、价值也就无从谈起。

考试科研队伍是伴随着现代考试改革和发展的深入，而日益显示重要性的一支必不可少的考试管理队伍。其职责是结合高校教育教学实际，重点研究课程考试的理论与实践问题，从而为学校的考试活动提供理论指导。高校课程考试时间的非经常性，决定了考试管理队伍的非专职性，也就是说，他们基本上都是兼职考管人员。应该特别指出的是，为了保证课程考试质量的不断提高，非专职性的考管队伍应该具有专业性的水平。

3. 健全的考试规范、严密的考试程序和科学的考试控制标准

它们是实行考试控制的依据和准则，是引导考试运行方向、防止考试运行偏离预定轨

道的保障措施。同时，它也是维护考试权威性、公正性的必要条件。所谓考试规范，亦即考试运行的规程和参与考试活动各类人员的行为准则。它是控制考试运行的直接依据，一般包括考务规程、命题细则、监考守则、考场规则、评卷实施细则、考试信息管理规定、保密规定、违纪处罚规定等。严密的考试程序是指从考试命题、实施到评价、分析、反馈、考场编排、各类工作人员配置等各个环节都要严格要求，注重考试的整个过程。科学的考试控制标准包含时间标准，如命题制卷、考场设置、施测、阅卷评分、考试结果分析处理等的起止时间要求；数量标准，如考点设置、考场编排、试卷长度和满分值、试卷印制与分装、施测环节各类工作人员配备、阅卷人员及所需设备配置的数量规定等；质量标准，如考号及考场编排的科学性，考点、考场设置的规范性，各类人员配置的合理性，施测控制的严密性，试题编审和试卷印制的合格率，试卷分装的标准性，评分、计分、登分、核分的准确率或差错率以及考试成绩的可靠性、有效性和公正性。

4. 良好的信息传输与反馈机制

倘若没有确切的信息反馈、科学的统计方法和先进的技术手段，就谈不上对考试流程进行富有实效的控制。从整个考试的过程来看，考试质量分析是信息反馈的主要途径。应该根据考试结果为学生提供反馈，以检查教学目标的实现情况，检查教学措施的实施效果，发现教与学两方面存在的问题，从而改进教学工作。研究表明，运用反馈以增加学生课堂反应数量和提高学生课堂反应质量的教学，对促进大学生批判能力的发展有一定作用。从教师自身而言，在试题反馈分析的过程中，能够及时收集来自学生的真实信息，是一笔难得的宝贵财富，是一次向学生学习的过程。通过试题反馈分析，教师不仅了解了学生的学习需求与希望，看到了命题中需要改进的地方，并能从这一教学情景中获得许多启示和感悟。通过与学生交流，促进教学反思，在反思中学习，在反思中丰富教学经验，从而提高教学能力。从教学管理的角度而言，组织试题反馈分析的过程就是检查、反思、总结、促进教学相长的过程。它为今后命题、考试、评价等诸方面的教学管理工作积累了宝贵的经验，同时也为教学双方提供了一个平等、真诚的教学交流和情感互动的平台，对师生双方都起到了积极的促进作用。通过考试的质量分析，能够使考试决策层及时客观地了解考试的情况，从而对考试活动中出现的种种偏差进行分析，以探明造成考试偏差的原因，并进行调节和控制。良好的信息传输与反馈是保证考试决策正确的重要依据，也是促使考试走向科学化的必要措施。

三、高校课程考试管理改革的对策

高校课程考试管理是一个由多因素组成的相互制约、相互促进的封闭的动态系统。因此，改革高校课程考试管理应该坚持系统论的观点和方法。

（一）推进考试观念的深层次转变

转变高校领导、教师、管理人员乃至学生关于课程考试的观念，是推进高校课程考试管理改革的前提和基础。关于考试观念的转变，必须解决以下三个问题。首先，必须正确认识考试在人才培养中的作用与地位。其次，到目前为止，高校从领导到教师再到一般教管人员，不是没有或基本没有认识到这种重要性，就是虽然对此有所认识，但在实际工作中并未重视其作用的发挥，或基本没有研究过如何去发挥这种作用。这里要强调指出的是，高校领导、教师和教管人员不仅要在口头上，还要在思想上真正承认考试是一门科学，要真正弄清、弄懂这门科学。唯有了解、掌握了考试的理论、运行规律、方法与技术，才有可能在课程考试中正确、有效地运用这门科学。再次，必须正确认识考试管理是一项关系考试成败、人才培养质量的系统工程。考试活动是一门科学，考试管理活动是考试活动的重要组成部分。因此，考试管理理所当然也是一门科学。考试管理不仅是一门科学，也是一项系统工程。对于高校领导、教师和教管人员来说，一是要真正认识考试管理是一门科学、是一项关系考试成败、人才培养质量的系统工程；二是要学习、掌握这门科学，了解、熟悉这一系统工程的特点、运行规律和控制理论与方法等。唯有如此，才能够确保课程考试组织实施的科学有效性。

（二）建立考试中心，完善考试管理规章制度

考试管理要系统化、规范化，首先必须建立健全考试管理机构。考试是一项系统工程，为保证考试的顺利进行，提高考务人员的业务水平和考试管理质量，高校应该成立考试中心，统一管理高校课程考试。作为高校考试的综合管理机构，考试中心的职责与任务包括以下几点。①

1. 统一规划、组织和实施高校的课程考试

传统课程考试的模式是高校制定统一的要求，各教学单位自行命题、制卷、施测、评卷、登分，有的高校有总结评估的环节，有的高校没有。课程考试事关人才培养质量，是一项科学性、技术性很强的系统工程，应该由学校考试中心统一规划、组织和实施。

2. 建立、完善课程考试管理规章制度并坚持严格实施

课程考试的主要目的或功能是育人，是有利于人才的培养和成长。为了实现这种功能，达到这种目的，课程考试及管理就必须科学严密。课程考试又是一项科学性、技术性很强的系统工程，故对其管理必须有一整套科学、合理、严密的规章制度，并在课程考试中坚持严格实施。

---

① 刘晓．浅谈高校课程考试管理中存在的问题及对策［J］．社会科学（全文版），2017（3）：76.

3. 针对学校课程考试的实际需要，开展课程考试的评估与研究

对实施的课程考试组织分析、评估并根据需要开展针对性研究，一直是高校工作的薄弱环节，而这又是一项提高课程考试质量，进而促进人才培养质量提高的重要工作，所以，这将是考试中心的一项十分重要的任务。

4. 承担考试管理方面的人员培训

课程考试的监考人员一般是临时和兼职的，对其进行培训是必需的。比如，组织他们学习《监考须知》《学生考试行为规范》以及《考试违规处罚条例》中的各项规定，要求他们以高度的责任心和严肃认真的态度对待每一场考试。

（三）培养和建设高素质的考试管理队伍

精干的考试管理队伍，是有效发挥考试管理功能的基本条件之一。严明的法纪可以使考试管理从制度上得到保障，健全的机构可以从组织方面保证考试管理功能的正常发挥。但如果没有一支精干的考试管理队伍，无论多么严明的法纪、多么健全的机构，都很难产生实效。课程考试属校内考试，与社会考试相比，其规模较小，只是学校工作中的一项，且时间上是间断的。然而，这一切并不意味着课程考试管理就不需要高素质的管理队伍。所以，高校应重视课程考试管理队伍的建设。

兼职性、非常设性和专业性应该是高校课程考试管理队伍的基本特征，也应该是高校抓这支队伍建设过程中应遵循的基本原则。所谓兼职性和非常设性是指课程考试管理队伍的组成人员不可能是专职的（学校考试中心的人员例外，这一部分人员只占整个队伍很小的比例），他们平时可能工作于校机关、教学单位或学校的其他单位，只是在学校组织课程考试时才成为考试管理人员。所谓专业性是指这支队伍的成员应该具有专业化的水平，即他们中的绝大多数人虽然不是以考试管理为职业，但他们都应该了解和熟悉自己在考试管理中所从事的那一项工作所必须了解和熟悉的理论、技术等专门知识技能，并具有做好这项工作的较强的能力。没有职责就无所谓管理，高校对这支特殊队伍的管理也应同其他队伍的管理一样，分工明确、职责明确、考核明确、奖惩明确。

（四）教考分离

教考分离制度是一种现代教学管理手段。所谓“教考分离”是指将教学与考试分离进行，即将过去某一课程由任课教师自己命题、自己评分的做法改为从规范、标准的试题库中筛选、组合出符合要求的试卷，或由教学管理部门组织教学经验较为丰富的非任课教师依纲命题，并统一组织考试，统一评阅试卷。实行教考分离的目的是提高考试的质量和水平，为学生成绩的评定、教师的教学评价以及教学管理决策提供科学的依据。它有利于促使教师授课全面系统地贯彻教学大纲的各项要求，促进学生端正学习态度。这样既能促进教师的教，又能促进学生的学，充分体现了教师的主导作用和学生的主体作用相结合的教学原则，充分调动了师生的积极性。推行高校的教考分离需从以下四点入手。

1. 加强宣传，统一思想

教考分离势在必行，但大部分教师与教学管理人员对此认识还不足，心理上也还不太适应，甚至认为推行教考分离是对教师的不信任，表现出明显的抵触情绪，这在一定程度上增加了推行工作的难度。因此，推行教考分离的首要任务是加强对教考分离制度作用和意义的宣传。从学校上层、中层到教师，层层推进，调动各方面的积极因素，使认识统一到培养合格人才上来，以利于逐步实施教考分离制度。

2. 科学合理地安排实行教考分离的课程

从教学总体效益上讲，并非每门课程实行教考分离都有利，如文科类的一些课程，本身要求学生涉猎广泛，如果把试题局限于一课堂内的几本书，显然不利于培养学生的能力；又如理科的一些专业性很强、难度很大的课程，学校常常只有一两个老师熟悉课程内容，推行教考分离也不太切合实际。因此，学校应该在充分调查研究的基础上，科学合理地安排实施教考分离的课程。

3. 积极修订教学大纲，为课程实施教考分离建立前提条件

多年来，不少高校的课程大纲建设一直滞后，很多课程的大纲几十年不变，不能适应时代的变化。还有很多课程没有教学大纲，原因是在教考合一的制度下，课程缺少大纲的矛盾暴露得并不明显。教考分离制度将教与考分为两条线，没有课程大纲则无法组织有效的教学，更无法组织有效的考试。因此，高校应积极组织力量修订、制定课程大纲，为课程实施教考分离创造前提条件。

4. 建立高质量的题库，使教考分离更科学化

实行教考分离的重要途径是建立科学的题库。科学的题库可以提供各种规格、各种层次及科目的试题。采用试卷库的试卷可以克服教师命题随意性带来的信度差和效度差的弊病。试卷库的试卷由水平较高的非授课教师参加阅卷，这在一定程度上预防和杜绝了授课教师在考试环节中参与作弊的现象。学校内部考试通过这方面的改进可提高质量与权威性，但建设科学的题库、试卷库并非一蹴而就。它既是一项阶段性的、多方人员合力攻坚的综合技术工程，也是一项长期的、由专业技术人员不断充实、革新、完善的系统工程。在高校中因学科、专业的多样性，试题要注意学科性、专业性以及适应学生能力、教学水平变化的需要。

（五）考试方式多样化

学校应鼓励教师根据本门课程的性质选择灵活多样的考试方式，突出课程的考核重点。根据我国的实际情况，可采用以下七种基本的考试形式：①闭卷考试。指考试中不允许携带和查看任何资料的一种用笔答卷的考试方式。②开卷考试。指考试中允许携带和查看资料的一种用笔答卷的考试方式。该方法根据允许携带和查看资料的限制情况，可分为全开卷考试和有限开卷考试或一页纸开卷考试。全开卷考试指考试中允许携带和查看任何资料；有限开卷考试或一页纸开卷考试是指考试中允许携带和查看规定资料或写有学生自己总结和归纳课程内容的一页纸。③口试。指应试者通过口头语言来回答问题的一种考核方式（含答辩考核），是面试中常用的一种方式。④成果考试（如设计、论文、报告、制品等）。指应试者就某个具体问题或任务、项目通过查阅资料、计算、绘图和制作等环节，用规范的方式做出书面表达或形成实物作品的一种考核方法。⑤操作考试。指通过应试者现场操作或具体的工作实践，直接检测应试者所具备的从事某种工作的现有素质、技能与能力的一种方法，包括实务作业、样本操作和模拟操作等测试方式。⑥计算机及网上考试。指直接在计算机上答卷的一种考试方式。⑦观察考核。指通过对学生一定时期的观察，对其做出评价的一种考核方式。

每种考试方式各有其特点，单凭一种考试方式不可能全面反映学生综合运用知识的能力，应几种方式相互组合以取长补短，这样既可以考查学生掌握知识的程度，又可以检验学生运用所学知识解决实际问题的能力，使考核结果更全面。还可以通过奖励措施鼓励并引导学生从多方面、多角度，用多种方法来解决同一问题，以培养和发展学生的创造思维能力。选择最佳的考试方式是提高考试效度的重要途径，适当灵活的考核方式能够进一步提高学生的学习主动性和自觉性，从而进一步巩固和深化所学课程的知识，举一反三、触类旁通。这样既能帮助学生改变死记硬背的学习习惯，又能锻炼他们各方面的能力，从而达到育人的目的，同时也在一定程度上减弱了学生作弊的动机。改革考试形式并不是简单、孤立的问题，它需要各方面的配套改革措施，需要有规范的教学政策和条件来支持，尤其要求改革传统的教学管理体制。考试形式与教学思想、教学内容、教学方法、课程安排和师资队伍建设等都密切相关。所以，考试方式的改革不仅需要鼓励广大教师改革考试的内容，还需要各方面的配合与合作才可能取得成功。

（六）实行全程管理

考试管理分为考前管理、考中管理和考后管理，如某一环节工作不到位，就会使考试失去真实性、客观性和公正性，达不到考试的真正目的和效果。因此，要达到考试的目的与效果，就要对考前的计算机抽题组卷、试卷打印、分装保管、保密等做到可靠，对考场考号编排做到合理，对监考人员业务培训做到熟练；考试结束后，要实行统一阅卷制，建立试卷分析制度，进行考试后的评估。要使用现代化的手段科学编排考场，对考场编排应按考场的大小确定考生人数，实行单人单桌，考生之间间隔两个以上座位。学生凭准考证或学生证进入考场，对考生实行保密号就座的方法，即每场考试前由计算机对考生随机编号，考前 15 分钟由班主任宣读每个考生的保密号，考生按保密号进入相应的考场，并对号入座参加考试，考试时把保密号填写在试卷的指定位置。考试成绩评定后，可将保密号及分数输入计算机，系统会自动对号还原成学生成绩。这样做首先是能杜绝替考现象，其次是能有效地减少学生协同作弊现象，再次是由于试卷上除保密号外不再出现学生的学号和姓名，防止了阅卷统分过程中教师给学生加入人情分的可能性。考试质量分析和信息反馈是现代考试流程的一个基本环节，是现代考试管理的一项常规工作。通过考试质量分析这个环节获取的大量信息经过整理、研究，并及时进行信息反馈，对于改进和完善考试工作、提高考试质量、促进考试走向科学化具有重要的作用。

第三节　学习理论与大学生学习动机

一、学习与学习理论

（一）学习概述

1. 学习的概念

学习是一个十分复杂的过程，不同的学习有不同的表现形式，我们通常把学习分为广义的学习和狭义的学习。从广义上讲，学习是人和动物在生活过程中，通过实践训练或凭借经验而引起的行为或行为潜能的相对持久的适应性心理变化。狭义的学习是指人类的学习，即人在社会实践中，以语言为中介，经过思维活动，自觉地、积极主动地掌握社会和个体积累的经验，进而产生行为、能力和心理倾向的相对持久的变化。学生的学习是狭义学习的一种特殊形式。

2. 学习的方法

前人给我们留下很多值得借鉴的学习方法，如“三到四边”法、比较学习法、结构学习法等。评判最佳学习方法要以提高学习效率为标准，还要注意因人而异。

第一，要做好课堂笔记，注意课后复习，查阅参考书籍，补充课外知识。心理学研究认为最常用的有效记忆方法有理解记忆法、有意记忆法、边读边背法、归类对比法、联想记忆法、组织记忆法等。

第二，要广泛阅读和思考，积极质疑，树立参与意识。大学生应主动参与到教学活动中，并对教师的讲课内容提出质疑。

第三，要注意把握整体，注重各种知识之间的联系，善于归纳事物的本质。大学学习应当是“从个别到一般，从特殊到抽象”，深入理解所学知识。

第四，要注意劳逸结合，调整心态提高学习效率，掌握应试技巧。古人云：文武之道，一张一弛。要保证充足的睡眠时间，注意锻炼，培养广泛的兴趣和爱好，养成良好的生活习惯，科学用脑，掌握学习效率最高的时间。同时，大学生要注意应试技巧的培养，做好考前准备，掌握一些应对“怯场”的办法。另外，大学生要充分利用一切学习资源，善于交流，培养学习能力。

大学学习最重要的是学习能力的培养，只学习知识是不够的，只有将理论和实际相联系才能更快地融入社会。

3. 学习与心理健康的关系

学生的学习质量和效率既受智力因素和非智力因素的影响，又与心理健康相互联系、相互影响。这主要表现在以下两个方面。

（1）学习对心理健康的促进作用

概括来说，学习对心理健康的促进作用主要包括以下几方面。

第一，学习能不断发展智力，开发潜能。心理学认为，一个人的智力和心理健康密切相关，智力的发展程度反映了心理健康水平，一定的智力水平是心理健康的基础。

第二，学习可以促进心理健康的水平不断提高。不断学习有利于健康情绪和高级情感的发展，有利于健全人格的培养，有利于和谐人际关系的建立。

第三，学习能给人带来满足感和愉快的情绪体验。乐于学习的学生，常常能从学习中发现自己的价值和尊严，找到学习的乐趣。甚至可以巧妙地把生活中的不如意变成学习的动力，这样不仅能化解烦恼，还能提高学习成绩。由此可见，大学生积极学习有利于促进心理健康。

（2）心理健康对学习的影响

由于大学生已经具备一定智商基础，因此相对智力因素而言，非智力因素对学习更具影响力。学习动机、兴趣、情绪、态度、意志等心理因素，对学习起着动力、定向、激励、强化和调解等方面的作用。因此，良好的心理健康状况有利于促进大学生的学习，而如果心理健康状况差，则自身的学习和潜能的发挥都会受到不同程度的影响和妨碍，严重者甚至无法学习以致发生悲剧。

因此，在大学生的学习活动中，一定要充分重视学习和心理健康的关系。因为处理好学习与心理健康的关系不仅是大学生健康成长的需要，同时也是大学生心理学研究的一个重要课题。

（二）学习的心理学理论

关于学习的心理学理论，主要有以下几种。

1. 人本主义理论

人本主义心理学兴起于20世纪五六十年代的美国，以马斯洛（Abraham H. Maslow）与罗杰斯（Carl Ransom Rogers）为主要代表人物，其中罗杰斯是人本主义学习观的代表人物，罗杰斯的学习理论可以概括为以下几点。①

第一，学习是一个有意义的心理过程，而不是机械的刺激和反应联结的总和。

第二，人类的学习是一种自发的，有选择、有目的学习过程。教学任务就是指创设一种有利于学生潜能发挥的情境，使学生的潜能能够得到充分发挥。

第三，罗杰斯特别强调对学习方法的掌握，强调在学习过程中获得知识和经验。

第四，从学习内容上讲，罗杰斯认为学生应该学习对自己有用、有价值的经验。

2. 认知理论

学习的认知理论以格式塔顿悟说、托尔曼（Edward Chace Tolman）的认知论、布鲁纳（Jerome Seymour Bruner）学习理论等为代表。

格式塔理论强调在整体环境中研究学习，同时还强调知觉经验组织的作用。它认为，学习是知觉的重新组织，这种知觉经验变化的过程不是渐进的尝试与错误的过程，而是突然领悟的。

托尔曼关于学习的理论受格式塔理论的影响，他认为外在强化并不是学习产生的必要因素，没有强化过程也会出现学习。他还强调内在强化的作用。他认为，在学习过程中存在着尝试与错误的过程，在多次尝试中，有的预期被证实，有的预期未被证实。预期的证实就是一种内在强化，即由学习活动本身所带来的强化。

布鲁纳认为学习某一知识，就在头脑中形成某一知识结构，一定的认知结构形成之后，与新的感觉输入相互作用，就会影响个人的感知与概括。他强调学习是通过主动发现而形成的，如让学习者自己去发现教材的结构结论和规律，这种学习方法要求学习者像科学家那样去思考、探索未知，最终达到对所学知识的理解和掌握。同时，他也非常重视内在动机与内在强化训练的作用。

3. 联结理论

学习的联结理论是20世纪初由桑代克（Edward Lee Thorndike）首先提出来的，桑代克认为学习的过程是盲目尝试错误的渐进过程。个体在问题情境中表现出多种尝试性反应，直到其中有一个正确的反应出现，将问题解决为止。这一正确反应，就是在该刺激情境中学得的特定反应。在特定反应出现后其他尝试无效的反应就不再出现。这种从多种反应中选择其一与特定刺激固定联结的历程，被称之为尝试错误学习。这一理论是用刺激与反应的联结即条件反射来解释学习过程。它解释了学习发生的原因以及影响学习的主要因素。

认知理论、人本主义理论、联结理论等都对学习做了较深入的探讨，在教育界有一定的影响。

---

① 刘凯，张锋，张小莹．浅谈心理学理论在自主学习中的作用［J］．科教导刊，2015（21）：22.

二、大学生的学习特点

大学生的学习具有显著的特点，概括来说主要包括以下几方面。

（一）学习内容的专业性

大学学习实际上是一种高层次的专业学习，大学的课程体系设置与中学明显不同，学习内容、方法等方面也有其独特性。大学阶段的专业课程分类更加细致，可分为工、理、经、管、文、法、哲等学科门类。大学的学习具有专业性和领域指向性强的特点。大学课程的设置紧扣专业发展需要。大学里所学的课程是由公共基础课、专业基础课、专业技能课以及专业实践能力训练组成的，这些课程的设置都是围绕着培养专业人才这个中心进行的。

1. 公共基础课

公共基础课是高校各专业大学生共同必修的课程。其虽然不一定同所学专业有直接联系，但它可以帮助大学生形成一个合理的基础知识结构系统，为大学生掌握专业知识、培养有关专业能力打下坚实的基础。每个学校的公共基础课可能因学校性质、类别以及办学理念不同而存在部分差异，但总体上可以分为三大模块：一是社会科学公共基础课，如马克思主义基本原理；二是自然科学公共基础课，如大学计算机基础；三是实践环节公共基础课，如军事训练等。

2. 专业基础课

专业基础课是指同专业知识、技能直接联系的基础课程，它包括专业理论基础课和专业技术基础课。它是高校中设置的一种为专业课学习奠定必要基础的课程，也是大学生掌握专业知识技能必修的重要课程。不同的专业有各自的一门或多门专业基础课，同一门课程也可能成为多门专业课的专业基础课。

3. 专业技能课

专业技能课是与专业基础课相对而言的，指高校根据培养目标所开设的专业知识和专门技能的课程。主要是指那些与所学的专业联系较紧密，针对性比较强，某一专业必须学习掌握的课程。此类课程是保证培养专门人才的根本。专业技能课的任务，是使学生掌握必要的专业基本理论、专业知识和专业技能，了解本专业的前沿科学技术和发展趋势，培养分析解决本专业范围内一般实际问题的能力。

4. 专业实践能力训练

专业实践能力训练也是大学课程的一项重要内容。各级各类高等院校教学计划中都安排了实验、生产或教育实习、社会调查、暑期的社会实践、野外考察等教学环节。

毕业论文（设计）是大学生在大学阶段必须完成的最后一个重要教学实践环节，是对大学学习内容的总结和检验，对加强大学生的知识综合运用能力、培养大学生科学研究能力及独立工作能力具有重要意义。因此，它也是重要内容之一。

（二）学习过程的自主性

大学生的学习过程具有自主性的特点，这主要表现在学习时间、学习内容、学习环境以及学习途径这四个方面。

1. 学习时间的灵活性

在大学生活中，大学生可以自由支配的时间比较多。这样就使得有些大学生无所适从，他们不知道如何支配自己的学习时间，因此，在大学期间如何掌控好和分配好时间，是保证大学生学习成效的重要条件。

2. 学习内容的自主性

在大学的学习过程中，除了完成规定的课程设置之外，每一名大学生都可以根据自己的兴趣爱好、发展方向，结合自身的特点有针对性地选修和辅修一些课程。此外，大学生还可以自主选择社会实践、社会实习等各类课外活动。

大学生学习的自主性可以在最大程度上发挥大学生的学习主动性，使大学生最大限度地利用在大学校园的时间，实现自我提升。但是，因为我国应试教育在基础教育阶段的统治性影响，很多大学生并没有形成良好的自主学习能力，都是在老师和家长的督促下进行学习的，很多学生甚至产生了厌学情绪。这样导致进入大学后，很多学生就失去了学习的动力，不适应大学的学习环境，出现“大一很迷茫”“大二很自我”“大三很逍遥”“大四很成熟”的“四很”问题。

3. 学习环境的自由性

大学里教室几乎都是不固定的，所以大学生在大学里很难固定自己的学习场所，他们可以选择适合自己的场所进行学习，比如校园、图书馆、教室、操场、实验室或是机房。这种自由的学习环境使得大学生拥有不同的学习伙伴，学习视野得到了极大的拓展，与其他同学的交流与沟通的机会也大大增加了。

4. 学习途径的多元性

大学生在大学中拥有多元化的学习途径。除了课堂教学和大学生自学之外，大学生还可以参加学术交流、社会实践，听学术报告，查阅文献资料等，这些都是有效的学习途径。不仅如此，大学生还可以根据自身的兴趣爱好参加一些校园文化活动，通过与老师、同学进行交流、讨论以及借助互联网等促进自己的学习。

（三）学习方式的探索性

高等教育除了传授专业知识之外，更加侧重于培养学生的学习能力。对学生来说，专业知识的学习是基础，更重要的是提高学习的能力和应用专业知识的实践能力。因此，在课堂教学中，教师除了讲授基本的概念和理论外，也会提出不同学术观点之间的争论，介绍最新的学术动态。这种学习特点就要求大学生具备不断创新的意识和精神，注重探索和研究，培养自己的动手能力、探索精神和研究能力。

（四）学习环境发生较大变化

进入大学后，大学生面临的是一个全新的天地，学习环境发生了很大的变化，这些变化主要体现在以下几方面。

第一，智能环境发生了很大变化。大学里不仅有很多的图书资料，而且有许多中学没有的、先进的教学设备，还有许多实践经验丰富、知识渊博的教师，这些都是一般中学所无法比拟的，而这些智能环境的变化，可以为大学生进入更广阔的知识领域和进行更严格系统的技能训练提供必要条件。

第三，竞争环境发生了很大变化。受中学教育普及性的影响，学生在中学阶段是和接受普及教育的同学生竞争。而进入大学后，大学生需要与来自全国各地的经过考验的、在中学阶段都处于领先地位的学生竞争，这就使他们的竞争环境有了新的变化。在新的竞争中，他们将会遇到更强的对手，更容易看到自己学习上的差距，增大学习上的压力，提高学习上的抱负水平。

第二，生活环境发生了很大变化。中学校园虽然也存在住宿的情况，但中学生的住宿具有一定的临时性，而大学校园会将大学生的学习与生活有机地融为一体，通过配备较中学更为齐全的生活设施与设备，为大学生建构一个小型的生活社会，给大学生的学习和生活提供了相对而言更加稳定的、安静的环境。

第四，大学生的人际关系环境发生了很大变化。在中学阶段，学生与教师的关系较为密切，而进入大学以后，学生与教师的关系则因为大学教学方式的不同，而有了明显的疏远。而大学生彼此之间则因为学习、居住、生活在一起，接触的机会更多，因而彼此之间的关系变得更为密切。这种变化，一方面对大学生独立学习与生活的能力提出了挑战，另一方面也容易影响大学生的学习，若大学生不能适应这一变化，在学习与生活中将有可能产生各种问题。

第五，教育环境发生了很大变化。在我国，学生在中学阶段接受教育的形式一般是课堂教学，且这种教育形式多具有应试教育的特色，即教育是围绕考试进行的。而进入大学以后，主要施教于课堂的教育形式发生了变化，教师的作用更多地在于启发和引导大学生自主学习，因而产生了一种研究、讨论、钻研的教育环境，这对促进大学生的学习很有益处的。大学教育环境的影响，许多不是通过口授，而是通过在一起研究、讨论而逐步进行的。这种教育环境，可以产生比中学教育大得多的力量。

三、大学生的学习动机

（一）学习动机的概念

动机是激励人行动并努力达到某种特定目标的内在动因。学习动机是激发个体进行学习活动、维持已引起的学习活动，并使学习行为朝向一定目标的一种内在过程或内部心理状态。激励大学生学习的动机通常是由多种因素构成的动机系统，是直接推动学习的内在力量。

（二）学习动机的类型

1. 远景性动机与近景性动机

从作用久暂性看，可将大学生的动机分为远景性动机和近景性动机。

（1）远景性动机

远景性动机是一种广义的、概括的动机，与社会意义相联系。如 21 世纪大学生“为中华民族的伟大复兴而努力”等都是社会要求在大学生学习中的体现，并且与大学生的人生观、世界观有着密切的联系。远景性动机具有很强的稳定性和持久性，能在较长时间内发挥作用，但是与当前进行的活动直接联系较少。因此，远景性动机对大学生当前活动的推动作用较小，因为“将来”是一个很模糊的概念，这种远景性动机对那些自我控制力比较差的大学生只能起一些比较间接的推动作用。

（2）近景性动机

近景性动机追求较近的目标，与具体活动本身相联系，其持续作用时间短且影响范围小。近景性动机很容易受偶然因素影响，常常随着周围情境的改变而改变，是一种局部的、狭隘的动机。不过，近景性动机一般都比较具体，作用较强，因此同样也是推动目标活动的有效动力。

需要注意的是，远景性动机与近景性动机的作用并不是对立、矛盾的，而是互相补充、互相转化的。近景性动机直接激励当前学习活动，而远景性动机对于学习目标明确、自觉性高的学生的学习起着更大的激励作用。由此可见，远景性动机和近景性动机二者密切结合、相互补充，对大学生的学习起着巨大的推动作用。

2. 内在动机与外在动机

从内部与外部角度来看，可以把学习动机分为内在动机和外在动机。

（1）内在动机

内在动机具有持久性、主动性，它是大学生根据自身的意志、兴趣、爱好而进行学习的动机因素，如个人的远大理想、成就动机、社会责任感。内在动机往往能最大限度地激发一个人的主观能动性，具有强烈而持久的动力作用，因为内在动机的控制点在个体内部。培养学生正确、高尚的内在动机，形成良好的个性品质，也是教育培养的目标之一。

（2）外在动机

外部动机是指学习者在外因的驱使下进行学习，这种动机是短暂的，引起的学习也是被动的。尽管外在动机有时也能产生较强烈的动力作用，但由于外在动机的控制点在个体外部，易为外部条件所左右，因此个体的学习积极性会随着外部情况的变化而变化，不能持久。

3. 积极动机与消极动机

（1）积极动机

积极的动机受积极的人生观支配，属于进取向上，并为社会、为国家服务的那一类。积极的动机能促使大学生产生学习的动力，并产生积极的社会效果，如有的学生希望成名或获得科学成就。

（2）消极动机

消极动机只能起暂时维持作用，在这种动机推动下，学生可能会采取一些萎靡颓废的学习方法，并且在学习过程中自我监控的行为较少。如有的学生学习只是为了能获得一个毕业证和一个饭碗。

（三）大学生学习动机心理的特点

心理学研究认为，人的需要或愿望是产生行为动机的源泉。不同的人有不同的需要和愿望，因此就有不同的行为动机；同一个人在同一个时期的需要往往是多方面的，因此表现在他的行为动机内容上也是由多因素构成的。

心理学研究表明，随着旧的需要的满足，新的需要的产生，动机也将随之变化和发展。由于大学时期是人生观确立的关键性时期，因此，大学生个性倾向性的变化，影响和制约着人的需要结构，制约着学习动机的方向。从调查情况看，大学生在大学期间学习动机的发展具有以下特点。

第一，外部动机和近景性动机作用逐步削减。初入大学，学生的学习动机中，想取得好成绩，想得到周围人们的赞赏，想得到奖励或避免受惩罚的动力因素占很大比重。随着年级的升高，学生对分数虽仍重视，但关注的程度减弱了，而更注重广泛吸取知识，参与创造性的探索工作，掌握现代化的科学研究方法。

第二，社会责任感的学习动机和内部动机作用逐步增强。随年级升高和学校教育的展开，大学生的学习动机中，想为社会做贡献，想在某专业领域有所建树等富有社会责任感的动力因素逐步增强。这说明随着大学教育的展开，大学生正确的人生观逐步形成，其学习动机趋于成熟。

（四）大学生学习动机的培养

关于大学生学习动机的培养，可从以下几个方面着手。

1. 要明确学习目标，不断强化学习的自觉性

大学生应把大学生四年的总目标结合当前社会对人才的要求和自己所学专业等实际情况，详细规划每一学年、每一学期的学习目标。当有了明确的学习目标和方向，才能踏上追求成功之路。

2. 要制订学习计划，不断提高目标的吸引力

一份详细的学习计划，有助于我们将目标付诸行动。如果大学生制订一份详细的学习计划，并且明确每学期、每个月、每星期甚至每一天的学习安排，那么就可以有条不紊朝着目标稳步前进。

3. 要学会合理归因，正确对待成功与失败

学习上的成功与失败的体验会影响学习动机，但是这种影响并不是绝对的。问题的关键是在面对成功和失败时，我们要学会合理归因。成功和失败既受能力或努力等内部因素的作用，也受任务难度、别人的作用或运气等外部因素的影响。其中，能力、任务难度和别人的作用是一些影响学习动机的稳定的因素，而努力和运气则是一些不稳定的因素。大学生的自我归因倾向有积极与消极之分。个人将成败因素归因于自己的责任并且拥有积极心态的属于求成型学生，而个人将成败因素归因于自己能力不足或其他外在因素者，且心态较为消极的属于避败型学生。

4. 要积极参加校园文化活动，激发求知欲

许多同学会感到学习感兴趣的课程非常轻松，并且能进一步将学习任务变成自觉的需要和愿望。对于自己不感兴趣的课程，大学生要试着从不同的角度去了解和发现这种课程。大学校园中有着丰富多彩的文化活动，我们可以根据自己的兴趣选择性地参加一些有利于激发自我的求知欲、增强学习动机的活动。另外，兴趣可以迁移，大学生参加自己感兴趣的活动还可以逐步培养在其他方面的学习兴趣。

第四节　大学生常见的学习问题及其自我控制

一、学习疲劳

学习疲劳是指因一定的紧张程度或持续时间较长的学习而使学生生理和心理方面产生

变化，使学习效率下降，甚至处于不能学习的状态。[①] 学习实际上是一种极其繁重的脑力劳动，如果不合理地安排学习，用脑过度，当疲劳积累成为过度疲劳，就会造成大脑的机能损伤。

（一）学习疲劳的成因

产生学习疲劳的成因主要包括以下几方面。

1. 生理原因

导致大学生产生学习疲劳的生理原因，具体来说又包括以下几个方面。

第一，未能做到劳逸结合，将大部分时间用于学习，而休息、睡眠时间不足。

第二，不注意用脑和用眼卫生。

第三，营养供应不充足。

第四，自身体质较差。

2. 心理原因

导致大学生产生学习疲劳的心理原因，具体来说又包括以下几个方面。第一，对学习缺乏兴趣，无法在学习中体验到快乐。

第二，学习动机不足，没有足够的动力推动自己进行学习。

第三，学习情绪不佳，将厌烦、倦怠、浮躁、低落等情绪带入学习中。

第四，缺乏毅力，一旦遇到困难便会信心不足，难以花费较多的时间和精力坚持学习。

3. 环境原因

导致大学生产生学习疲劳的环境原因，具体来说包括气温、湿度、噪声和光线等异常，家庭经济问题的影响，社会和家庭思想观念的影响，学习方法不当以及学习负担过重等。

（二）自我控制学习疲劳的方法

控制学习疲劳的方法主要包括以下几种。

第一，要注意大脑的营养，大学生一日三餐要吃饱吃好，合理搭配食物。大学生要戒掉不吃早饭、吸烟、饮酒等不良习惯，创设良好的学习环境，使大脑处于最佳的工作状态。

第二，大学生要端正自己的学习目的，培养学习兴趣。一旦有了明确的学习目的，学习就有了动力。能否使大脑细胞处于兴奋状态一定程度上决定了我们学习的好坏，如果对

① 高耀明．大学生学习问题研究［J］．教育，2014，（2）．

学习不感兴趣，进行强迫性的学习，那么是肯定搞不好学习的。只有激起自己的学习兴趣和求知欲，才能使大脑功能处于最佳状态，把学习搞好。

第三，大学生在学习过程中要注意科学用脑，科学合理安排时间，最大限度地发挥大脑的功能。同时，大学生还应当养成正确用脑的良好习惯，注意休息，劳逸结合。也就是说用脑时必须学习与休息交替，遵循大脑皮层的活动规律。

第四，大学生要建立合理的作息规律，保证充足的睡眠。充足的睡眠可以消除疲劳，大学生应保证有足够的睡眠时间，每天睡眠时间不应少于 7～8 小时，因为睡眠是休息的最重要、最基本的形式，也是防止大脑疲劳，保护脑的重要条件。除保证睡眠时间充足之外，还要睡好、睡熟，以早睡早起为好，不提倡晚睡晚起，同时应当注意掌握好休息时间的长短。

二、学习焦虑

学习焦虑是指学生由于不能达到目标或不能克服障碍、威胁，导致自尊心、自信心受挫，失败感增加的一种紧张不安、恐惧的状态。学习是一个非常艰苦的过程，因此不论是学习优秀的学生，还是学习困难的学生，都会经常体验到学习带来的各种压力，并由此引发不同程度的焦虑。一般来说，适度焦虑对于学习是有益的，可以使学生精神高度集中、思维活跃敏捷、行动积极努力、学习效率提高。但过度的焦虑会影响学习效率，影响正常水平的发挥。

（一）学习焦虑的成因

产生学习焦虑的成因主要包括以下几方面。

1. 个性原因

性格敏感、易焦虑的大学生容易因学习上的失败或挫折体验挫伤自信心和自我效能感，从而产生学习焦虑。

2. 能力原因

部分大学生，知识经验储备不足，学习效率不高，记忆提取困难，常常难以取得好成绩。在外在压力下，他们感到自卑自责，产生焦虑。焦虑使其注意力难以集中，学习成绩进一步下降，从而更加焦虑和自卑，形成恶性循环，最终导致学习焦虑。

3. 学习期望值过高

有些学生对自己实际的能力缺乏正确认识，所树立的学习目标远远超过实际水平，同时自信心又不足，心理压力很大，内心常常潜藏着一种恐惧感，久而久之便形成了严重的学习焦虑。

4. 身体状况

体质虚弱、疲劳过度、经常失眠的学生，容易产生较大的情绪波动，导致学习焦虑。另外，个体受遗传基因的影响不同，使得有些人对刺激容易产生紧张反应，这也容易产生学习焦虑。

此外，家庭、学校的期待和社会环境的压力也是造成学生学习焦虑水平过高的外在因素。

（二）自我控制学习焦虑的方法

控制学习焦虑的方法主要包括以下几种。

第一，找出学习焦虑的原因，稳定情绪。世界上任何事物的产生都有其起因，大学生应该学会冷静、客观地分析导致焦虑的主客观原因，针对原因找出缓解焦虑的办法，不能采取回避的态度，放任焦虑发展。

第二，正确认识和评价自己的能力，制定出切合自身实际的学习目标；增强自信心，经得起困难和失败的考验；保持适度的自尊心，降低对胜败的关注度；保持乐观稳定的情绪。这些都有助于克服严重的学习焦虑情绪。

第三，充分发挥自我调节的能力，控制焦虑的程度。自我调节的能力包括自我放松、自我暗示和向他人倾诉等方法，这些方法可以减轻学习焦虑的程度。学生要学会放松自己，合理宣泄自己抑郁焦虑的心情，保持良好心态。

第四，努力创造一个关系和谐的集体和轻松愉快的学习气氛。良好的人际关系，可以使学生产生积极向上的情绪状态。师生间的情感交流、同学间的互助友爱都对学生调节心理平衡，减轻焦虑情绪有着积极的作用。

三、记忆障碍

记忆是大脑对经历的事件的反映。它是一切智慧的基础，是人们积累知识和经验，达到预定目标与成就的必要条件。

（一）记忆障碍的成因

记忆障碍的成因主要包括以下几方面。

第一，学习目的不明确、学习动机不强、学习兴趣不浓厚以及对学习缺乏信心等心理状态会使大脑对知识的记忆缺乏积极主动性，大脑皮层不活跃甚至处于抑制状态，这是引起记忆障碍的主要原因之一。

第二，过度疲劳。长时间单调的学习会使大脑相应功能区域处于疲劳状态，新陈代谢功能失调，从而产生保护性抑制，记忆效率必然下降。

第三，急躁、烦恼、紧张、压抑等情绪会引起神经功能紊乱，并且容易破坏记忆功能。

（二）自我控制记忆障碍的方法

控制记忆障碍的方法主要包括以下几方面。

1. 培养浓厚的学习兴趣、愉快的情绪

浓厚的学习兴趣以及愉快的情绪可以使人集中的注意力，使思维较清晰，对事物印象深刻，从而提高记忆效果。反之，消极情绪、精神紧张容易引起大脑皮层相应区域的抑制，难以建立广泛的神经联系，导致记忆减退。

2. 重视科学的复习方法

第一，及时复习。复习是避免与减少遗忘的重要手段。

第二，坚持复习。新学的知识除及时复习外，还要坚持复习。

第三，复习方法多样化。复习不是简单的重复，每次复习都应该有新的角度、高度，不是简单的死记硬背，还要把思考、分析、动手结合起来，使复习方法多样化。

3. 遵守记忆规律，提高记忆效率

第一，掌握自己的记忆规律，安排好记忆内容。

第二，要有明确的记忆目的和强烈的动机。

第三，认真选择记忆内容。

第四，充分利用理解记忆。

第五，采取积极独立的活动方式，使识记客体成为活动对象或结果，运用多种感官，使多种分析器官共同活动，从而建立起广泛的神经联系，取得较好记忆效果。同时，将学过的知识及时运用到实际活动中，在实际参与中更好地理解学习材料，不仅记得快，而且记得更牢固、持久。

四、考试焦虑

考试焦虑是一种由于面临考试而引起的紧张、不安、恐惧等情绪体验。适度的考试焦虑可以使大学生在考试时保持适度紧张，有利于集中注意力，但过度的考试焦虑则会对考试产生不良影响，甚至对大学生的身心健康造成潜在危害。

（一）考试焦虑的成因

考试焦虑的成因主要包括以下几方面。

1. 主观赋予考试更多的意义

不少大学生在考试之前，都会有“我一定要通过这次考试，要不然就太没面子了”

“这次我一定要考好，否则就拿不到奖学金了”“这次要考不好，我就失去了改变命运的机会”之类的想法，把考试跟荣誉、面子，甚至是前途、命运联系起来，而当一个人把考试作为影响自己的重大事件，对其产生了较高期望值时，他就会十分在意自己考试的结果，无形中给自己增加了很多的压力，考试焦虑水平也会相应提高。事实上，考试只是对一个人学过的知识的检验过程，大学生应该用平和的心态去看待考试。

2. 外在环境带来过大的压力

随着社会竞争的日益激烈，父母、老师都希望大学生更加优秀，他们对大学生寄予了很高的期望。比如，父母会说“这个学期的考试一定要考好，一定要把一等奖学金拿到手”；老师会说“这次英语六级一定要通过，很多企业是非常看重你的英语水平的”。这些外界所给予的期望值往往会给大学生造成一定的压力，使其更加担心考试失败，会令父母或老师失望，从而产生了考试焦虑。

3. 知识掌握不到位

考试是对所学知识的检验过程，如果学生知识掌握不到位，自然就会觉得心中没底，从而感到忧虑。知识的掌握是一个长期积累的过程，但一些大学生上课不认真听讲，课外也没有认真复习和完成作业，而指望在考前几天突击背诵知识要点，把需要一个学期积累的知识和经验压缩到一个星期，这就违反了学习规律，对知识的掌握也必然是不牢固的。由于对考试的准备不足，大学生自然会产生一定的焦虑。

（二）自我控制考试焦虑的方法

1. 用平和的心态面对考试

考试的目的主要就是对前一段时间的学习进行检验，通过检验分析自己在前一段学习中存在哪些不足之处，及时地给予纠正或补缺。从这个方面上说，它本身并没有太多重大的象征意义。因此，应该用最平和的心态去面对。所谓平和，不是随便、随意，而是在保持适度焦虑、积极准备的基础上，尽量保持平常的状态。另外，大学生要在考前正确地对自我进行评估，包括自己学习和复习的时间、相关知识的掌握程度、考试所需能力的掌握情况等，在此基础上制定出合理的考试目标，使自己不会因定位过高而产生额外的压力，增加考试焦虑程度。

2. 充分做好考试准备

无论多么重要的考试，其本质都是对所学知识和相关能力的检验，如果我们掌握了这些知识，具备了相应的能力，在考试时就能够胸有成竹，不慌不乱。可见，充分做好考试准备是避免产生过度考试焦虑的根本途径。考试准备包括知识与能力准备、心理准备、细节准备、身体准备。

（1）知识与能力的准备

知识与能力的准备就是学生要对考试所要求的知识与能力，进行自我检查并不断完善的过程。而知识与能力准备不仅仅是一遍一遍地看看书、背书，更重要的是要知道哪些知识是掌握了的，哪些是不够熟练的，哪些是根本不会的，并进行针对性的处理。这就需要我们不仅要翻开书本进行阅读，还应适时地把书本合上，进行逐个知识点的重现，即在大脑中呈现相关知识点的内容，来检查知识的掌握情况。

（2）身体准备

身体准备是指在备考期间要保持科学的饮食和良好的睡眠，注意劳逸结合，保持身体健康。

（3）心理准备

心理准备是指逐渐塑造更加平和的心态。我们可以利用积极的自我暗示，如提示自己“我的大部分知识点已经掌握了，继续努力，会有收获的”“我已经参加了那么多次考试，对考试情景非常熟悉，没什么好怕的”等，树立信心、调节情绪。

（4）细节准备

细节准备就是把考试需要的所有证件、文具都提前准备好，牢记考试时间、地点。避免在考试当天丢三落四，出现突发事件，如临进考场时发现准考证没带、考试时发现笔坏了等，从而引发不必要的心理焦虑。

3. 寻求专业人员的帮助

如果大学生感到难以克服考试焦虑，应主动寻求心理咨询帮助。心理咨询人员可以通过放松训练、自信训练和系统脱敏等方法来帮助大学生摆脱考试焦虑。

五、注意力不集中

人的各种心理活动要想顺利进行，必须要借助于注意这一心理活动。在大学生的学习活动中，注意也发挥着十分重要的作用。若是大学生的注意力比较差，很容易出现学习效率不高、学习成绩较差的问题。

（一）注意力不集中的原因

引起大学生注意力不集中的原因，具体来说有以下几个。

第一，没有明确的学习目的和学习任务，无法将注意力长久地集中在学习内容上。

第二，因存在过度疲劳、过度焦虑等问题，导致自身无法有效地集中注意力。

第三，对所学专业没有足够兴趣，长期处于一种被动学习状态，学习注意力必然难以集中。

第四，不适应大学的学习方式，不知道课后该如何进行复习和继续学习，常常将大量的时间花费在玩上。长此以往，想在学习上集中注意力必然会变得十分困难。

第五，学习环境不佳，过于杂乱、嘈杂、空旷等，很容易分散大学生的学习注意力。

（二）自我控制注意力不集中的方法

对大学生注意力不集中的控制要从以下几方面进行。

1. 明确并合理设置目标

目标不仅要明确，而且要设置合理，要从客观实际出发，把目标建立在切实可行的基础上，具体可从以下几点入手。

（1）分析实际

分析实际时需要考虑以下四个因素。

第一，本专业的总体培养要求。

第二，各专业课基本要求及特点。

第三，自己现有的知识基础。

第四，可利用的时间和精力。

（2）确定目标

目标对动机起引导、激发和维持作用。大学生可以根据当前社会对人才的要求以及自己的实际需要来制定自己的目标，具体做到以下几点。①

第一，对自己有比较正确的认识。每个大学生只有在充分了解自己的智力水平、学习风格、个性特征、情感特征等的基础上，才能建立正确的自我认识，才能清晰、科学地明确自己的学习目标。

第二，从实际出发。目标定位要准确，太高的目标难以激发学习热情和学习动力，得不到自己和他人的认同；太低的目标则容易影响自己的自信心和自我评价的能力。

第三，突出重点。所谓重点，一是指专业知识体系中的重要学习内容；二是指自己学习中的弱势学科；三是指自己觉得应该列入重点的学习目标。

第四，具体化。大学生应该具备将大目标分解为具体目标的能力。如具体的课程、内容、时间和要求等。目标越具体，越容易获得信息反馈，越便于对照检查和调整修订。

第五，排除困难和干扰。明确学习目标后，就要把自己的行为置于目标之中。为了实现学习目标，要排除一切困难和干扰。

总之，目标是学习的方向和动力，是制订学习计划的依据，是评价学习效果的标准。

2. 制订明确的学习计划

大学生要克服注意力不集中的问题，还要制订明确的学习计划，对此应特别注意以下

① 陈庆雯．认知行为疗法对大学生学习问题的个案研究［J］．佳木斯职业学院学报，2020（11）：72-74.

几个方面。

第一，制订的学习计划要全面且要由浅入深，并据此对学习内容进行合理安排。

第二，制订的学习计划要与自身的生理特点、学习习惯、所处的学习环境等相符合。

第三，制订的学习计划要留有一定的余地，以便日后根据实际情况进行有效调整。

第四，制订的学习计划要对学习时间进行合理安排，以免产生学习疲劳。

第五，制订的学习计划要切实实施，并在实施过程中保持一定的毅力和耐心，切不可遇到一点困难就放弃。

六、学习动机过强

（一）学习动机过强产生的原因

一般情况下，大学生学习动机过强产生的原因主要包括以下几方面。

1. 设置的学习目标超过了自己的能力范围

若大学生无视自己的能力范围和现实情况，设置了一个自己根本不可能达到的目标，将会给自己的学习造成巨大压力，且常常会出现不管自己如何努力都达不到目标的现象，从而导致自己对自己过于严苛，也就会在学习中出现学习动机过强障碍。

2. 认知模式不当

一般情况下，存在学习动机过强障碍的大学生常常会存在这样一个认知模式，即“只要我努力了，就一定会获得成功”。这一认知模式将成功与努力画上等号，而忽视了大学生自身的条件、社会环境因素等其他重要因素，因而导致其在学习中出现动机过强障碍。

3. 他人不适当的强化

根据调查显示，不少存在学习动机过强障碍的大学生都会受到学校、家庭、社会等的肯定和支持，他们会称赞这些学生，将“有出息”“勤奋”等诸多褒义标签贴在他们身上，从而对他们进行了不适当的强化，导致他们没有看到过度的危害，而在学习上产生动机过强障碍。

（二）自我控制学习动机过强的方法

对大学生学习动机过强的调适就是要帮助大学生形成正确且适度的学习动机，也能使大学生逐渐养成健康的学习心理。

1. 树立正确的学习观

所谓学习观，就是学生对知识和学习经验的态度。学习观是否正确，既影响着学生能否取得良好的学习成绩，也影响着学生能否设置合理的学习目标，还影响着学生能否形成合理的学习动机。因此，大学生要调适过强的动机，需要树立起正确的学习观。具体来说，大学生可以借助于以下几个途径来促使自己树立正确的学习观。

第一，要明确终身学习的重要性，并积极对其进行实践。

第二，要逐渐从以教为主转变为以学为主，注重自主学习，主动汲取知识，并将学习的主阵地由教室变为图书馆、阅览室等。

第三，要自觉突破专业限制，尽可能多地涉猎其他专业或其他学科的知识和课程，以便获得更加广泛的知识，为未来就业奠定重要的知识基础。

第四，要逐渐用人本主义的学习观取代功利主义的学习观，并将其渗透到所有科目的学习之中。

2. 客观认识自己，培养广泛的兴趣爱好

大学生要正确认识自己的潜质，客观地认识自己的能力和特长，正确评价自己，提出与自己的能力相适应的抱负和期望，制定切实可行的阶段性目标，调整成就动机。与此同时，大学生要脚踏实地，循序渐进，量力而行，不好高骛远。

大学生要积极参加各种文化娱乐活动，培养多种特长和兴趣爱好，重视综合素质的提高，但要注意劳逸结合。

3. 正确看待荣誉和学业成绩

大学生要转换表面的学习动机为深层的学习动机，淡化名利得失，克服虚荣心理，正确对待荣誉与学业成绩，把关注点聚集在学习活动上，而不是关注成败后果，从而使学习效率提高，更能发挥水平，更有利于成功。

第五节　学习的常用策略

学习策略是指学生在学习过程中有效的学习规则、方法、技巧及调控方式。[①] 下面主要对学习策略中的学习迁移策略、知识理解策略、记忆提高策略进行具体分析。

一、学习迁移策略

（一）学习迁移的概念

学习迁移是指在一种情境中获得的技能、知识或态度对另一种情境中技能、知识的获得或态度的形成之影响。简单来说，学习迁移就是一种学习对另一种学习的影响。

学习与迁移不可分割，只要有学习，就有迁移。积极的迁移不但意味着学生学得更

① 王凤，郑航月．大学生学习策略研究综述［J］．科学咨询，2023（6）：90-92.

快、更好，而且更重要的是能将学到的东西有效地用于当前问题的解决。因此，迁移是学习的继续和巩固，又是提高和深化学习的条件。

心理学家对迁移做过多种分类。例如，按照迁移的影响效果将之分为正迁移、负迁移。正迁移也叫“助长性迁移”，是指一种学习对另一种学习的促进作用；负迁移也叫“抑制性迁移”，是指一种学习对另一种学习产生阻碍作用。按照迁移的方向将之分为垂直迁移与水平迁移。按照迁移的影响方向将之分为顺向迁移和逆向迁移。按照迁移的内容将之分为特殊迁移和非特殊迁移等。现代认知心理学的一个特点是强调认知策略和元认知在学习和问题解决中的作用，由此认知策略的迁移越来越受到研究者的重视，认为认知结构在迁移中的有重要作用。

学习迁移并不是自动发生的，它受制于许多条件。其中最主要的影响因素有学习对象的共同因素、已有经验的概括水平、认知技能与策略、情境以及定势的作用。

（二）促进学习迁移的策略

促进学习迁移的策略主要包括以下儿方面。

1. 采取正确的动机和态度

有研究表明，学习动机的强和弱，情绪和态度的积极与消极对学习迁移有重要的影响。如果学习知识时能认识到所学知识对以后生活和学习的重要意义并能联想到当前知识的应用情境，会有助于在以后的具体情境中运用已有知识来学习或解决问题。

2. 把握基本知识、新知识与原有知识的关系

迁移的条件是对刺激（信息）的反应，如果相同迁移量就大，反之则小。迁移量取决于刺激和反应的类似程度。为了获得迁移学习的成功，在平时的学习中就要注意掌握最基本的知识，这样就可以形成基本知识对一些具体知识与应用的正迁移。另外，还要注意使新学习材料与原有知识由“近”至“远”安排，即使新学习的材料先尽可能接近原有的知识，然后逐渐扩展到新知识的范围。

3. 创设与实践相似的学习情境

当学习情境与日后运用所学知识内容的实际情境相类似时，学习迁移更容易实现。因此，在知识或技能的学习中，大学生要注意理论联系实际，考虑到实际运用情境中的种种情况，尽量在类似于真实的情况下进行训练。

4. 理解基本原理，促进原理或法则的迁移

在学习中相似的原理及法则的迁移是最常见的迁移现象。为促进原理的迁移，学习中应准确地理解基本原理，为了理解基本原理，最初给予恰当的学习内容或必要练习，充分掌握以达到过度学习的程度是十分必要的。此外，在学习中自己总结、归纳和概括学过的知识，充分掌握运用基本原理的条件、方法，使基本原理达到最有效的迁移。

5. 总结学习经验，运用学习定势

总结学习经验，运用学习的定势是促进学习迁移的又一有效方法。学习经验和学习方法基本上都是自己总结出来的，也有教师在教学中有意传授或暗示的。一般包括认知策略、分析和综合的方法、识记和回忆的方法、分析问题和解决问题的方案或技巧等。所谓学习定势，就是指学习者进行学习活动时的心理准备状态。学习者在以往的学习中形成的愿望、态度、知识经验、思维方式等都能构成其学习的心理准备状态，使后继的学习活动具有一定的倾向性，朝着一定的方向进行。因此，学习定势也可以说是先前的学习对后面同类或相似课题的学习的影响。

二、知识理解策略

（一）知识理解的概念

所谓理解，即利用已有的知识去认识新事物，或把某个具体的事物纳入相应的概念和法则中去认识。而知识的理解通常指学生运用已有的经验、知识去认识事物的种种联系、关系，直至认识其本质、规律的一种逐步深入的思维活动。它是学生掌握知识过程的中心环节。

在大学生的学习中，了解一个词的含意，明确一个科学概念，学习一个定理、定律、公式，掌握法则的因果关系，把握文章的段落大意及全文的中心思想都属于知识理解。无论是初步地、不完全地或比较完全地认识教材的联系、关系，认识其本质和规律，只要不限于单纯地通过感知觉或记忆的直接认识，而是通过思维活动的也都属于理解。

在大学生进行专业学习的过程中，理解发挥着非常重要的作用。在学习的初级阶段，对事物必须有直接的感知，但是感觉到了的东西，我们不能立刻理解它，只有理解了的东西才能更深刻地感觉它。有些知识需要记忆，而在理解的基础上进行，记忆的效果就高。另外，理解与迁移、应用之间也有着密切的关系，不理解就难以应用和迁移，只有被理解的知识才有可能迁移和应用。

（二）影响知识理解的因素

在大学生的学习活动中，影响知识理解的因素一般有以下几点。

1. 学习内容本身的性质

首先，知识的具体-抽象化程度，会影响理解。在一般条件下，事物的概念越具体，越容易理解。

其次，学习内容有逻辑意义和内在联系，比无内在联系的容易理解。

最后，学习内容必不可少的属性的多少及其关系的复杂程度也影响理解。

2. 已掌握的基本概念的正确程度

高级的概念或复杂的概念和法则、原理的学习，往往要借助于已有的基本的概念。如果基本概念掌握得不准确，就会极大地影响后面要掌握的概念、法则和原理。

3. 理解知识的心理准备

知识的理解是一个积极主动的过程。因此，当学生有积极理解知识的心理准备，则更容易理解。这一般要求学生事先将学习的内容与自己原有的知识进行有机的联系。

（三）促进知识理解的策略

促进知识理解的策略主要有以下几方面。

1. 注意新旧知识的联系

任何知识都不是孤立的，都处于一定的知识体系之中，其本身都有一定的结构。当学生在学习过程中，注意到新旧知识的联系，重视知识本身的结构和体系的学习时，就比较容易理解知识。知识的类化，系统化有助于使知识形成有机的理解网络，甚至达到触类旁通的境界。例如，大学生在学习完每一章的知识后，可以做一个知识结构图。在头脑中具有良好结构的知识，形成有核心、有条理、有层次的知识体系，这样的知识体系使得对知识的理解更透彻。

2. 丰富相关经验和感性材料

为了增进理解，认识到知识的本质，大学生应努力获取大量的感性材料。一般，在学习活动中，大学生丰富的经验和感性材料获取主要采用以下几种直观形式。

第一，实物直观。实物直观即通过实物获得直接的感性经验。例如，标本展览、实验、实地参观、访问和考察等。

第二，言语直观。言语直观即通过形象化的语言描述或举例，在头脑中形成有关事物的表象，从而获得感性认识。

第三，模像直观。模像直观即通过模拟实物的形象提供感性材料。例如，各种图片、图表、模型、幻灯和教学电影等。

3. 积极的思维活动

知识的理解必然与思维活动紧密相连。因此，大学生要想促进知识的理解，必须以积极的思维活动为前提。具体而言，这要求大学生一方面要善于通过自己的思考来寻求对知识的了解，发现要点，获得各种知识，养成勤于思考的习惯，形成善于思考的本领；另一方面要富有一定的批判精神，对教师、教科书的讲解和论述，力求有自己深刻的理解和独到的见解，不盲从，敢于质疑或否定，这样才能提出问题并真正理解所学知识。

4. 扩大关键特征

有关实验研究和教学经验都证明，概念的关键特征越明显，学习越容易；无关特征越多、越明显，学习越困难。因此，在概念学习和理解中，大学生可以采用扩大有关特征（定义的特征）的方法，促进概念的学习。

通常而言，大学生可采用实物直观、模像直观、挂图、电影、幻灯等手段来扩大关键特征，从而使获得的概念精确化。

三、记忆提高策略

（一）记忆的概念

记忆是大脑对经历的事件的反映。过去所经历的事情，总有一部分作为经验留存在人们的脑子中，成为"痕迹"，并时而浮现在人脑中。记忆有一个完整的心理过程，心理学上常分为识记、保持、再认或回忆三个基本环节。识记是识别和记住事物的形象或意义，从而积累知识经验的过程。保持是巩固已获得的事物的形象及意义。回忆又叫再现，是指过去经历过的事物再次出现在面前，能把它们辨认出来，也就是再认。在我们日常学习中，对书上的知识，老师讲过的内容，经历过的情绪感受，都要用心记住，这就是识记，为了识记过的内容和知识不被遗忘，要不断复习和巩固，就是保持；当提问、测验、考试时，要回答出学过的内容，背诵出一个重要的定义，辨认出不同的概念，这要涉及再现/再认。

（二）记忆的类型

从不同的角度划分，记忆可以分为不同的类型，具体有以下几种。

1. 根据材料的特点及记忆的方法进行分类

根据材料的特点及记忆的方法，记忆可分为机械记忆和意义记忆两种。

机械记忆是因为材料本身没有什么意义，或者是没有理解材料意义的情况下去进行记忆。

意义记忆是在理解材料意义的情况下去进行记忆，如数学公式、物理规律等，理解后去记忆。

2. 根据记忆的目的性程度进行分类

根据记忆的目的性程度分为无意记忆、有意记忆。

无意记忆就是没有自觉目的，不需要任何意志努力的一种记忆，在日常生活中，很多事物都是在不经意之间记住的。

有意记忆是具有自觉目的、有时还需要做出一定的意志努力，刻意去追求的一种记忆，在日常的学习中，大多的知识的获得依靠有意记忆。

3. 根据信息编码方式、储存时间的长短进行分类

根据信息编码方式、储存时间的长短，可以把记忆分为瞬时记忆、短时记忆和长时记忆三类。

瞬时记忆是极短的，储存时间大约为 2 秒，如果得不到进一步强化，瞬息之间就消失了，可谓是“转瞬即逝”。

短时记忆是指信息保持在 1 分钟之内的记忆，如果没有复述强化，一会儿也会自行消失。对信息加以复述，信息就会转入长时记忆，得以较长久保存。比较典型的例子就是查找电话号码，不重复的号码查到后拨打电话，打完后，号码就忘记了。如果觉着号码重要，多复述几次，就会长时间地记住。

长时记忆是指较为“永久性”记忆，信息保持时间以分钟到小时、天、年来计算，甚至终生。长时记忆容量可以说是无限的。除此之外，记忆按呈现形式可分为形象记忆、语词记忆、情绪记忆、动作记忆等。

（三）提高记忆效果的策略

1. 对识记内容进行整理，促使机械记忆意义化

机械识记是只依据材料本身的表现形式或外在联系去机械重复的识记。意义识记，是通过对材料的理解而进行的识记。在日常生活和学习工作中，有意地利用意义识记，对识记材料进行组织、编码的，并辅之以机械识记，达到在理解的基础上熟记的目的，这是记忆的最好方法。有时，我们可给本来无意义的材料赋予一种认为的意义，使机械识记转化为意义识记，以提高记忆效果。

2. 适当过度学习

所谓过度学习是指对知识达到勉强可以回忆的地步后，继续进行学习。也就是说，在对知识技能全部学会以后再继续学习一段时间，以达到巩固学习成果的目的。过度学习对材料的保持率起着很重要的作用，过度学习越多，保持率越高。但有一点也要注意，过度学习超过 50%之后，对内容的记忆效果有下降的趋势。因此，要适当过度学习，在这个限度之内，过度学习的学习效果较好。一般来讲，中等程度的过度学习效果较佳。

第六节　大学生学习能力的培养

学习能力是大学生顺利完成学业的保证。正处于学习阶段的大学生，一定要注重培养自身的学习能力

一、大学生培养学习能力的意义

（一）时代发展要求大学生提高学习能力

21 世纪是知识经济时代，当今社会的飞速发展，使人们的知识迅速更新，今天接受的新知识到明天就可能被淘汰更新，教育呈现终身化趋势。因此，大学生要充分抓住自己一生中的各种机会，去探索、深化和进一步充实自己的知识，以适应不断变革的社会。

学习是一个人终生的任务。从古至今人们都非常重视学习，“书山有路勤为径，学海无涯苦作舟”“活到老，学到老”等都是人们总结出来的关于“学无止境”的格言。传统的“勤学”“苦学”固然应该提倡，但相比之下，“巧学”显得更为重要。一个人的学习不仅要靠“苦”，更要注重学习方法，要将“学海无涯苦作舟”变为“学海无涯巧作舟”。①

（二）提高学习能力是大学生成才的需要

在大学阶段，中学时期以教师为主导的教学模式转变成以学生为主导的自学模式。大学生的自学能力对于其学习成绩有着重要影响。具体来说，大学生的自学能力包括：能独立地确定自己的学习目标；能确定自修内容，将自修的内容表达出来与人探讨；能对教师所讲的内容提出质疑；能独立查询有关文献；能够写学术论文、学业报告等。对于大学生来说，应该积极观察、思考、掌握适合自己的学习方法，具备制订学习计划的能力以及自主选择、使用各种教学媒体和教学支持服务的能力等。实际上，大学生自学能力的提高也就是其学习方法的提高，研究表明，学习方法可以推动学习动力的产生。大学生掌握正确的学习方法之后，可以提高学习成绩，从而产生成功感，进而激发其学习兴趣和积极性。

当今时代，要求人们必须掌握高效的学习方法，必须具备搜集、检索知识和信息的各种能力，要知道学什么，知道怎样学，知道到哪里学。要求大学生必须掌握巧妙、高效的学习方法，以提高学习效率。同时，大学生学习能力的培养，也是当今素质教育、创新教育的重要内容。因此，为了自身发展的需要，大学生必须提高自身的学习能力。

二、培养大学生学习能力的方法

培养大学生学习能力的方法有很多，概括来说主要包括以下几方面。

（一）明确学习目的

学习目的决定了大学生学习什么、怎样学习以及是否能够坚持学习。它既与大学生的

① 谷玉玲．新时期大学生学习能力培养研究［J］．西部论丛，2017，(7)．

主观因素有关，在一定程度上反映了其价值倾向和精神面貌，同时也反映了社会对个人的要求。具体来说，明确学习目的，可以从以下几个方面来着手。

1. 树立正确的人生价值观

在全球化、现代化的当代社会中，新世纪的大学生面临着多元价值观的冲突，光怪陆离的社会现象的交错，形形色色诱惑的干扰，激烈竞争的刺激……社会的大潮时刻冲击着大学生的心灵，过去“两耳不闻窗外事，一心只读圣贤书”的学子们已不再安心于待在“象牙塔”中了。于是，很多大学生积极投身于各种社团活动，尝试各种实践工作。然而，许多大学生也在这忙碌奔波中产生了困惑，比如“我学习这些东西真的有用吗”“学业与能力锻炼孰轻孰重?”，其实这些问题的根源就是大学生没有正确认识学习的价值。而对学习价值的认识是个人人生价值观的一部分，换言之，对人生的态度影响着对学习的态度，这就要求大学生树立正确的人生价值观。

正确的人生价值观有助于大学生自觉将个人需要和社会需要结合起来以树立正确、稳定的学习目标。而明确的学习目的也就意味着肯定学习价值，将学习作为个人重要的需要，并通过学习活动实现个人价值。所以说，与个人人生价值观相一致的学习目的才是最有实现可能的目标。只有这样，才能在学习过程中，面对困难不轻言放弃，面对诱惑不迷失方向，面对暂时的成绩不自满骄傲。

2. 激发学习动机，提高学习的自觉性

学习动机总是出于一定学习目的的需要，只有把自己的学习与社会的需要密切联系起来，看到自己学习的价值，才会产生学习的自觉性。因此，激发学习动机，也就是要使大学生能够转变思想，树立学习是内在需要的观念，不断发展自己的学习需要和学习兴趣，真正做到愿学、勤学、乐学。

（二）培养良好的学习习惯

学习习惯是指学生在一定情境下自主地进行学习活动的特殊倾向。良好的学习习惯，对于提高大学生学习能力有至关重要的作用。具体来说，培养大学生学习习惯的途径有以下几个方面。

1. 改进学习方法，变被动学习为主动学习

在中学时代，学生主要处于老师指导下被动学习状态中，而大学的学习与中学不一样，大学教师讲课后，余下的许多时间要求大学生自学。因此，大学生应尽快改变学习方法，积极主动地学习。

2. 合理、科学地安排学习时间

在大学阶段，学生有相对多的自由时间，要提高学习效率，除了充分利用课堂内的学习时间外，还要对课外的时间做合理的安排。具体来说，大学生可以制订一个学习计划，并在计划中列出时间安排，在计划中也要有休息的时间，注意计划的可行性。还可利用一些“边角时间”学习，如背单词或用来对新学知识进行即时回忆。此外，还应认识到，充足的睡眠、适当的休闲——劳逸结合才能提高学习效率。

（三）掌握记忆技巧

任何知识的学习都离不开记忆，一个人如果拥有良好的记忆能力，无异于拥有了一个强大的秘密武器。而大学生增强自己记忆力，提高学习效率的关键就是要运用相关的记忆规律，选择适合自己的记忆方法。

1. 科学地识记

识记是记忆过程中的第一步，是保持、再认和回忆的前提。良好的记忆力往往开始于科学的识记。识记的目的是影响识记效果的重要因素。识记目的越明确、越具体，识记效果就越好。因此，在识记前，对自己要识记什么样的知识，这些知识要识记到什么程度等要做到心中有数。否则只会白白浪费时间和精力，影响识记的效果。

（1）充分利用无意识记

现在的大学教学经常提到趣味学习，即让大学生根据自己的兴趣和爱好，在比较轻松愉快的环境下去获取有关的学科知识。这种新型的教学法就是利用了无意识记。虽然在一般的情况下，有意识记比无意识记效果要好，但有意识记容易引起学习疲劳。所以，大学生们可以尝试充分利用自己的爱好与兴趣，利用无意记忆，在不知不觉中完成识记任务。

（2）合理安排识记材料，有目的地进行识记

人们掌握系统知识主要是靠有意识记。大家或许都有这方面的体验：记得最牢的总是想要记住的东西，也就是我们认为有益处的、有目的和决心要记住的事物。因此，根据识记材料的性质和数量，结合识记目的，对简短的材料计划一次全部识记，对冗长的材料采取综合识记等办法无疑可以提高识记的效果。

（3）在理解的基础上识记

大学学习的特点之一是既博又精，所以，要想提高大学学习的效率，就必须学会在理解的基础上识记。并且，只有这样才可以全面、准确、迅速地掌握识记的内容，这些都是单纯的“死记硬背”所达不到的。在学习时，不妨学着尝试给要识记的材料编写提纲，将需要记忆的东西分门别类，比如把识记材料按意义分组，给每个部分列出便于相互连接的小标题等。

（4）适当地运用记忆技术

运用记忆技术，可以通过辅助工具或人为的联想将一些本身没有意义联系的识记材料赋予意义，或者将零散的材料系统地组织起来，使其与自己已有的知识结构相联系，从而提高记忆效果。主要的记忆技术有口诀法、推算法、比较法、谐音法、定位法、归类

法等。

2. 有效地组织复习

正所谓“温故而知新”，组织识记后的复习可以有效减少遗忘。① 同时，复习效果的好坏并不机械地取决于复习的次数，而主要在于复习方法的正确性与有效性。

（1）正确分配复习时间

复习时间的分配对识记效果有很重要的影响。连续进行的复习一般称为集中复习，而间隔一定时间的复习则称为分散复习。事实证明，相对来说，分散复习比集中复习效果要好。而分散复习时间间隔的长短，也要根据复习内容的性质和数量等来确定，通常来说，刚开始复习时，时间间隔要短些，之后可以加长。

（2）复习要及时

根据艾宾浩斯遗忘曲线表明，刚开始时遗忘速度很快，之后逐渐减慢，因此，对于新知识的复习一定要快速、及时。而不少大学生认为，新知识不会立刻就忘掉，所以平时没有及时复习的习惯，一直到新知识也变成了旧知识，才想起来自己已经忘记了。强调及时复习就是要避免出现这样的被动局面。

（3）排除前后材料的影响

在复习时，对于识记内容的序列位置也要注意。对于类似内容的复习尽量不要排在一起。比如，语文、政治、历史等文科的复习尽量不排在一起，可以和理科交叉复习，这有助于复习效率的提高。

3. 培养追忆的能力

追忆，是指人们采用一些回忆的方法，并要付出一定意志努力的回忆方法。通过科学的识记和有效的复习，并不意味着我们就拥有了良好的记忆。如果在需要的时候不能够及时地从记忆仓库中提取出来，那么所做的识记工作也就白费了。很多人有过这样的体验，在回答问题或讲述某一事情的时候，突然一下脑中一片空白，怎么也想不起要说的东西了。这就是心理学上所说的“舌尖效应”。要避免这种情况出现，就有必要培养追忆的能力。

培养追忆能力的目的是让大学生及时进入追忆的准备状态，并为追忆指明方向。就好像根据线索搜索罪犯一样，如果没有罪犯的蛛丝马迹，就无从下手。追忆方法一般包括联想追忆、双重提取追忆（即借助表象与语言的双重线索）以及再认追忆等。此外，在追忆的过程中，因为思想高度集中，情绪容易紧张，使原本知道的东西一下子想不起来，遇到这种情况时，就需要利用自己的意志力来克服紧张情绪，排除其对追忆的干扰。这也要求大学生加强对自身意志力的锻炼。

---

① 姚则会，赵磊. 智慧教育背景下的大学生学习能力培养策略［J］. 齐鲁师范学院学报，2023（1）：31-38.

4. 利用外部记忆手段，创造记忆的条件

学会做读书笔记不仅可以更好地保持记忆内容，而且也是提高学习效率的有效手段。除了读书笔记，还有如上课时记课堂笔记，读书时写记卡片和编提纲，将需要记忆的内容存入计算机等方式来保持所要识记的内容。

第四章 高校就业创业管理

第一节 大学生职业生涯规划与管理

成长意味着你必须为自己的衣食住行承担起责任，为自己的选择承担起责任。成年人生活的一个重要组成部分就是职业，你的职业决定着你将要拥有什么样的生活，什么样的社会价值和人生价值。因此大学生要做好自己的职业生涯规划。但职业生涯是运动的、变化的，所以光做好规划还不够，还要根据实际发展及时进行职业生涯管理。

一、大学生职业生涯规划

（一）职业生涯规划的内涵

职业生涯规划也叫职业生涯设计，是指个人和组织相结合，在对一个人职业生涯的主客观条件进行测定、分析、总结研究的基础上，对自己的兴趣爱好、能力、特长、经历及不足等进行综合分析与权衡，结合时代特点，根据自己的职业倾向，确定最佳的职业奋斗目标，并为实现这一目标做出行之有效的安排。即根据社会需要，进行职业、行业、企业分析，确定自己的职业倾向、角色定位和职业奋斗目标，选择职业道路，确定教育、培训和发展计划，并为实现这一目标规划出行动方向、行动时间和行动方案。

（二）大学生职业生涯规划的特征

处于不同职业生涯发展阶段的人，所面对的环境要求不同，自身素质积累不同，因此，个人的职业生涯规划，应当根据其规划时的所处阶段、职业发展现状而进行。大学生正处于职业的学习、准备和起步阶段，因此，与已工作一段时间的职场人的职业生涯规划相比较，大学生的职业生涯规划有其自身的特点，在总体原则和操作步骤大体一致的前提下，两者的规划内容和侧重点不尽相同。大学生职业生涯规划与一般职业生涯规划的区别主要体现在以下几个方面。①

---

① 夏楠. 大学生职业生涯规划指导研究［J］. 经济与社会发展研究，2022（18）：227-229.

1. 规划年限不同

职业生涯规划按时间类型可分为短期规划、中期规划、长期规划和长远规划四种。一般人可以按照自身的条件和客观环境的特点，制定期限可长可短的职业生涯规划。大学生活是一个完整和固定的阶段，其时间维度上有一个标准的划分，即大学的学制为大学生活的起止时限。大学生职业生涯规划中最现实、最典型的是中期规划，其规划年限一般是与学生的就读年限相同的。比如说，医学院的本科生学制为五年，如果一个新生从入学之初开始进行职业生涯规划，则其规划的起止年限为五年；如果是从三年级下学期开始规划，则其规划的起止年限为两年半。虽然大学生的职业生涯规划中也有长期规划或人生规划的做法，但并不具有代表性。

2. 设定目标不同

一般的职业生涯规划的总体目标是为了获取一定的职业地位或取得一定的职业成绩。一般职业生涯规划的阶段目标划分也并不明晰，视个人的总体目标和现实差距而定。大学生的职业生涯规划，其最根本也最现实的目标是初次就业成功，能拥有一个与自己的兴趣、爱好、能力等相匹配的职业岗位。比如，规划自己毕业后进入某大公司的人力资源部门。

3. 实施策略不同

一般的职业生涯规划，其实施策略主要是根据职业发展目标，制定一定职业范围内的学习培训、专项技能提高、职场人际关系沟通、企业文化融合等行动计划。大学生处于职业的准备阶段，其职业生涯规划的实施策略主要是了解和探索职业，完成与未来可能从事职业相关的学习、培训任务，提高职业生活的基本能力和素质，行动计划必须与大学生本身的学习任务和校园活动紧密联系。

（三）职业生涯规划对大学生的意义

职业生涯规划对于大学生实现自己的人生价值，对于一生的幸福都具有特别重要的意义。具体可以表现在以下几个方面。

1. 职业生涯规划能帮助大学生树立高尚人生目标

无论做什么事情，确立目标是第一步，有了目标才会有成功的可能。只有确立了目标，我们才清楚自己前进的方向，我们才知道自己是为了什么而奋斗；只有确立了目标，我们在做每件事、过每一天时才会有动力和热情。职业生涯规划首先要做的就是防止自己产生混沌度日的倾向，培养自己的危机意识。

2. 职业生涯规划可以帮助大学生发掘自我潜能，增强个人实力

一份行之有效的职业生涯规划能够引导你正确认识自身的个性特质、现有与潜在的资

源优势，帮助你重新对自己的价值进行定位并使其持续增值；能够引导你对自己的综合优势与劣势进行对比分析；能够使你树立明确的职业发展目标与职业理想；能够引导你评估个人目标与现实之间的差距；能够引导你前瞻与实际相结合的职业定位，搜索或发现新的或有潜力的职业机会；能够帮助你学会如何运用科学的方法采取可行的步骤与措施，不断增强职业竞争力，实现职业目标与理想。

3. 激发大学生自我实现的需要，培养积极上进的人生观

在我国，自我实现有时可以被理解为“事业有成”“功成名就”，而事业有成必须以正确的职业选择与发展为前提。因此，大学生应该以科学的方法来正确地、全面地认识自我，了解社会对人才的需要，找出自己在知识、能力等方面与社会需要的差距，确定自己的发展方向与目标。为了成就自我实现的人生目标，大学生有必要对大学生涯进行科学合理的规划，并通过规划采取实际的具体行动。

4. 增强大学生在就业中的核心竞争力

好工作不是依靠运气得来的，对大学毕业生而言，它是多种因素共同作用的结果。影响大学生求职的因素包括学校培养质量、专业与社会需求和来自学生的变量，如个人综合素质、就业观念、就业技巧、性别、生源地与家庭背景，以及学校职业指导工作是否到位等。其中，属于大学生本人能够控制的主要是个人素质、就业能力与技巧。

（四）职业生涯规划的方法

大学生职业生涯规划的方法主要有以下几种。①

1. “5What” 法

许多职业咨询机构和心理学专家进行职业咨询和职业生涯规划时，常常采用的一种方法就是“5 What”法，它是一种归零思考的模式：从问自己是谁开始，一路问下去，共有五个问题。通常人们回答了这五个问题，就找到他们的最高共同点，职业生涯规划也就完成了。

（1）我是谁（What am I）？

这是个自我分析过程。分析的内容包括个人的兴趣爱好、性格倾向、身体状况、教育背景、专长、过往经历和思维能力。

（2）我想做什么（What do I want）？

这是对自己职业发展的心理趋向的探究。包括职业目标、收入目标、学习目标、名望期望和成就感。

---

① 陈幼梅. 大学生职业生涯规划现状及优化管理研究［J］. 吉林农业科技学院学报，2023（3）：45-48.

（3）我会做什么（What can I do）？

这是对自己能力与潜力的全面总结，判断你能够做什么。一个人职业的定位最根本的还要归结于他的能力，而他职业发展空间的大小则取决于自己的潜力。对于一个人潜力的了解应该从几个方面着手，比如对事的兴趣、做事的韧力、临事的判断力以及知识结构是否全面、是否及时更新等。把能确定的能力和自己认为能够开发出来的潜力一一列举出来，并进行认真的排序，使自己能够清晰地了解自己的能力所在，判断自己能够做什么。

（4）环境支持或允许我做什么（What can support me）？

这种环境支持在客观方面包括本地的各种条件，如经济发展、人事政策、企业制度、职业空间等；在人的主观方面包括同事关系、领导态度等。我们在做职业选择时常常忽视主观方面的事情，没有将一切有利于自己发展的因素调动起来，从而影响了自己的职业发展。所以制订职业生涯规划，要和个人人生目标结合起来，要把职业生涯和家庭、社会生活结合起来

（5）我的职业与生活规划是什么（What can I be in the end）？

明晰了前面四个问题，就会从各个问题中找到对实现有关职业目标的有利和不利条件，列出不利条件最少的、自己想做而且又能够做的职业目标，那么对第五个问题——“自己最终的职业目标是什么？”自然就有了一个清楚明了的框架。

2. SWOT 分析法

SWOT 分析法就是对自己个人的优势、劣势、机会和威胁进行分析，对各种机会进行评估，选出最佳方案的一种分析评估方法。SWOT 是四个英语单词的缩写，即优势（Strength）、劣势（Weakness）、机会（Opportunity）和威胁（Threat）。一般来说，SWOT 分析法中所指的优势和劣势从属于个人自身，而机会和威胁则来自外部环境（包括组织环境和社会环境）。

（1）优势分析，即分析自己出色的地方，特别是比竞争对手出色的方面。

（2）劣势分析，即分析与竞争对手相比落后的方面，一般来说包括性格弱点、经验或经历中所欠缺的。

（3）机会分析，即分析有利于职业选择和职业发展的一些机会，如政府出台的相关政策支持、专业领域急需人才、职业道路选择带来的独特机会、社会舆论的宣传和肯定、亲朋好友的支持。

（4）威胁分析，即分析潜在危险，如职业指导咨询行业尚不规范、就业机会减少、同行业竞争人数增加、专业领域发展前景不乐观、所选择的单位环境不利于自身的发展。

3. 职业测评法

职业测评是心理测验的一个分支，在学术上被广泛认可的心理测验的定义是“行为样组的客观的标准的测量”。如果你真的想借助职业测评达到了解自我的目的，应该选择科

学的职业测评。科学的职业测评以特定的理论为基础，经过设计问卷、抽样、统计分析、建立常模等程序编制。职业测评中的心理测验主要包括智力倾向测评、性格测评、职业兴趣测验、动机测验等。

4. 愿景模型法

愿景模型法是一种对未来的愿望、发展前景或希望、愿意看到的景象进行假设、模拟的方法。每个人都有自己的愿景，但在很多情况下，人们对自己的愿景往往是认识模糊的或者是有误解的，这样就会造成行动的盲目性。以下三个步骤能帮你认清自己的愿景。

第一，想象实现愿景后的情景。

第二，形容个人愿景——想象你正在达成你一生最热切渴望达成的愿望，这些愿望会是什么样子。

第三，检验并弄清楚愿景——分步检视你写下来的个人愿景所组成的清单和每个方面，从而找出最接近你内心深处的层面。

（五）职业生涯规划的实施

每个人都渴望成功，但并非都能如愿。了解自己、有坚定的奋斗目标，并按照情况的变化及时调整自己的计划，才有可能实现成功。这就需要进行职业生涯的自我规划。职业生涯规划可分为以下几个步骤

1. 自我评估

自我评估就是通过科学的认知方法和手段，对自己的职业兴趣、性格、能力和价值观等进行全面认识，清楚自己的优势与特长、劣势与不足。避免设计中的盲目性，达到适宜的设计高度。自我评估的目的，是认识自己、了解自己，从而对自己所适合的职业和职业生涯目标做出合理的抉择。

2. 职业生涯机会的评估

职业生涯机会的评估，主要是评估周边各种环境因素对自己职业生涯发展的影响。在制订个人的职业生涯规划时，要充分了解所处环境的特点、掌握职业环境的发展变化情况、明确自己在这个环境中的地位以及环境对自己提出的要求和创造的条件等。只有对环境因素充分了解和把握了，才能做到在复杂的环境中避害趋利，使你的职业生涯规划具有实际意义。

一般来说，常见的职业生涯规划外在影响因素主要包括以下方面。

（1）对社会环境的认知

对社会大环境的认知与分析内容包括当前社会政治、经济发展趋势；社会热点职业门类分布与需求状况；自己所选择职业在当前与未来社会中的地位情况。

（2）对企业环境的认知

对企业环境的认知具体包括对自己所选企业的内部环境和企业所面临的外部环境的分

析两部分。对企业内部环境的分析一般包括组织特色、经营战略、人才的需求预测、升迁政策、培训方法和招募方式等。对企业外部环境的分析主要是对企业所面对的市场状况、在本行业中的地位与发展趋势以及所从事行业的发展状况及前景进行分析预测。

（3）家庭因素和成长环境

每个人的生活环境，对他们的就业和择业都有很大的影响，可以说职业生涯的每一阶段都与家庭因素息息相关，或协调或冲突。朋友、同龄群体的影响也是很大的，他们的职业价值观、职业态度、行为特点等不可避免地会影响到个人对职业的偏好、选择从事某一类职业的机会和变换职业的可能性等。

（4）社会因素

社会因素主要是指社会环境中普遍的工作价值观、政治经济形势、产业结构和社会文化变迁等因素。

3. 确定职业发展目标

要想取得职业生涯的成功，并由此取得事业和人生的成功，一个明确的目标是必不可少的。这是因为，首先，没有目标就不可能知道自己所处的位置；其次，所有的成功都是以目标的实现为标志的。在确立职业生涯目标时必须注意以下几个方面。

（1）目标要具体明确

目标宽泛，日后行动就容易陷入盲目，不能有意识地收集相关领域的信息，无法有效地提高自我。职业生涯规划的目标一定要定得窄一点、具体一点，才好操作。

（2）个人目标与社会目标一致

虽然个人目标是自己的事，是自己的目标，但人是社会人，人不可能脱离社会而独立存在，个人目标并不仅靠自己的力量就能实现。因此，职业生涯发展目标一定要与社会发展目标相一致，这样会比较容易达到。

（3）不要太贪心

有的人自我感觉良好，心高气盛，别人定一个目标，他定三个、五个、八个……结果一个目标也达不到。人的精力是有限的，目标太多太杂，难免会顾此失彼，到头来竹篮打水一场空。

（4）兼顾平衡

人生是丰富多彩的，因此，在人生发展过程中会有多种多样的目标，职业生涯目标要与生活目标结合考虑，兼顾平衡。

4. 高低适度

有的人为自己设定的目标太高，怎么努力也够不着，结果一事无成；也有的人设定的目标太低，不用努力就达到了，自己也觉得没什么意思，结果老是原地踏步。目标确立应脚踏实地，既不能眼光太低，也不宜好高骛远。

5. 选择职业生涯发展路线

在职业目标确定后，向哪一路线发展，如：是走技术路线，管理路线，还是走技术+管理即技术管理路线，还是先走技术路线、再走管理路线等，此时要做出选择。由于发展路线不同，对职业发展的要求也不同。因此，在职业生涯规划中，必须对发展路线做出抉择，以便及时调整自己的学习、工作以及各种行动措施，沿着预定的方向前进。对于大学生来说，在生涯发展路线抉择过程中，可以针对以下三个问题询问自己。

第一，我想往哪一路线发展？

第二，我适合往哪一路线发展？

第三，我可以往哪一路线发展？

6. 制订职业生涯行动计划与措施

在确定了职业生涯的终极目标并选定职业发展的路线后，行动便成了关键的环节。这里所指的行动，是指落实目标的具体措施，主要包括工作、培训、教育、轮岗等方面的措施。对应自己的行动计划可将职业目标进行分解，即是根据观念、知识、能力差距，将职业生涯规划中的远大目标分解为有时间规定的长、中、短期分目标，直至将目标分解为某确定日期可以采取的具体步骤。分解后的目标有利于跟踪检查，同时可以根据环境变化制订和调整短期行动计划，并针对具体计划目标采取有效措施。职业生涯中的措施主要指为达成既定目标，在提高工作效率、学习知识、掌握技能、开发潜能等方面选用的方法。行动计划要对应相应的措施，要层层分解、具体落实，细致的计划与措施便于进行定时检查和及时调整。

行动是关键的环节。没有达到目标的行动，就不能达到目标，也就谈不上事业的成功。行动策略指为实现生涯目标而展开行动的计划，是职业生涯规划不可或缺的重要步骤。制定行动策略的内容主要包括搜寻相关专业、职业、企业的资料，应聘，参加组织培训和发展计划，构建人际关系网，谋求晋升等；包括与现在所从事工作毫不相关的一些事情，比如参加业余的进修班学习，掌握一些额外的技能或专业知识（如拿 MBA 学位等）；还包括为平衡职业目标和其他目标（如生活目标、家庭目标）而做出的种种努力。如果忽视了后两者的努力，想要长久保持工作中出色的表现是不可能的。

7. 检查与反馈

检查和反馈也是职业生涯规划的一个组成部分。在计划的实施过程中，总会有一些不如意的地方：或定的目标过高而无法实现；或定的目标过低，起不到激励的作用；或在实践中发现自己某些方面有很大的欠缺，需要弥补。在此状态下，要使职业生涯规划行之有效，就必须不断地对职业生涯规划执行情况进行检查。首先，要对年度目标的执行情况进行总结，确定哪些目标已按计划完成，哪些目标未完成。其次，对未完成目标进行分析，找出未完成原因及发展障碍，制订相应解决障碍的对策及方法。最后，依据检查结果对下年的计划进行修订与完善。如果有必要，也可考虑对职业目标和路线进行修正，但一定要谨慎考虑。

二、大学生职业生涯管理

（一）职业生涯管理的内涵

成功的职业生涯发展需要依靠成功的职业生涯管理，因为我们的职业生涯发展中会遭遇许多变化，需要把握和调整。变化是人生的常态，也是生涯发展的常态，需要建立职业生涯管理的观念，勇敢地迎接变化。职业生涯管理，就是掌握自己与环境的现状，根据需要进行改变和调整，使自己保持最佳的状态，争取最大发展机会去实现自己职业生涯目标的过程。职业生涯管理主要包括三个方面。①

1. 发现变化

变化可能来自外部，如经济环境、政策导向和家庭的突发事件等，也可能来自内部，如自己的想法发生了改变等；变化可能是于己有利的，也可能是于己不利的；变化可能比较剧烈，也可能比较平缓而一时不易察觉。我们需要培养自己分析自身和环境的能力，及时发现变化，分析变化的缘由和对职业生涯发展的影响。

2. 明确需要

变化对生涯发展可能会带来新的机遇，也可能会造成一些阻力障碍。这时候对自己的“发展需要”要有一个明确的定位与评估。这样，就不会因变化带来的一些意外而偏离了自己的航道，迷失了自己的目标。

3. 进行调整

前面两步是应对变化时需要做出的冷静分析和判断，此后就需要采取行动进行调整了。因为只有行动才能产出成果。也许有时我们会觉得对自己的调整没有百分之百的把握，就迟迟不敢行动，这样往往会失去很多成功的机会。其实，只要我们用积极的心态去管理自己的职业生涯，即使有时候没有出现预期的结果，也能够以此来锻炼自己的心态和管理的能力。没有行动就不会有新的结果，也就没有了再次的选择，而没有选择的人生是最可悲的。

（二）成功管理职业生涯的三要素

成功的职业生涯管理，一般而言需要三种要素。

---

① 刘思博. 试论大学生职业生涯管理能力结构及培养策略［J］. 记者观察，2018（27）：58-59.

1. 对自己负责的责任感

责任感是一个人日后能够立足于社会、获得事业成功与家庭幸福的至关重要的人格品质。责任感是创造奇迹的种子。因此，在管理自己的职业生涯过程中，要树立和培养对自己负责的高度责任感。

2. 积极有效的行动能力

一百次心动不如一次行动。现实生活中，有不少大学生天天抱头空想自己未来的人生，之所以没有人生的进展，就在于他们都是“心动专家”，而不是“行动大师”。人的职业生涯是由不同的发展阶段连接而成的，每一个阶段都有相应的发展任务需要去完成。一个阶段的发展任务完成得怎么样，会影响到下一个阶段的职业生涯发展。而这些发展任务是否能够很好地完成，主要依赖于我们是不是采取了积极有效的行动。

3. 灵活机动的调整策略

管理自己的职业生涯，实现职业生涯目标，需要的不仅是“坚”，还有“韧”，也就是一种弹性和灵活性。面对职业生涯发展过程中遇到的机遇、阻力和障碍，我们要能够采取灵活机动的调整策略，及时地抓住机遇。机遇往往是稍纵即逝的，稍一放松就会失去机会。如果遇到阻力或障碍，也不能被动地对抗，要主动地规避，化险为夷，创造机会。也就是说，我们不仅需要“苦干”，还需要“巧干”，只有这样才能更有效地管理好自己的生涯，减少不必要的损耗。

第二节　大学生就业管理的内容与原则

就业是民生之本，大学生就业是高校培养人才的重要环节，是高校服务社会和改革发展的重要内容。做好大学生就业管理工作，是加快推进以改善民生为重点的社会建设的具体体现，是构建社会主义和谐社会的重要内容，是建设人力资源强国和建设创新型国家的必然要求。本章将主要对大学生就业管理的内容与原则进行探究。

一、大学生就业管理的内容

大学生就业管理的内容，主要包括就业观念的教育引导、就业信息的系统管理、招聘活动的组织管理和就业过程的规范管理四个方面。①

（一）就业观念的教育引导

正确的就业观念是指在科学的世界观、人生观和价值观的指导下，求职者在理性认识

① 罗丽香. “互联网+”背景下大学生就业管理方法探究［J］. 品牌研究，2021（22）：277-280.

就业环境、客观地进行自我认知和职业生涯规划的基础上，形成的理性就业的思想观念。当代大学生就业观念的主流是积极向上的，是适应社会发展要求的，但是由于受多方面因素影响，部分大学生就业观念存在偏差。因此，应加强对大学生就业观念的引导。

1. 帮助大学生直面当前就业形势

就业形势是一定时期就业发展的状况和态势，就业政策是党和国家为实现一定时期的路线和任务，根据就业形势而制订的行动准则。高校应通过开展“毕业生就业市场情况通报会”“就业政策咨询会”等宣传教育活动，帮助大学生了解国家现行的就业方针和政策，认清现阶段的就业形势，从而调整自己的就业期望值，引导学生正确认识和对待就业制度改革中出现的新情况、新问题，及时解答他们对就业形势认识中的困惑和疑问。

2. 开展职业价值观教育

通过就业指导课、专题讲座、典型事迹报告等活动，帮助大学生认识自我，明确专业方向，树立和巩固专业思想，找到正确的人生目标和奋斗方向，合理规划大学生活以及未来的发展。学校需帮助大学生深入了解国情、了解社会，自觉地把个人理想同国家与社会的需要紧密结合起来，树立行行建功、处处立业的观念，踊跃到基层锻炼成才。积极利用形式多样的宣传，大力宣传毕业生到基层建功立业的先进典型，邀请在基层做出突出贡献的校友回母校开展讲座、座谈、联谊、论坛等各种形式的活动，形成良好的舆论氛围和导向，引导和鼓励高校毕业生到基层、到西部、到祖国最需要的地方建功立业。

3. 培养学生的竞争意识

当今时代竞争机制已经渗入社会的各个领域和人生的整个过程，学校可以通过举办“模拟校园招聘会”“走进单位，感受职场”等活动，让毕业生预先感受求职过程和职业生活，及时调整就业观念，克服不良的就业心理和习惯，为即将到来的职业生涯做好准备。要使学生认识到，在求职过程中遇到挫折是正常的，要敢于直面竞争和挑战，遇到挫折后应该尽快放下心理包袱，对挫折进行正确的归因分析，争取新的就业机会，不能因为挫折而自卑，要时刻保持积极向上的就业心态。

4. 开展心理辅导

在新的就业体制和严峻的就业形势面前，有些大学生心理准备不足，在就业前期容易出现焦虑、自卑、自负、依赖等消极情绪，需要有针对性地开展心理辅导。学校可以通过课堂指导、专题讲座、个体咨询辅导、网络指导等方式，引导学生正确认识自己、评价自己，避免因自负或自卑而造成的挫折感和焦虑感，消除各种就业疑虑和不良情绪，将职业发展与自己的身心特点和能力倾向相对照，扬长避短，选择适合发挥自己才能和施展抱负的职业，乐观勇敢地面对就业。

5. 开展职业道德建设和就业诚信教育

职业道德是从业人员在职业活动中应遵循的、具有自身职业特征的基本道德准则和规范。良好的职业道德和诚实守信，是高校毕业生综合素质的体现，也是就业竞争中的一大优势。可以充分利用报纸、海报、板报、网络等宣传媒介，加强职业道德教育和诚信教育，将校园文明建设和社会公共道德建设相结合，积极引导大学生树立社会主义荣辱观，帮助学生树立诚信意识，以诚实守信为荣。针对大学生在就业中的弄虚作假书写就业自荐材料，签署就业协议后的不履行承诺、随意毁约等不良现象，可以聘请相关的法律专家，通过案例剖析、法规咨询等方式，让学生了解违背职业道德和随意违约等行为所带来的法律后果，及时纠正学生潜在的错误就业观念。

6. 开展创业教育

自主创业是一种更高层次的就业，在为社会创造新财富的同时，还可以创造更多的就业岗位，也实现了自身的价值。在开展就业指导的同时，学校应加强学生的创业意识教育，培养毕业生自主创业意识和创业思维，教授学生创业技能，提升学生的自主创业能力。同时，引导有创业意愿的毕业生积极参加自主创业课程学习，帮助他们与当地劳动保障、税务等部门建立联系，通过“自主创业培训班”“创业政策咨询会”等形式了解自主创业的有关政策，还可以通过扶持、激励、典型示范等办法促进大学生自主创业。

（二）就业信息的系统管理

就业信息是指与就业有关的，求职者预先不知道，通过加工整理及各种媒介传递，能被求职者所接受并对其求职有价值的消息、资料或情况。而就业信息的系统管理是指就业信息的收集、加工、输入和输出，包括就业信息的收集与认证、处理与传输、分析与应用、储存和管理等四方面内容。

1. 就业信息的收集与认证

就业信息收集是指需求者通过各种方式获取所需就业信息的过程。信息要想被利用，第一步就是收集，这也是极为关键的一步。就业信息需求者接下来的加工、分析、应用等工作能否顺利进行都与收集工作有着直接的联系。在就业信息的系统管理中，高校可以通过广泛发函、电话邀请等方式积极与全国的用人单位联系，将相关的就业信息收集起来，同时，利用报纸、网络等媒体渠道收集最新的就业政策信息和就业形势信息。学院一般与其相关行业的企业都有较为密切的联系，各学院可以通过与行业性较强的商会、协会等组织进行行业对接，获取最新的行业用人信息和行业发展趋势信息。

2. 就业信息的处理和传输

就业信息的处理和传输是保障就业信息精准、及时、快捷地送到信息需求者手中的关键环节。高校需要进一步完善和利用现有的就业服务信息网，建设网上无形就业市场，为毕业生和用人单位提供公共就业信息服务，通过快捷方便的双向服务就业信息网络，实现招聘信息发布、网上求职招聘、网上签约、咨询指导、毕业生求职信息查询等功能，提供全面的网上人才招聘、求职方案，提高学生就业、学生签约、用人单位招聘、学校管理等工作的服务质量和服务效率，促进毕业生的顺利就业。

3. 就业信息的分析与应用

就业信息的分析与应用是指在获得准确、全面和及时就业信息的基础上，结合高校实际情况，依据国家相关政策、法律法规对就业信息去伪存真、去粗取精，有针对性地进行排列、整理和分析，并通过科学的分析揭示就业信息内在的规律及就业形势，为学校的教学、毕业生就业指导、毕业生的求职择业等提供科学参考依据的过程。其主要步骤如下。

第一，进行信息筛选。采取相应的技术手段从庞大的数据资源中为毕业生筛选有用的就业信息和毕业生个人信息，并以此为依据制订相应的就业指导政策，合理配置信息资源。

第二，进行信息加工。采用高效的数据处理技术，用活网络数据资源，从新角度、深层次对信息数据进行加工处理，进行信息创造，从而产生新的行之有效的就业信息，通过高效的网络信息渠道及时传递给毕业生，促进其就业。

第三，进行数据分析处理。通过对数据的分析处理，促使就业部门对就业工作进行横向和纵向的比较，以及市场对人才的需求进行科学合理的预测，根据社会需求提出学校调整人才培养计划和要求的合理化建议。

第四，通过历年对数据的积累、整理和分析，建立毕业生就业市场预警机制，从毕业生就业状况和市场需求两个方面利用同期比较的方式随时对就业市场进行监测和预警。

4. 就业信息的存储和管理

从就业信息的潜在性特征来看，可以把今年或以往发生的就业信息作为明年或今后进行市场分析、预测、职业选择的参考。因此，在就业信息的系统管理中，可以将历年的就业信息归档存储，为将来的就业趋势规划和就业研究提供数据支持和实践依据。在科学技术高速发展的今天，就业信息的系统管理不能仅仅囿于就业信息本身的管理，必须将目光投诸整个就业工作，追求便捷、高效、快速的就业信息服务。利用现代先进的信息技术和网络平台，做到就业信息与就业市场相整合、与就业指导相整合、与综合管理相整合，推进就业工作的现代化和信息化进程。

（三）招聘活动的组织管理

招聘活动是招聘行为实现的过程，也是供给方、需求方、中介方共同参与，实现各自目标的过程。目前，对于高校毕业生来讲，招聘活动组织形式以现场招聘为主，网络招聘为辅，招聘主要渠道是校园招聘。因此，本部分重点介绍校园招聘活动的组织管理。

1. 招聘活动组织管理的基本原则

（1）公平性原则

招聘活动要向所有的学生提供同样的机遇，同时要公平地对待各类用人单位，此外还要使信息完备对称。在校园招聘活动中，要对就业信息进行广泛宣传，并根据用人单位要求有针对性地组织毕业生参加。

（2）诚信原则

组织招聘活动，需对用人单位资质和学生推荐材料进行严格审查，签订就业协议时，供需双方都应诚实守信，严肃认真地签约、履约。需要更改或撤销协议时均需在征求对方同意后，按相关规定办理违约手续。

（3）公益性原则

校园招聘会以学生和用人单位为主要服务对象，在招聘活动组织过程中，应本着“公益性”原则，争取免费、周到地为供需双方服务，充分保障就业市场的有序运行。

2. 招聘活动组织管理的基本过程

根据招聘活动组织规模及形式，可将招聘活动划分为集中式大中型招聘会、日常化小型招聘会和网络招聘，其组织管理过程各有特色。

（1）集中式大中型招聘会

集中式大中型招聘会是指全市（区域）性的、较大规模的供需洽谈会。这类招聘活动一般在知名度较高、交通便利、服务设施齐全的场所举行。作为招聘活动组织管理者，应着力做好以下工作。一是场所确定后，应办理必要的报批手续。二是举办前应重点研究战略，开发就业市场。可通过走访用人单位、产学联动、电话邀请、函件邀请、建立就业基地等形式采集用人单位信息，开发市场。三是举办中应强化服务，确保安全。要积极周到并有针对性地为用人单位提供相关服务，要制订安全保卫工作方案，预防突发事件。四是举办后应及时统计分析，科学评估招聘活动，实时跟踪用人单位，有效把握人才招聘政策变化、需求情况等。

（2）日常化小型招聘会

日常化小型招聘会是指规模较小，趋于日常化的招聘活动。学校作为招聘活动的组织管理者，应重点做好以下工作。一是做好宣传推广工作，利用新闻媒介、宣传品、电话、邀请函等形式组织用人单位参会。二是以海报、网络、短信等形式广泛通知毕业生参会，并系统全面地传递招聘会相关信息。三是招聘活动组织过程中要确保安全，加强就业服务的针对性。四是加强对用人单位、毕业生的诚信认证，防范“就业陷阱”。

（3）网络招聘

网络招聘是指基于互联网技术而进行的招聘活动，包括招聘信息发布、电子简历传递、在线测评、视频面试等。学校作为网络招聘的组织管理者，应认真做好以下工作。一是加强技术研发和投入，保证网络畅通。二是创新网络服务手段，建立立体化服务平台。三是提高信息真实度鉴别能力，保证网络招聘的有效进行。

3. 招聘活动组织管理的绩效评估

招聘绩效评估是招聘活动中必不可少的一个环节，是检查是否达到预期招聘目的的活动。招聘活动的绩效评估可分为三方面。

（1）招聘满意度评估

通过毕业生就业满意度和用人单位招聘满意度调查，了解招聘活动的现实效果。同时，调查学生、用人单位对高校毕业生招聘活动组织的意见和建议，及时调整和完善校园招聘会的组织管理方式。

（2）长期跟踪评估

通过对毕业生进入单位后的工作绩效考核结果、离职率、人事变动情况、用人部门对员工的满意度、员工对单位满意度等进行调查，为高校学生培养和就业市场组织提供科学参考。

（3）招聘成本评估

组织招聘活动特别是大型招聘活动后，应及时进行成本评估，对参会单位、参会毕业生、签约情况、经费开支等进行统计分析，计算投入产出比。

（四）就业过程的规范管理

随着各项社会经济改革的不断深入，就业形势和就业政策、高校就业工作的职能都发生了深刻变化。高校应该在就业过程加强规范性、效率性、创新性、专业性，以更好地承担起桥梁和维护市场秩序的作用，具体可以从以下几方面入手。

1. 制订毕业生就业工作细则

毕业生就业是一项政策性和程序性较强的工作。因此，各高校要根据政策和市场环境的变化制订本校的就业工作实施细则，并及时向毕业生发布。这些细则是就业过程规范性管理的纲领性文件，是学校领导与员工在就业工作中应当遵循的最基本管理原则。细则应当包括：学校和各学院就业工作的领导机构及其职能职责，就业过程中的各项规则规程，各项国家和学校的就业政策，学校与毕业生和用人单位三方各自的权利义务等。

2. 认证和发布就业相关信息

信息的认证和发布工作是高校就业机构管理工作的重要内容。规范管理解决信息不对称问题，主要从以下几方面入手。

（1）毕业生资格审查

这是毕业生身份的确定过程，是学生有资格进入就业市场、享受社会和学校提供的各项就业服务的条件。该项工作一般由各省（市、自治区）教育主管部门职能机构统筹，由各高校就业机构具体部署并提供基础数据，经过毕业生所在院（系）负责基础数据的一级审查，经学生本人校对签字后送交学校进行二级审查，然后报省主管部门终审备案。

（2）毕业生鉴定

毕业鉴定主要包括毕业生在校期间的德、智、体、美、劳等各方面的基本情况，该情况是毕业生自荐材料中的重要内容，是用人单位关注的重点信息。

（3）自荐材料的认证与审核

自荐材料是反映学生个人总体情况和综合素质的主要材料，对用人单位的决策有很大的参考作用。因此，各高校作为对毕业生的唯一知情机构，对自荐材料负有审核的义务与责任。一般来讲，学生的学生成绩、社会工作经历和奖惩情况由学生自行填写，由院（系）和学校进行逐级审查。

（4）用人单位的资质认证

高校作为学生与用人单位的中介桥梁，对在高校范围内发布的用人单位信息有责任进行认证，核实其生产经营情况、发展前景、工作条件、福利待遇以及对毕业生的安排使用意图等。

（5）用人信息的发布

用人信息的公开发布对毕业生公平就业极为重要，因此各高校要对用人信息统一管理，及时准确地发布给全体毕业生。

3. 管理就业协议书

就业协议管理包括就业协议的发放、签订和违约三个方面。针对就业协议的发放，建立如“一人一号”等可靠的管理制度，确保人手一份就业协议。此外，还应当建立协议丢失补办的管理制度，防止协议书管理工作出现漏洞。针对就业协议的签订，经供需见面和双向选择后，毕业生必须与用人单位签订就业协议书。学校应及时进行签证登记，以掌握毕业生就业状况，同时作为制订就业计划和派遣的依据。就业协议书一旦签订，不能随意变更。如果一方提出违约，要严格按照规定的条件和程序，办理有关解除协议的手续。

4. 组织毕业生离校工作的管理

毕业生毕业离校时，学校要及时为其办理各项离校手续，确保学生在规定时间内到签约单位报到上班。离校手续包括报到证、毕业证和学位证、户口关系和档案关系。其中，按照规定，档案材料应在毕业生派遣两周内寄送毕业生报到单位。

二、大学生就业管理的原则

大学生就业管理的原则是在大学生就业管理过程中必须遵循的基本准则。新形势下，大学生就业管理主要有以下几项基本原则。①

（一）以学生为中心的原则

学生是学校一切工作的中心。以学生为中心既是学校管理工作的基本要求，也是学生

① 韩雨杉. 高校大学生就业管理中的问题与对策探析［J］. 商业观察，2021（24）：60-62.

培养工作的基本要求。既是教育规律的体现，也是就业工作服务之所在。

首先，坚持以学生为中心的原则，在学校就业工作体制、就业工作队伍建设、就业制度制订等方面充分考虑学生的需求与利益。从有利于促进学生就业的角度出发，推动多方联动，最大限度地促进学生有效就业。

其次，坚持以学生为中心的原则，从就业信息、就业指导、就业市场开发等环节为学生提供个性化、人本化的就业服务。

最后，坚持以学生为中心，把学生利益放在首位，把就业工作做成关爱工程。就业管理工作必须将学生既当作培养教育的对象又看作服务的对象，既要严格要求又要关心帮助，想学生之所想，急学生之所急，从大处着眼，从小处着手，切实将以学生为中心的原则落到实处。在洽谈会组织、签约管理、就业咨询服务的过程中，把学生当成客户，开展微笑服务，多从学生的角度进行换位思考。

（二）以育人为指归的原则

坚持以育人为指归的原则，是指大学生就业管理要坚持“育人为本”，要将育人贯穿于大学生就业管理的每一环节，通过育人与管理相结合，促进大学生全面发展。大学生就业管理坚持以育人为指归，应力求做到以下三点。

1. 要把培养和育人贯穿在大学生就业管理的各个环节

大学生就业管理是一个包括综合素质塑造、职业生涯规划、政策制度指导、职业心理辅导、求职技巧培训、择业决策咨询、需求信息提供、就业环节帮助等八项主要功能的运行系统。以育人为指归就是要在对大学生的就业教育、管理、咨询、指导与服务中，始终考虑如何有利于学生的全面发展，如何有利于学生的成长成才，如何有利于实现学生的职业理想和人生目标

2. 大学生就业管理要立足和定位于大学生的生涯发展，体现帮助大学生实现职业理想的终极关怀

大学生的就业是与其学业、职业、事业和人生目标相关联的统一体。大学生就业管理，既要促使大学生顺利就业，更要促进大学生学业进步、职业发展和事业成功，促进大学生学业、就业、职业、事业四者的协调统一，建立以学业为基础，以就业为导向，以职业为载体，以事业为目标的大学生就业管理模式。

3. 要强化大学生就业管理的思想政治育人功能

随着大学生思想状况的变化和社会人才标准的转变，大学生就业指导的重点也应由传统的技能指导转向对大学生进行世界观、人生观、价值观和职业道德的教育：一是要以理想信念教育为核心，对大学生深入进行树立正确的世界观、人生观、价值观的教育。针对少数学生在择业时过分强调自我，不顾国家需要和集体利益的情况，加以正确的引导，使

大学生形成正确的择业观，自觉地把个人前途和祖国命运联系在一起，把实现个人价值同服务祖国统一起来，最终实现自己的人生理想。二是要加强大学生的诚信教育。诚信是社会对人才的基本要求，是市场经济条件下大学生必备的思想品质。三是要通过创业教育培养学生的责任感、自主性，培养学生的创业意识和企业家精神。

（三）以服务为取向的原则

以服务为取向的原则是指以就业服务为主要内容和价值取向开展大学生就业管理工作，即在就业管理工作中，就业工作相关人员需要不断强化自身服务意识，丰富服务内涵，时刻把有利于提升学生就业能力、为学生就业提供帮助作为自身工作的出发点和归宿，充分发挥“尽我所能、想您所想”的工作理念，在服务方法上与时俱进，提升就业服务的专业化水平，最终提高大学生的就业质量。对此，高校应重点关注以下几个环节。

1. 帮助学生明确职业定位，提供就业导航服务

明确职业定位是成功就业的前提，也是就业服务首要解决的问题。就业导航服务是就业指导教师充分利用各种有效工具指导学生在兴趣、能力、价值观等方面进行科学的评估分析，帮助他们认真理清和分析学业完成的情况，建立毕业生就业档案，为他们明确职业定位提供导向服务。在就业导航服务中要充分遵循“以学生需求为第一”的原则，防止将自身的主观想法强加给学生。

2. 努力提高学生就业能力，实施人才培养服务

提高毕业生的就业能力是使毕业生把握并获得就业机会，在职业中赢得竞争优势的核心，为毕业生提供提高就业能力的业务支持服务是从本质上解决“就业难”的重要途径。人才培养服务主要指在学生的整个大学生涯过程中，创造各种环境，全面提高学生的就业能力，比如：鼓励学生积极参与社团活动、勤工助学等实践活动；鼓励学生进一步思考就业的深层次问题；在学生求职择业的关键时期，鼓励学生把握各种就业机会，聘请专业领域内的就业形势专家开展模拟求职、指导撰写简历和求职信，帮助学生提高求职、面试技巧，调整好择业心境。

3. 充分挖掘市场资源，开展就业信息服务

开展就业信息服务是指认真了解就业市场的供求状况，多渠道挖掘就业信息，努力拓展学生的就业空间，并将这些就业资源进行系统整合，有针对性地提供给需要的学生。一方面，建立就业服务互动机制，任命信息联络员，在学校就业指导服务中心与学生之间建立顺畅沟通的渠道，充分利用学校提供的就业资源，同时，动态掌握毕业生的就业服务需求。另一方面，努力调动毕业生自身的主观能动性，以毕业生暑期实践、外出寻找工作为依托，鼓励学生主动收集需求信息，实现资源共享。成立学生就业信息搜集小组，发挥网络资源优势，建立就业信息资料库。另外，还可充分了解毕业生的求职意向，督促每个学

生填好求职意向调查表，根据学生的具体情况，对就业信息进行认真筛选，将准确的、可靠的、有助于学生合理就业的信息有针对性地提供给学生，提供快捷的信息服务。

4. 规范就业过程管理，提供业务支持服务

规范化的就业过程管理，对保障大学生的合法权益、简化就业过程的烦琐程序，保证毕业生实现顺利就业有着积极的作用。毕业生的业务支持服务主要包括指导毕业生了解国家就业政策、明确就业过程中的权利和义务、指导就业手续的办理流程、了解与职业生涯息息相关的就业协议和劳动合同等等。

5. 关注毕业生职后状况，完善就业管理工作的“售后服务”

毕业生的“售后服务”主要是指关注毕业生在走向工作岗位以后的职业发展情况，做好毕业生的职后教育工作，结合市场需求及时调整人才培养模式。高校需要与毕业生及用人单位保持长期的联系，开展毕业生质量及就业满意度等调查工作，掌握毕业生在离校后的职业发展状况，积极听取用人单位对毕业生培养的意见和建议，动态把握市场的需求变化，不断改进教育教学方法。

（四）以市场为导向的原则

市场导向是一种经营管理的策略，是一种组织文化，在这种文化氛围下，组织内所有的雇员均承诺持续为顾客创造优异的价值，以此来保证经营活动的良好绩效。大学生就业管理坚持以市场为导向的原则，是指大学生就业管理工作遵循市场经济规律，加强就业市场建设，借鉴市场经济工作方式和理念，尊重学生与用人单位的主体要求，注重营销与服务，竞争与诚信，完善就业工作体制、机制和工作模式。

大学生就业管理工作以市场为导向，集中体现在以下三个方面。

1. 以市场为导向调整大学生就业管理工作理念和方式

市场条件下的大学生就业管理工作，要求顺应时代潮流，转变传统的就业工作理念，树立企业的营销理念，将学生、家长和用人单位视为顾客，最大限度满足三类顾客的需求。在工作方式上，由过去单一的管理向教育、管理、服务并重转型。以双效为原则，改进就业工作服务。即，一方面要重效率，也就是要在尽可能短的时间内，让尽可能多的学生接受尽可能全面的指导；另一方面要重效益，也就是要让学生们得到的指导服务是正确的、必要的、管用的。

2. 以市场为导向完善大学生就业管理工作的体制和机制

如今，大学生就业管理工作要与市场紧密相连，要实时进行市场调研，切实摸清市场的需求，并充分反映到学校教育教学过程中。因此，要坚持就业指导招生、出口引导入口，设立专门的市场建设、信息服务、就业指导、就业管理等满足学生和用人单位需要的服务机构，配备层次高、结构好的专业化大学生就业管理工作队伍。

3. 以市场为导向调整大学生就业管理工作的职能和内容

要以市场为导向调整工作职能和工作内容，由传统的、单纯的就业行政管理转向市场建设、信息服务、咨询指导、就业管理并重转型。对此，可以从以下三方面入手，建设好毕业生的有形市场。

（1）准确定位

市场定位包括三个方面，学校的市场定位，即学校的办学特色，毕业生的市场定位，就业工作的市场定位。

（2）科学规划

在市场定位理论的指导下，结合就业形势，将企业的营销理念注入学校就业市场开发工作中，以营销决策、目标选择、市场规划、市场监控作为就业市场链条式运行的四个模块，将产品生命周期理论引入市场分析过程，实施企业营销组合运营模式，瞄准人才市场。

（3）精炼品牌

当前在我国，高等教育规模持续扩大导致大学毕业生越来越多，日益增长的毕业生数量则在一定程度上导致了毕业生之间的差别越来越小，从而促使竞争变得激烈而直接。但在这种产品趋同的背景下，却往往会有部分高校能够在竞争中脱颖而出，其根本原因在于有形的毕业生质量背后附加的无形价值，即市场品牌。在建设好有形市场的同时抓好无形市场的建设，通过就业网的服务使毕业生拥有更加丰富、准确、快捷的就业信息，拥有专业化和全过程的就业服务，从而提升毕业生的就业竞争力。

第三节 大学生创业的误区与创业素质的培养

创业是通往成功的一扇窗。目前我国就业总量压力和结构性矛盾并存，高校毕业生就业形势依然严峻，大学生就业困难还没有得到缓解。因此，在目前市场配置资源的模式下，大学生依靠自己的聪明才智去创业也不失为一种优良选择。但是，目前我国大学生创业成功率还比较低，基于此，我们需要认清大学生创业的误区，加强大学生创业素质的培养。

一、大学生创业的误区

（一）创业人人都适合

很多大学生之所以会选择创业，是因为他们抱着“创业人人都适合”的念头，觉得别人能创业，那我也能创业。对此，我们必须清楚地认识到，创业对创业者的能力、知识结构、经济条件等都是有要求的，并不是人人都具备这些条件。因此，当选择创业时，首先要考虑是不是只有创业这一条路可走，创业适不适合自己。其次，要考虑自己是否有足够的资金、资源，自己是否具有创业的能力。最后思考，如果创业失败，自己是否能够承担风险，是否还有退路。

（二）创业是找不到工作的退路

很多学生在大学期间无忧无虑，耽于玩乐，找工作的时候才发觉，之前的美好憧憬都化作了泡影，找工作很难，找到符合自己理想的工作更难。这时，为了逃避找不到工作的问题，许多大学生就将目光投向了创业，以为创业就是按照自己的想法来工作。其实不然。创业是一个非常辛苦的过程，从策划到实施，中间的辛苦并不比找工作少，甚至会更胜一筹。以创业来逃避现实是非常不可取的，也是极其不成熟的做法。

（三）创业的唯一目标是发财

创业虽然是从个人角度出发的行为，但创业的根本是推动社会经济的发展，我们并不反对在创业的过程中追求利益，但不提倡将发财作为创业的唯一目标。当企业经营到一定的规模时，创业者所考虑的只是企业的发展战略问题，企业发展的重要性远大于个人发财的重要性。同时，我们也应当认识到，只有企业发展了，才会有个人的利益所得。

（四）唯创业成功者马首是瞻

在很多大学生心里，那些成功的创业者无疑会成为他们的精神领袖，凡是他们说的话都是对的，凡是他们的做法都是不可指责的。对成功创业者的经验不加筛选便完全复制，而不是去思索创业者之所以成功的原因。成功永远是小概率事件，那些商业奇迹多少都有幸运的成分，而幸运却是不可复制的，创业者一定要因事因地独立自主思考和判断，切不可简单照搬。

（五）过分依赖国家和社会支持

创业单纯依靠国家的政策优惠，过分依赖社会及学校支持，显然不现实。比如，创办小型的企业，前期的启动资金是比较重要的，目前的政策对于大学生获得启动资金而言没有太大的困难，但仍有很多其他的基本问题困扰着创业的前期运作，例如：如何获得资金，资金的来源渠道如何？是选择债权作为资金来源，还是选择股权作为资金来源？选择什么东西给你的投资人作保障？这些基本问题将决定创业的前期运作是否成功。

二、大学生创业素质的培养

创业素质是由多个要素组成的系统结构，在这个系统结构中，各要素相互依赖、相互作用，共同在创业实践中发挥作用。根据我国的创业环境及众多成功案例，创业者应锻炼以下几方面的基本素质：心理素质、身体素质、知识素质和能力素质。但是在多个要素中，有些要素是支配性的中心要素，有些要素是被支配要素，中心要素对创业的成败起着决定性的作用。创业知识和能力结构、创业意识、创业精神、创业的个性心理品质是创业素质的中心要素，其余要素如身体素质等都是被支配要素。所以创业知识、能力结构、创业意识、创业精神、创业的个性心理品质是我们首要关注的要素。①

（一）创业素质的主要内容

1. 创业知识

知识结构是指一个人经过专门学习培训后所拥有的知识体系的构成情况与结合方式。所谓合理的知识结构，就是既有精深的专业知识，又有广博的其他知识，具有事业发展实际需要的最合理、最优化的知识体系。合理的知识结构是实现创业目标的必要条件，是个人事业发展的基础

创业者应该具有扎实的专业基础和完善的知识结构。创业者的专业知识对于创业者确定创业目标及成功创业有直接作用。除此之外还应该掌握与经营管理相关的非专业知识。具体来说，创业者应该具有以下几方面的知识。

第一，政策法律法规。理解法律与政策的内涵和意义，做到用足、用活政策，依法行事，用法律维护自己的合法权益。

第二，科学的经营管理知识和方法，提高管理水平。

第三，与本行业本企业相关的科学技术知识，依靠科技进步增强竞争能力。

第四，市场经济方面的知识，如市场营销、财务会计、财政金融、国际贸易等知识。

第五，有关世界历史、世界地理、社会生活、文学、艺术等人文素养方面的知识。

2. 创业能力

创业能力是指创业者能够完成创业所必须具备的能力，它是在知识、经验、技能的基础上形成的。创业者仅有创业的激情是不够的，他必须还要有能够创业的能力，否则仍将一事无成。所以说创业能力是创业的必要因素。创业者至少应具有如下能力。

（1）专业技术能力

专业技术能力是创业能力的基本保障。专业技术能力是创业者掌握和运用专业知识进行专业生产的能力。实质上，这个定义包含了两个层面的含义：一是专业知识；二是专业技能。运用专业知识就是在创业实践活动中用专业知识指导并具体操作，形成技能技巧。专业知识掌握得越牢固、越全面，运用越自如、越得心应手，说明专业技能就越强，创业

---

① 顾自卫．大学生创新创业素质能力培养与提升策略［J］．中国市场，2022（6）：98-99.

成功的把握就越大。

（2）协调人际关系的能力

创业者应该妥当处理与外界的关系，尤其要争取政府部门、工商以及税务部门的支持与理解，同时要善于团结一切可以团结的人，团结一切可以团结的力量，求同存异共同协调发展，做到不失原则、灵活有度，善于巧妙地将原则性和灵活性结合起来。

（3）把握商机的能力

能够满足一种需要或是能够增加满足的需要都可能是商机，它只会在某一个特定的阶段出现，稍纵即逝。在信息化时代进行创业，必须重视商机的把握。合适的机遇能够赢得发展的机会，贻误时机则有可能使企业蒙受巨大的损失，因此把握商机能力十分重要。

（4）创新能力

创新能力是创业能力的核心，是在激烈的市场竞争中取得胜利的有力武器。创新能力是人们在具体的社会实践过程中不断发现新问题、提出新想法、创造新事物和新价值的能力。

（5）分析钻研市场的能力

市场分析能力是指分析某个组织所面临的细分市场，确定组织在该市场中的战略地位，及其所拥有的战略资源和独特能力是否可以满足该细分市场的客户需求。提前准备、提前应对，防患于未然，才能获得成功

（6）经营管理能力

经营管理能力是指对人员、资金的管理能力。它涉及人员的选择、使用、组合和优化；也涉及资金聚集、核算、分配、使用及流动。经营管理能力是一种较高层次的综合能力，是运筹性能力。经营管理能力的形成要从学会经营、学会管理、学会用人、学会理财几个方面去努力。

（7）应变能力

应变能力是指创业者在外界环境和事务发生改变时，能够做出正确的反应和决策。创业环境是动态变化的，企业的目标、策略和方法必须根据环境的变化进行必要的调整。创业者要善于观察形势，能够认识和把握客观环境中变与不变的东西，抓住矛盾的主要方面，把握事物的主流。不仅逆境中要主动应变，在顺境中也需要不断创新和应变；否则，每次成功都可能导致未来的失败。

3. 创业意识

创业意识是创业实践活动中对人起动力作用的个性倾向。它源于对现实条件和就业状况的客观分析，是对成功的渴求和对现状的不满足而激发的强烈的事业心和使命感，以及由此产生的更高的人生价值追求。增强创业意识，能够使毕业生更深入地思考人生的价值并选择合适的人生发展方向；可以激发学习的积极性，努力吸收各方面知识；可以根据自

身实际情况有针对性地加强锻炼，提高综合素质。创业意识主要包括以下几方面内容。

（1）创新意识

创新意识是创业意识的核心，是个体从事创新活动的主观愿望和态度，只有具有强烈创新意识的人，才能产生强烈的创业欲望，并把它转变为创业行为。大学生创业者只有保持不断创新才能使企业在市场竞争中占有一席之地。这种创新意识主要包括：能根据市场需求，调整经营方向，不断推出能满足消费者需求的新产品，使企业在竞争中处于领先地位；能动员全体员工积极创新，做员工创新的倡导者、激励者；能将观念创新和理论创新体现在企业组织及管理领域内，以形成一种创新的组织文化，推动企业的全面发展。

（2）商业意识

商业意识是人们在经营活动中，通过获取信息来把握市场趋向的一种思维活动方式。商业意识要求创业者在经营活动中按照市场经济的运行规律来认识市场，要随时寻找、发现和创造新的商机。

（3）风险意识

创业总是要承担一定风险。创业者为了发现机遇、寻找机遇和创造机遇，需要向危机挑战，向困难挑战，并承担创业所带来的一切风险。一个真正的创业者不是尽量消除危险、躲避危险，而是迎着危险向前，并发掘自己的潜力和才能，迎接更大的挑战。只有具有这样的风险意识，才能在创业伊始合理防范风险，才能使企业渡过创业初期的艰难时刻，迅速发展壮大，才能为社会提供新产品和新服务。市场时时刻刻都有风险，大学生创业要有承担风险的勇气，做好应对各种困难的思想准备。

（4）经济意识

所谓经济意识，就是创业者根据市场运行规律，对自己的经济行为能否创造更大效益进行分析、判断和决策的思维能力，并按照决策结果，对所支配的经济资源进行投入，以期获得更大收益的行为。良好的经济意识对创业者具有极具重要的作用，能够使他们在激烈的市场竞争中处于优势地位，立于不败之地。

（5）竞争意识

现代经济活动的最大特点就是按照市场经济的规律和市场运行的机制参与竞争。竞争是企业生存和发展的必要手段，也是创业者立足社会、争霸市场不可缺少的精神。只有竞争才能带来最后的胜利。在当今越来越激烈的市场竞争中，如果缺乏竞争意识，实际上就是放弃了取胜的机会。要成功不仅要敢于竞争，还要善于竞争。竞争不是蛮干，要有勇有谋，巧妙应对，才能战胜对手。因此，创业者要做好心理准备和竞争的准备，不断超越自己，及时迈出新的步伐，开辟新的创业天地。

（6）知识更新意识

进入 21 世纪，知识老化速度不断加快。学科与学科之间，界限不断被突破，渗透和融合不断进行，大量的边缘学科和交叉学科不断涌现。信息时代，只有具备了比别人学得更多更快更好的能力，才能保持竞争优势。创业者必须树立知识更新意识，才能支持他们应对创业中大量的新情况和新问题。要始终抱着“活到老，学到老”的心态和“三人行必有我师”的信念，以拥有更多的知识，使企业始终保持活力，处于不败之地。

4. 创业精神

创业精神是指在创业者的主观世界中，那些具有开创性的思想、观念、个性、意志、作风和品质等。创业精神主要包括以下几方面内容。

（1）创新精神

创新，意即首创、初次，与“旧”相对，改旧更新之意为创新。勇于批判、大胆怀疑是创新精神的能源和动力，独立思考是创新精神的灵魂，勇于探索是创新精神得以贯彻实施的保障。

（2）开拓精神

开拓与创新既密切联系，又各有侧重，都有打破常规、勇于创造和探索的意思，创新精神中不断追求产品创新、技术创新、制度创新、市场创新等无不是开拓精神的体现。与创新精神相比，开拓精神更强调一种不满足于现状、顽强奋斗、不屈不挠的进取精神。

（3）冒险精神

创业是一种开创新事业的活动，创业过程充满了各种未知数，面临着较大的风险。立志创业，必须敢闯敢干，有胆有识，才能变理想为现实。创业者应敢于实践，敢于冒险，具有良好的风险评估能力，并据此采取适当的行动，勇于承担风险可能带来的损失，具有驾驭风险的有效方法和策略。

（4）拼搏精神

拼搏精神是一种自强不息、不怕困难、勇往直前、披荆斩棘、勇攀高峰的意志品质。在经济高速发展的现代社会，每一个人都面临着“适者生存”的严酷竞争问题，那就需要提高自己，完善自己，奋力拼搏。

（5）合作精神

合作精神，简言之就是善于团结协作、发挥他人作用的精神。合作精神是人的社会属性，在企业和其他各社会团体内的重要体现，它所反映的是一个人与别人协作的态度和能力。一个优秀的员工总是具有强烈的团队合作意识——团队成员间相互依存、同舟共济，互敬互重、礼貌谦逊，彼此宽容、尊重个性的差异，彼此信任、待人真诚、遵守承诺，相互帮助、互相关怀，共同提高进步，利益和成就共享，责任共担。

5. 创业心理品质

创业心理品质是指创业者在创业实践过程中表现出来的心理过程和个性心理。大致包括以下几方面内容。

（1）诚信

该品质在创业的过程中表现为诚实和守信。合法创业，合法经营，依法行事，自觉接受社会公德和职业道德的约束，文明经商、诚实经营、互助互利。当个人利益与法律和社会公德相冲突时，要能克制个人欲望，约束自己的行为。诚信是构建市场经济体制的基础，也是创业者从事创业活动的基本品质要求。创业者应具备较高的诚信意识，依法、诚信经营，这也是其立足社会的基本保证。

（2）敏感

创业者的敏感，是对外界变化的敏感，尤其是对商业机会的快速反应。良好的商业感觉，是创业者成功的最好保证。一些人的商业敏感来自耳朵，一些人的商业敏感来自眼睛，还有一些人的商业敏感来自自己的两条腿。有些人的商业感觉是天生的，更多人的商业感觉则依靠后天培养。良好的商业感觉，是创业者成功的最好保证。

（3）自信

该品质表现为对自己自主创业是否有信心和热情，对将来的事业是否表现出一种积极的心理状态。创业过程不可能是一帆风顺的，可能会遇到一些意想不到的困难和挫折。因而，创业者在理性选择创业目标后，一定要对自己充满信心，坚定地走下去，相信自己有能力克服困难，实现预定的创业目标。

（4）自省

自我反省其实是一种学习能力。创业既然是一个不断摸索的过程，创业者就难免在此过程中犯错误。反省，正是认识错误、改正错误的前提。对创业者来说，反省的过程，就是学习的过程。有没有自我反省的能力，具不具备自我反省的精神，决定了创业者是否能认识到自己所犯的错误，是否能改正所犯的错误，是否能够不断地学到新东西。作为一个创业者，遭遇挫折和低谷是常有的事，在这种时候，自我反省精神能够很好地帮助你渡过难关。

（5）自我控制

良好的自我控制能力是成就一番事业的重要基础。面对市场的变化多端、竞争激烈，创业者能否在创业的过程中善于处理各种压力，成为创业成功的关键所在。在外部环境和创业条件变化时，能以变应变。善于进行自我调节还应具备能用积极态度看待来自工作和生活的压力，冷静分析，找出原因，缓解压力，甚至消除压力的心理状态；要善于控制自己的情绪和行为，做到在困难和挫折面前不气馁，在诱惑面前不动摇，始终保持头脑冷静，坚定自己的创业信念和目标。

（二）大学生创业素质的培养策略

1. 学校方面

（1）更新传统教育观念，培养学生的创业意识

高校必须帮助大学生树立正确的创业观，通过对学生进行教育，让学生对自己有清楚

的认识，并引导他们了解与所学专业相应的职业在社会发展中的地位、作用、发展状况以及对从业者素质的要求，帮助他们根据社会经济发展需求和个人特点进行职业生涯规划，唤醒学生的创业意识，点燃学生的创业热情。引导学生既注重挖掘自身潜能，又能根据所学专业对从业者素质的要求弥补自己的不足，同时做好自我谋职、自主创业的精神准备，从而主动适应职业要求，树立自主创业同样可以创造辉煌的观念。同时引导学生积极地学习求职就业、开拓创业的知识、技能和方法，为以后决定以什么方式创业打下坚实的基础。

（2）改变教学方式和方法，培养学生创业能力

在教学中真正确立学生的主体地位，在传授专业知识的同时要善于发现和开发蕴藏在学生身上的潜在的创造性品质，注重培养学生的创新思维，培养学生解决实际问题的能力。在教学方式上，尽量采用现场教学和讲座相结合的方式。现场教学是教师根据教学需要，组织学生到有关企业，由任课教师、厂方的专业人员或邀请创业成功者上课，以加深学生对创业及相关知识的理解，拉近书本理论知识与实践的距离。讲座能及时调整教学内容，弥补教材的不足。通过讲座让学生了解市场、认识市场，从而激发其创业意识，完善其创业人格，提高其经受挫折的能力，为其创业做好心理准备。在教学方法上，尽量采用讨论法、案例教学等方法。讨论法可以加强学生之间或师生之间的多向信息交流，让学生在自主探索的过程中形成和发展创造性思维，突出了学生的主体地位。案例教学是开展创业教育的一种基本教学方式。① 教师要学会运用案例组织教学，使学生通过了解和熟悉他人创业经验和教训而增长知识和才干。将活生生的事实展现在学生面前，用案例剖析市场经济基本规律，进而开阔思路、激发创业热情，为今后创业打下良好基础。

2. 个人方面

（1）加强自我修养

培养高雅、广泛的兴趣爱好，提高人文素质，陶冶情操；要学会挖掘和开发自己的心理潜能，自觉培养良好心理素质；参与各种有益身心健康的活动，开发自身的创造性，促进身心全面发展和健康成长。

（2）学习创业成功者的经验

榜样的力量是无穷的，他人的创业行为和成就是一笔宝贵的财富。古往今来，创业成功者具有一些共同的心理品质：自信，心态积极，喜欢独立思考，具有寻根究底的好奇心和探索精神，敢于创新，敢于竞争和冒风险，热情，专注，意志坚定，不怕挫折，情绪稳定等。从创业成功人士的创业经历、经验与教训中感悟成功，感悟创业。创业成功者所具备的良好心理素质可作为学习的典型和目标，时时端正自己，激发自身的创业热情和敢为精神，这样持之以恒地坚持下去，终会形成良好的创业心理品质。

---

① 邱小云. 大学生创新创业能力培养的研究［J］. 环球市场信息导报，2018（13）：62-63.

（3）在实践中总结经验教训

创业活动是以实践为纽带，以实践成果为价值判断的依据。良好创业意识的形成重在实践锻炼，积极的实践能带来及时的反馈和成就感，也能带来成功的喜悦。在实践中受到的挫折最终会成为创业成功者的精神财富。创业实践能够培养创业者严谨的科学态度、创新创业意识和团队合作精神，提高创新能力和综合实践能力，最终使创业者确立科学的世界观与方法论，增强自身的创业意识。只有经受创业实践的锻炼，创业目标才会更加明晰，创业信念才会更加强烈，才会形成良好的创业习惯和意识。

第五章　高校学生人文素质培养

第一节　人文素质教育的内涵

人文素质教育在当代受到重视，源于对教育的自觉和对教育本质的回归，归根到底是为了实现人的全面发展和提高。

一、人文素质教育的概念与特点

（一）人文素质教育概念

人文素质是一个人身上所表现出来的人文科学、人文知识，它是一个人的内在品格的表现，通常通过个人的人格修养等体现出来。从内容来看，人文素质教育包括人文知识、人文思想、人文方法、人文精神以及人文行为五个方面。在这五个方面之中，人文知识、人文思想、人文方法这三者是一个人人文素质的基础，而人文精神是其核心。人文精神指的是人类的自我关怀精神。人文精神主要体现在以下四个方面：第一，以人为本进行人与自然社会关系的处理；第二，以满足人的需要为活动的最终诉求；第三，看重人的价值和尊严；第四，在人与人交往时要互相尊重双方人格。在大学生基本素质构成中，人文素质是大学生最应具备的基础素质，是大学生“三观”的构成基础。总的来看，人文素质体现出了一个人的内在的品格和修养，它对一个人综合素质形成和发展有基础性的决定作用。通过进行人文素质教育，有助于培养全面发展的高素质人才。

人文素质教育可以从宏观和微观两个层面来看：宏观而言，人文素质教育是如何做人的教育，它围绕的核心是人性完美，人文素质教育主要是通过对人的行为进行潜移默化的影响，使人养成良好的行为习惯，在进行本我与自我、个人与他人、个人与社会、个人与自然的关系处理时有一个正确的方式和态度。由于人文素质教育潜移默化的特性，因此，需要有一个长期的教育过程才能实现人文素质教育的目的。微观来看，人文素质教育是通过对人进行人文濡染与涵化来进行的教育，使人们学会如何做人，是一种人性化教育。[①]

① 郭铁颖．大学生人文素质培养与研究［J］．现代交际，2018（10）：126-125.

总的来看，人文素质教育就是指以提高人的人文素质为目的的教育，其教育内容也是以人文素质为主，它注重对人文精神的追求，人文素质教育以人类优秀的文化成果为内容，通过多种方式和综合手段对人们进行人文素质教育，使人文知识内化为一个人的人格、气质、修养，成为人相对稳定的内在品格的一个教育过程。

大学生人文素质教育就是指通过对大学生进行人文社会科学方面的知识教育，使大学生的文化品位、审美情趣和人文修养等方面得到提高和发展，使大学生有一个比较宽广的知识面，提高大学生的创造性思维，进而促进大学生全面发展的教育。其教育内容主要有四个层面：一是人文学科的教育；二是文化教育；三是人类意识教育；四是精神修养的教育。

（二）人文素质教育特点

1. 人本性

以“以人为本”的基本教育理念充分体现出人文素质教育人本性的特点。进行人文素质教育归根到底就是为了人、出于人、归于人的。自然不是作为纯客体的对象存在，而是对象化了的为我存在；社会不是作为外在于个人的异己力量，而是内存于个人的人的社会；人生的各种现象也不再是神秘莫测、不可捉摸的，而有其自身的规律和轨迹；人在自然界中具有崇高的地位，人的存在、生命的存在具有他物不可比拟和取代的普遍意义和价值。因此，在进行人文素质教育的时候要关注人的个性，同时也要关注人的完整性和历史性发展，要“以人为本”，致力于人性的产生、发展和提升。具体地说，就是在进行人文素质教育的时候，要关注个体人文方面的需要，而不是关注人对概念和技术的掌握与否，要提升个体的人文素养，使之真切感受和体验到生而为人的美好和人生的尊严。

要想培养和提高一个人的人文素质，贵在从“己”做起，也就是古人所说的“修己”，注重修己主要是指学习要有一个自觉性，要内省。“修己”既是进行道德教化的基础，也是一个人自我境界提高的关键。这就表明，人的内化作用在人文素质的形成中发挥着关键的作用。因此，进行大学生人文素质教育，不仅需要灌输相关的理论，也需要对学生进行积极引导，使学生的主动性得到充分发挥。在进行教育时，要摒弃简单的“说教”“训导”和“诫勉”之类的方法。由此观之，在教育方式和方法上，人文素质教育也是要坚持“以人文本”，以生为本，在进行教育时应多采取“讨论”“对话”“实践”和“反省”等教学方法。通过讨论，可以展现讨论各方的立场；通过对话，对对话各方的观点进行质疑论证分析；通过实践，可以更直观地感受到人文素质和人文精神的价值；通过反省，可以发现内心的矛盾与冲突。

2. 时代性

时代性是指人文素质教育作为一个动态系统，它是具体的和历史的，即人文素质教育的内涵和外延既有历史继承性，也会随着社会的发展变化而变化。也就是说，时代不同，人文素质也表现为不同的形式和内容，因此，这也就决定了人文素质教育也要随着时代的变化而与时俱进地发生变化。

人文素质教育要立足于当前我国的社会主义建设的时代要求，对于历史上的优秀传统文化进行积极吸收，对于国外优秀的知识也要大力借鉴，对于广大人民群众在革命、建设中凝练出的精神要大力弘扬，使之凝聚成新条件下最宝贵的现实人魂。

3. 民族性

民族性是指人文素质教育中的人文精神是具有民族性的。世界各个国家和民族的政治、经济、文化、社会发展都有其各自的特征，在此基础上形成的人文精神各国也是不一样的。这是人文精神具有民族性的原因。以我国为例，我国自古以来就有关心社稷、一心为国的尽忠爱国的精神。这种精神的形成与我国传统社会中的经济、政治等特点紧密相连。总的来说就是人文素质教育需要以国家的历史文化为基础。

需要说明的是，人文素质教育的民族性并不是说明人文素质教育不具有开放性。[①] 人文素质教育在坚持我国民族自身的主体性的同时，也要对世界其他民族的优秀文明成果进行吸收借鉴。当今世界，世界各民族的优秀文化之间都是开放的，形成一个相互吸收借鉴和发展的关系。由此来看，人文素质教育就是以坚持民族性为基础，然后采各家之长，发展自身，同时促进世界各民族文化的繁荣发展。

二、对大学生进行人文素质教育的意义

（一）是时代的要求和需要

当今的大学生是面向未来的一代，当今世界，是一个知识经济时代，是已经开启人才全面竞争的时代。大学生是高级人才的后备军，在对大学生寄予厚望的同时，对大学生的素质和能力也提出了很高的要求。当代社会，科学技术高速发展，这就要求大学生既要有高超的技术知识，也要有很高的文化品格和素质，否则，无法成为有利于社会发展的一流人才。因此，高校在进行大学生教育的时候，要注重大学生人文素质的培育。

（二）是学科发展的需要

21 世纪科学的发展，以细化和专业化为发展趋势，新兴学科不断出现，学科间也不断相互渗透，自然学科和社会学科出现综合化发展趋势。为了更好地适应当前文理发展的综合性趋势，培养文理综合型人才，需要加大对大学生的人文素质的教育，这已经是当前

① 郭铁颖．大学生人文素质培养与研究［J］．现代交际，2018（10）：126-125.

国际教育改革的发展潮流和趋势。

（三）是人才竞争的需要

当今世界各国的竞争既表现在经济、国防、科技等综合国力的竞争，也表现在人才的竞争、人才素质的竞争。但从根本上来看，只有在人的素质上占优势，才能最终赢得国际竞争的主动权。因此，我国要在教育方面做好改革，更新教育观念，注重青少年的人文素质培养，提高我国青少年的综合素质，只有这样，才能保证我国在人才素质的竞争中立于不败之地。

（四）是塑造理想人格的需要

人格指的是人的信仰和情操、态度和兴趣、气质和素养以及价值观的总和，它是一个人的内在和外在素质统一的反映。人的内在素质是人格的核心，也就是指人的精神境界和思想意识。要想推动国家发展，就需要有一个内在的驱动力，人的素质就是国家发展的内在驱动力的来源。只有国民具有高素质，国家才能向上发展。具有现代素质的人首先就要有一个健全的人格，这是一个人良好素质的最基本的保证。对大学生进行人文素质教育，向大学生传授人文知识，可以使得大学生在三观方面有一个正确的导向，使大学生的情操得到陶冶，人性修养和道德水平得到提升。

第二节　大学生人文素质教育的内容、原则与方法

大学生群体思想活跃，具有较强的可塑性，大学阶段是人的三观形成的关键时期，人文素质不仅关系着学生的成长和成才，也关系到校园精神文明建设，进而对我国的社会整体也有重要影响。

一、大学生人文素质教育的内容

（一）人文知识

教育的出发点是格物致知，进行基础性的人文知识教育是大学人文素质教育的基础，通过对大学生进行人文知识的传授，有助于建立起一个人文知识系统。

1. 文学

文学是通过艺术的方式来表达人们对自我、生命的认识。文学具有自己的审美特点，通过文学，人们可以以形象直观、细腻微妙的方式来重新认识自己和世界，进而使人们对人生价值和生命的意义有更深刻的理解和感悟。和其他类的意识形态科目比较来看，文学

对人的反映主要有两个特点：一是文学表现了人类的思想情感，呈现出人的心灵世界。虽然在文学中也会对人类的社会经历有所记录，但文学注重的是情感的表达。二是文学主要是通过动人的形象表达感情，和哲学的抽象表达、史学的忠实再现是不一样的，文学更直观生动。①

人们需要文学，是因为文学是人类追求精神自由时的必需，从本质上看，文学教育是一种审美教育，也是一种情感教育。通过文学教育可以培养一个人高尚的情操，这有助于丰富人生。懂得艺术和美的人，其心灵会比一般人更开阔和柔软，其人性会更完善，其精神会更自由。通过文学，可以打破时间和空间的界限与古人进行相通。从根本而言，人生境界如何取决于人内心的充实感和幸福感，追求高尚的精神境界是自古以来的美丽人生向往，而通往这个境界的天梯就是艺术。人类天性有对美的追求，对自由的渴望，通过文学艺术，可以让人更圆满。

2. 史学

在整个人文和社会科学领域中史学居主导地位，其主要原因有二：一是史学对人类创造历史的活动进行研究，内容包括人类社会历史发展的内在动力、历史的发展规律，等等。虽然史学研究的是人类的过去，但是史学是动态的，它通过研究历史，使人们对于历史发展规律有一个深入的了解和把握，可以帮助人类更好地认识自身，不断取得进步和发展。二是由于史学的研究对象是整个人类社会的发展过程和规律，因此，对于其他学科来说，史学的研究成果都具有借鉴作用。史学可以为其他学科提供历史资料，在推动其他学科的创建和发展方面有重要的作用和影响。

史学的起点是过去的社会，其终点是为现在的社会而服务。学史可以使人明智，以史为镜，可以知兴替。对于大学生来说，学史有助于培养大学生的高尚的理想、信念、道德和情操。通过对历史的学习，大学生会更明白当前生活的来之不易，理解身上的重任和承担。

在学习历史的时候，首先要有正确的史识。要想形成史识，就要读史书。需要说明的是，读史书时要透过故事里的人和事，看到当时人的生活情况，看到当时人的精神气质。学史，重要的是要以史为鉴，要透过历史这面镜子，照见历史的风风雨雨，看透王朝的兴衰成败，参透过往的是是非非，要吸收历史中的经验教训，以此为鉴。

3. 哲学

哲学既是一种世界观，也是一种方法论。在人们认识世界的所有学科中，哲学位居顶层。它不是对具体事物进行研究，它注重人的意识和物质存在等终极问题，其研究对象是整个世界。哲学也是思维方式的一种。在哲学中，世界观和思维方式是重要的两个维度，

---

① 彭素珍. 文学教育与大学生人文素质培养［J］. 文学教育，2017（6）：83-83.

究其原因是世界观是人的实践需要的产物，人们在实践发展中通过自己的世界观，对问题进行理性思考，这就需要运用到思维方式。哲学揭示了世界普遍联系的规律和本质，通过学习哲学，人们的思想可以得到丰富和升华，因为在一个民族的发展中，哲学通过对学科进行反思、批判、抽象和概括，成为民族文化中最精致的部分，是文化的凝结。哲学学习可以锻炼人的思维能力。哲学是对事物和现象的本质的研究，通过哲学，有关人生中的疑惑可以寻找到答案。当一个人面对现实生活中的纷纷扰扰，不可避免会产生迷茫，而哲学由于是对事物本质的提炼，学好哲学就掌握了认识事物的一般规律，就不会被眼前的迷乱遮住双眼，可以透过事物的现象发现事物的本质，对于矛盾就可以做出一个正确的分析，从而可以更好地解决问题。此外，哲学还可以提升一个人的精神境界。

（二）人文思想

人文思想也就是以人为出发点的思想。人文素质教育要“以人为本”，对大学生开展人文思想教育，主要包括人与自我、人与他人、人与社会、人与自然四个关系的认识。

1. 人与自我

大学生已经开始思考活着的意义以及人生意义如何实现这种终极问题，但由于刚刚进入成年人的门槛，这些问题对大学生来说都是一种成长的困惑。

第一，正确认识自我和人生。人生是一条单行道，没有重新来过的机会，在这条路上行走，只有一次机会，因此，要学会珍惜生命，敬畏生命。而认识自己是一个人一生中最应当学习的，也是最难的功课。但必须要对自己有一个充分的认识才能有一个准确的人生定位。正确地认识自己是一件很难的事，经常会出现自我认知偏差。在大学生中常见的自我认知偏差主要有自负、自卑、虚荣心强、从众心理、以自我为中心等。通过大学人文教育，可以帮助大学生对自我建立正确的认识。

第二，树立自己的人生信念。在进行人生追求时要有一个正确的人生信念，只有有了信念，才不会被各种打击击垮，才能在面对诱惑的时候坚守本心，大学生人文教育应该教会大学生追求有意义的人生道路，树立起人生信念。

第三，主动地自我选择和努力地自我实现。在人的一生中，除出身无法选择外，其他都是由自己选择而来。与以前的社会相比，当今社会充满了机遇，社会更加开放，也更加包容。但正是由于路径太多了，让人有一种无所适从之感，这就使得大学生在人生道路上不知该如何选择。由于自身具有的局限性以及当前社会生活选择的多样性，使得一些大学生在面对选择时会非常纠结。大学生人文素质教育可以帮助学生培育选择的自觉和自主能力，这样在面对选择时才不会茫然。一个人只有选择自觉自主，才能实现人生的价值。

第四，正确面对人生的苦难并进行自我调节。与以前的大学生相比，现在的大学生要承担更多的压力，诸如学习压力、经济压力、情感压力、工作压力、关系压力等，在这些压力的重压下，一些学生由于心理承受力比较差，从而产生各种心理问题。当前社会生活的节奏变得越来越快，社会经济结构的极化发展，人才竞争的加剧等，都对人们的身体健康造成了不良影响，大学生人文素质教育也要加强对学生的心理方面的教育，使大学生明白健康的人生不只是一个健康的身体，还要有一个健康的心理，在面对压力和挫折时，要对自己的心理进行调节，使身心都处于一种良好的状态，使人生更充实和有意义。

2. 人与他人

对于个体来说，人与他人的关系是世界最早在一个人的生活中打开的维度，在人与他人关系中，“自我”① 与“他者”② 这两个得到人生体验。而人与他人之间的关系有助于一个人加深对自我的认识。

要想处理好自我与他人间的关系，就要尊重他人利益和集体利益，这是处理好自我与他人关系的关键所在。在社会生活中，利益主体之间矛盾不可避免，在进行利益处理时需要遵循社会公平的原则以及人道主义精神。

3. 人与社会

人与社会的关系可以具体分为人与国家以及人与世界这两个关系来谈。

（1）人与国家

在人与国家关系方面，爱国主义是最基本的价值观。一个人对国家的最早认识，是从自己的家族和家乡开始的。中国人的乡土情结比较浓厚，传统上，我国的爱国教育最早就是从乡土教育开始，教育一个人要爱家乡。自我迷失是当前人最大的精神危机，究其原因，对“根”的教育的缺失是造成这一危机的一个重要原因。一些爱国主义教育流于口号就是因为它缺少对根的追寻，没有“乡愁”，何来“国恋”。

（2）人与世界

世界全球化已经成为时代潮流，我们每一个人，既是国家的，也是世界的公民。在与世界进行对话的过程中，需要处理好的一个问题就是如何在全球共同的行为规范体系内维持共同的人类文明。文化是人的生存方式的表现，不同民族和国家间文化具有差异性，也具有共性，而这种共性是建立在人类共性之上的，这也是不同的人类群体得以进行沟通的基础。因此，要教育大学生有国际眼光，要关注世界范围内的重大事件和国际难题，比如环境污染、人权保障等等。

但值得我们注意的是，全球化是以欧洲近代文明为起点逐步向全球进行辐射扩展，逐渐将全人类纳入一个共同的基本价值和规则体系中。我国文化和西方文化较具有迥异性，加上我国文化历史悠久，使得在西方世界眼中我国文化具有神秘和浪漫主义的特点。文化多样性是世界的财富，只有求同存异才能更好地发展，因此，在进行文化教育的时候，我

① 自我指的是个体对自己的认知和感受，包括个体的价值观、信念以及对自我形象的看法。

② 他者指的是个体以外的其他人或者环境。

们既不能固守民粹主义，也不能放弃我国的民族价值观和文化地位。

4. 人与自然

人与自然是一体的，人是自然的一个部分，大自然养育了人类，人类是大自然的孩子。人类的发展只能依靠大自然，同时大自然也是人类发展的最后界限。所谓“人定胜天”“战胜自然”，其实是人类给自己编造的神话，是为了鼓励人们在艰苦的环境中进行不屈不挠的斗争。当前人类的文明成果，都是遵照自然规律来对自然进行的改造。

在进行大学生教育的时候，应充分发挥教育在人类拯救自己的命运中的强大作用，要改变下一代的思想观念，致力于使人与自然的关系得到调整和改善。大学生人文素质教育就是要教育大学生对于大自然有正确的态度，要认识到人与自然、人与宇宙的关系，理解人类的渺小与伟大、短暂和永恒。通过人文素质教育，使学生树立起可持续自然观、低碳生活的道德观和泛爱万物的哲学观。

（三）人文精神

大学人文素质教育还应培养大学生的人文精神，使学生构建一个求真、向善、尚美相统一的人文精神系统，守护自己的精神家园。人文精神是人类文化的结晶，是一种理想和价值，它注重对人的尊严的维护、价值的追求以及对命运的关切，人文精神的核心——真、善、美，也是人类价值中的永恒主题。人文教育要使学生了解到在生活中人们的行为应当是怎样的，人的理想和梦想是什么，怎么才能实现这种理想和梦想。人文教育更关注的是“应是”，它既注重对现实世界的关注，也注重对人精神世界的维护。人文教育将人的现实行为放进理想世界中进行观照和评价，进而指导人们应当如何做。正是这种应是与实是、理想与现实的矛盾运动，不断使人向至真、至善、至美的方向前进，促进每个个体不断得到完善与升华。

1. 求真

人初生时蒙昧无知，但对于真相又有一种追求的渴望，教育便应运而生。教育通过传授知识，使人得到了生存的能力。个体得到的知识越深厚，就会越接近真理，求真的欲望就会越强烈。沿着教育的阶梯越走向高处，求真就成了既定的宿命。

在进行求真时，就要求是、求实。“求是精神”就是本着科学的态度对知识和真理进行探求。大学是社会的灯塔，对真理的追求是大学的一贯的宗旨，这有助于帮助学生树立正确的人生观。“求实”与“求是”一样，都被很多大学奉为校训，可以使大学生在日常学习生活中感受到这种影响。近些年，求实、求是的优良作风受到了很大冲击，急功近利、浮躁之风盛行，这与大学追求求是、求实的学风相悖，需要通过人文素质教育来使学生的不良心态得到纠正。

2. 向善

大学的真正使命是培养良好的社会公民并随之带来社会的和谐发展。具有道德感的人是高等教育的教育对象，人的生存从来都不只是一个简单的事实判断问题，人的生存是涉及道德判断的。从哲学来分析，道德判断真正体现出了人性如何，而相对来说进行道德判断也是更难的。人不仅仅是追求“活着”，还要活得有尊严、有体面、有意义，要过一种高尚的生活。而教育的价值就在于此。大学生人文素质教育就是要使学生在求真的同时还要向善。

要加强大学生道德教育，既要加强道德真理的传播，也要教育学生对当前复杂的社会道德问题进行认真思考，来提高自己的道德水平。

向善的教育不仅要教育学生心存善念，还要教育学生要做到行思一致，要做好事。现代社会公民应具有强烈的责任意识，也要具有强烈的参与意识，要尽可能地让学生参与公共事物，做好社区服务，鼓励学生组织的健康发展，使学生的责任意识和公民意识得到强化。

3. 尚美

在人文精神的三个方面中，“求真”可以满足人的心理结构中“认知”层次的需要，“向善”可以满足人的心理结构中“意志”层次的需要，“尚美”则可以满足人的心理结构中“情感”层次的需要。作为了解世界以及把握世界的方式，情感与人的认识紧密相伴，同时又与道德相依。美好的情感有助于产生灵感，也有助于促进道德的养成和培养崇高的理想。进行高等教育是为了给社会培养高级人才，而高级人才，不仅知识渊博深厚，道德高尚，还是一个感性的人，既拥有知识和道德人格的力量，也拥有审美的力量。进行审美教育有助于学生超然性和创造性的培养。

二、大学生人文素质教育的原则

（一）科学性与方向性相统一的原则

科学性与方向性相统一原则指的是在进行大学生人文素质教育时要坚持科学性与方向性两者的统一。

科学性指的是在开展大学生素质教育活动时要保证其规律性和真理性，主要表现在三个方面：一是教育的内容要具有客观现实性；二是教育规格要具有合理性；三是教育的方式要合理。而方向性则是指人文素质教育要对大学生的行为做出正确的引导，要符合社会的发展趋势，要满足当前主流意识形态的要求。

由过往的历史和当前的现实可知，两者之中方向性要求较易实现，这主要是因为教育具有政治性，无论哪个国家，统治阶级都是为了实现自己的政治目的通过教育广大学生扩大本阶级的政治思想、价值观念和道德的影响。当前，进行大学生人文素质教育的就是为了使大学生的人文素养和人本精神得到提升，使大学生成长为符合时代建设所需要的人才，帮助大学生树立实现中国梦的理想信念。而相对来说，科学性则由于受人的认知规律等方面的限制不是那么容易达成。

在进行大学生人文素质教育时坚持本原则，其客观必然性和现实意义都比较强，这主要表现在以下方面：一是可以保证人文素质教育与高校的教育培养目标相一致。高校为社会主义现代化建设培养合适的接班人和建设者，坚持这一原则，可以使学生的思想观念与知识技能满足当前社会建设的需要，保证社会主义建设事业后继有人。二是坚持这一原则可以使人文素质教育的效果得到优化。科学性原则可以促进人文素质教育的有效开展，而方向性原则则可以为人文素质教育提供精神上的支撑。因此，在进行人文素质教育的时候，两者都要坚持而不能对其中一方有所忽视。

（二）理论与实际相联系的原则

理论与实际相联系，这是唯物辩证法的基本要求，是指导人类认识或学习活动的普遍规律之一，它具有普遍适用性的特点，无论哪一种教育教学活动，都必须要遵循这一原则。

大学生人文素质教育坚持本原则其含义主要有两个层面：一是教师在对学生进行教育时要将人文素质教育的基础理论与当前的现实生活联系起来，要将人文素质教育的规律与学校的人才培养目标、课程体系、师资状况、学生来源和特点等相关方面结合起来，对人文素质教育的方案进行因地制宜的处理，从而保证学生真正理解和掌握理论知识。二是在进行教学实践时，教师要坚持以理论知识为指导，因为理论具有适应性，它反映的是普遍规律。坚持理论与实践相联系，也就是使理论教学与实践活动相互补充、促进，既让学生掌握理论知识，又要让学生把理论应用于实践，从而提高人文素质教育的实效。

坚持理论与实践的统一可以从以下方面入手：一是要联系实际对大学生进行人文素质理论知识的形成和发展方面的培育。理论是从实践中获得的，又经过了实践的检验，它是人们对客观事物及其规律的认识，通过理论知识的学习，可以对未来进行很好的预测，有助于人们对事物规律的把握，帮助人们正确认识事物、解决生活中出现的问题。因此，教师在进行理论方面的知识讲解时，要运用多种方式来对学生进行引导，使学生对理论的形成和发展有一个确切的了解和掌握，在进行理论论证时所运用的材料要真实、准确，要具有典型性以及说服力，这样，才能使学生对相关知识理论有一个很好的理解和掌握。二是要与当代大学生的实际相联系起来。在进行人文素质教育的时候要针对当前大学生的实际情况因材施教。当前，一些大学生受到市场经济和西方社会思潮的不良影响，在政治信仰、理想信念和价值取向等方面存在一些问题。教师在对学生进行人文素质教育的时候，要对学生的思想实际有一个充分的了解和掌握，从而更好地对教学内容、方式和方法进行选择，有针对性地提高人文素质教育的质量。此外，也要对学生的生活状况、专业背景和知识能力等方面有一个充分的了解。三是要联系教师的实际。教师对人文素质教育的实际效果起到决定性作用。在进行人文素质教育的时候，教师不能只局限在讲清理论、讲完内容，学生听了就好，而是要使学生在内心深处认同，这就需要教师在“情”和“理”上下功夫。

（三）专业教学与人文素质教育相融合的原则

专业教学与人文素质教育相融合是指在专业教学过程中对大学生进行人文素质教育，使学生在掌握专业知识技能的同时，文化品位、审美情趣、人文素养及人本精神也得到提升与发展。专业教学与人文素质教育两者要有机融合在一起，而不是有先后顺序。教师在进行专业教学时，应对学生的道德和人文素质等方面进行有机整合，从而帮助学生解决一些思想和道德方面的困惑。专业教学是为了培养大学生适应社会、服务社会的技能，教师应当以专业教学为载体对大学生进行人文素质方面的教育，培养学生的人文精神，从而提高学生的道德水平，进而提升学生自觉将科学知识转化为理论的能力。

在进行人文素质教育时要遵循人的思想认识和发展规律，将其与专业教学内容相融合，要循序渐进，对学生进行潜移默化的教育。坚持本原则具有重要意义。一是可以形成教育合力，加强教育力量，产生“整体大于局部之和”的效应，将人文素质教育与专业教学相融合，就相当于是高校所有的任课老师都加入大学生人文素质教育中，而不是仅靠一部分人。二是可以对学生实现潜移默化的教育，促进大学生思想发展的良性循环。进行人文素质教育的目的就是为了实现大学生思想的良性发展，通过将人文素质教育与专业教育相融，可以使学生在不知不觉中受到教育，提高人文素质教育的实际效果。

（四）教育与自我教育相呼应原则

在大学生人文素质教育中，教育指的是教师通过教学内容使大学生的思想、精神发生变化，使人文精神、道德品质内化为自身的品德。自我教育就是大学生自己教育自己，对自我进行剖析和管理，主动自觉地学习正确的价值观念并内化为自身行为习惯的过程。在人文素质教育中坚持这一原则就是要坚持对学生的价值引导和学生的自我构建相统一。培养大学生自我教育的习惯是大学生人文素质教育的关键，有助于大学生主动根据教育者所传递的主导价值观进行自我选择和自我构建，进而培养学生主动承担社会责任的良好习惯。

学生对知识的掌握需要有一个内化和外化的统一过程，坚持本原则符合这个教学规律。从本质上来看，大学生人文素质教育就是要大学生将人文知识进行内化，成为自己的精神体系中的一部分，然后再外化为自己的实践行为。因此，想要使大学生人文素质教育有一个良好的效果，就要在教学中遵从知识内化外化教育规律。这可以从两个方面入手：

一是教育者要对大学生积极引导，帮助大学生理解和掌握人文知识、人本精神等，并将人文方面的知识内化为学生的精神，使学生养成自觉地将人文方面的观念作为自己的价值准则和行为依据的习惯，为外化为良好行为打下一个思想基础。二是教育者对于学生的外化过程进行引导，使学生将美好的意识外化为良好的行为习惯。内化和外化两者是辩证统一的。外化以内化为基础和前提，内化以外化为目的和归宿。

坚持本原则可从以下几方面入手：一是高校教师要做好对大学生的指导。在进行大学生人文素质教育时要防止和反对人文精神培育的“自发论”。我国当前处于社会转型期，社会思想开放、包容、多元，这就在一定程度上对高校老师的教学水平和素质提出了更高的要求。教师对自身的责任要有一个充分的了解，要以身作则，率先垂范，不断提高自身的人格魅力，进而提高自身在学生中间的影响力，帮助学生塑造理想的人格。二是高校教师对于大学生自我学习的主动性和自我反思的能力要善于启发。由于人的认识活动是一种思维活动，它具有自觉能动性，因此，在对大学生进行人文素质教育时，就需要学生的自我意识发挥充分的作用。但学生自我意识的发挥需要有教师的指引，从而使学生会不断提升自我教育的能力，提高对知识的吸收和掌握的水平。否则，教育者在对学生进行相关的人文知识传授时，学生对于相关的知识只是被动输入，而不主动地进行思考和理解，这样的话，知识是不能被学生真正掌握的，也就无法将知识转化为相应的能力。三是要使学生集体自我教育的作用得到充分发挥。所谓集体自我教育是指通过同龄人的互相影响、互相启发、互相学习而达到互相教育的目的。在大学生人文素质教育中，通过集体自我教育有助于提升教育的实效性。大学生的年龄通常在二十岁左右，正是一个思想多变、敏感的年龄，有较强的主体意识和逆反心理，教师的说教容易引发大学生的抵触情绪，而学生之间，年龄比较接近，有共同的爱好和兴趣，因此，学生之间容易沟通并产生共鸣。高校应对这些有利条件进行充分利用，多开展一些课外活动，在活动中使大学生集体自我教育得到充分激发，并以学生间的良好情感、情绪为保障，将人文知识转化为学生的内在思想和外在的行为。

三、大学生人文素质教育的方法

（一）学科交叉法

学科交叉法是指在人文素质教育过程中教育者对不同学科中人文知识的素材进行充分挖掘和整合，进而使学生的人文素质得到不断发展的方法。教师在进行大学生人文素质教育时要有多学科视域，要从不同学科对人文素质教育的相关资源进行挖掘，对不同学科的领会要透彻，并且在教育时要对不同学科的结合交叉部进行聚焦思考。一个高明的教育者，要善于利用自身的知识和优势，找好学科交叉的切入点，添加新的内容，做好方向上的指引。对教育内容进行更新也就是说要反映时代前沿，要不断对学科交叉进行跟踪。教育者不能只局限在自己的专业内，教师要有一个开阔的胸襟，对于相邻学科和交叉学科的知识也要通过不断学习进行掌握和累积，然后在教学时建立一个交叉学科的研究项目，以学科交叉的视角对大学生人文素质教育进行研究，提升大学生的人文素质教育的实效。总的来说，学科交叉方法可以拓展教育者的教育视域，丰富和更新拓展教育的内容，提升教育的层次，进而实现人文素质教育的新颖性、前沿性和学理性的目标；同时也有助于促进大学生形成学科交叉的思维习惯，对信息进行更科学的分析，从而做出更合理的决定。

（二）经典阅读法

阅读是学生掌握知识的基本方法。在人文素质教育中也是如此。在人类发展的历史长河中，经典著作是经过大浪淘沙留下的宝贵财富，它对人的深层价值观起到建构作用。通过阅读经典，可以影响一个人的价值观和德行修养。① 经典著作至少满足两个条件：一是著作内容和思想具有原创性，正是由于原创性，使得其自身有着独特的魅力，从而使其在某一个领域内具有典型性和示范的作用和意义；二是该著作在一定的时间范围内的影响比较长远或深刻，人们对著作不断进行研读，对其进行讨论和批判，为各种新思想提供精神营养。

要想让大学生对经典的价值有一个充分的理解并接受经典，就要在长期内对大学生进行持久的人文熏陶。要让大学生懂得和了解，理性并不仅仅是工具理性，价值理性是理性中对人生更具意义的部分。对大学生来说，读书是学习人文社会科学的最佳方式和途径。名著具有强大的精神力量，读一本理论名著胜过读一百本普通书籍，大学生作为社会主义事业的接班人，应自觉地大量阅读经典，吸收前人思想精华来丰富自身。

在进行经典阅读时，要对经典书目进行筛选，来适应大学生的文化水平。一是经典性。要对人类思想精华进行科学梳理。二是渐进性。大学生在阅读时要由浅入深，选择适合自身水平的经典进行阅读。三是多样性。进行经典的多样性选择有利于扩大大学生的人文视野。

阅读经典的过程中，需要教师对大学生进行指导，同时也需要学生之间进行相互交流。教师在对学生进行指导的时候要通过多种方式进行，如可以和报告、谈话、讨论、辩论等活动相结合起来，这样有助于促进学生对作品的理解和掌握。学校也要做好读书氛围的营造，可以举办读书报告会、座谈会、讨论会、读书沙龙等活动，激发学生对名著的兴趣和爱好，来逐步培养学生追求高尚情操和高尚人生境界的能力。

（三）中西融合法

中西融合法是在进行人文素质教育时要对国内外的文化精华积极进行吸收借鉴，对人

---

① 王成. 文学经典与大学生人文素质的培养［J］. 黑龙江教育（理论与实践），2016（4）：3-4.

文素质教育素材进行收集获取的方法。

人文素质教育肩负着传承和光大民族文化传统的使命。就是要将优秀的传统文化生活化、日常化，使人们认同自己的文化传统，这就需要有一个宽阔的胸怀。

进行人文素质教育不仅仅是为了传承历史传统、培养人们对文化的认同，还在于使人们对自己的身份确认后，进行文化创新，促进多元文化的发展，形成国际视野和格局。

因此，在进行大学生人文素质教育时应对西方通行的现代科学教育与人文素质教育的融合进行密切关注，引导学生积极发挥主观能动性，发现所学学科的人文性，对国内外名人名家的论述进行欣赏和研究。教师在进行人文素质教学时，可以结合当前的教学内容向学生展示中外学者的不同观点。使学生不仅了解国内的人文知识，也对国外的相关方面有所涉猎。由此，人文素质教育要将国内外的知识精华放置在现代学科教育的框架内，将其中的有机构成要素吸收、消化、融合和转化。

（四）就地取材法

就地取材法指的是人文素质教育者要对当地文化资源善加利用，也就是高校教师在对大学生实施教育时应注意对本国、本省特别是本地本校的教育资源的发掘，对于校园内师生身边的优秀人物、事件进行分析判断、选择加工，来使人文素质教育达到特定效果。

由乡土地理、民风习俗、历史人物、生产和生活经验等元素构成的地方文化是中华民族优秀文化的重要组成部分，它滋养了中华文化。用就地取材的方法有助于促进人文素质教育的实效，因为事例就在身边，更容易引起大学生的兴趣。教师可以根据当地的政治、经济、文化、民族等发展需要，利用地方人文资源进行人文素质教育内容的开发，将人文素质教育内容与学生的实际生活相关联，构建和丰富学生的生活。

（五）古今搭桥法

古今搭桥法是指人文素质教育者坚持以传承和扬弃的态度，充分挖掘和整合历史典籍和传统文化中不同历史时期人文素质教育素材的方法。

古今搭桥法需要做到两个方面：一是要知古守根。现实是历史的一部分，它是历史的延续，而现实本身也会成为历史。在很大程度上，人文素质教育必须对传统进行再造，对历史中优秀的人文遗产要继承发扬。我国有着许多优秀的传统文化，这些都是人文素质教育的资源，如何利用这些资源，使其在当代大学生人文素质教育中发挥作用，是现代大学生人文素质教育需要重点考虑的内容。教育者要针对当前的教学内容，对我国优秀传统文化进行整合吸收，并要对教学方式不断进行改进，增加人文素质教育的实效性。二是要知今守望。这就要求在进行人文素质教育的时候与当前大学生的生活实际相联系，从实际出发，以当前学生的知识基础、心理结构等为基础，进行渐进式的教育。在教学内容上，要将优秀的传统文化与当前的现实融合起来不断滋养学生的精气神；在教育手段上，要充分利用当前现代化的教育手段，积极利用新媒体、网络等工具来不断增强大学生人文素质教育的效果。

第三节　强化大学生人文素质教育的探索

如何使大学生人文素质教育的效果得到最大化，需要对其路径进行研究和探索。

一、加强课堂教育

（一）完整的课程体系

在进行人文素质课堂教育时，需要构建一个完整的人文素质教育课程体系，这样做可以使人文教育具有系统性。这个体系包括两类课程：一类是以提高学生读、写、交流等方面能力为目标的技能型课程；一类是构成人类知识体系的基本学科（人文科学、社会科学、自然科学）的知识型课程。这两类课程的设置有助于促进学生的个性发展，帮助大学生完善知识结构，让大学生在看待社会和自然界时有一个全面的眼光。

（二）启发式教学

对大学生进行人文素质教育的目的是培养独立行动、独立思考的人。因此，在进行人文素质教学时应采用启发式教学。好的教学是要培养学生独立思考的能力，而不是直接向学生灌输道理和所谓的正确答案。这也是在进行人文素质教学时教师需要遵循的。在教学时要以学生为中心，教师为指导，在互相交流中使学生的思想得到发展，知识得以丰富和完善。

（三）课内外互动

课堂教育并不只是在课堂 45 分钟之内进行的教育，它需要教师和学生在课外进行准备、消化和补充。因此，要做好课内外活动的互动，可以以课题小组、实验学习、集中项目、专题研究的模式开展教学。这些模式不占用课堂时间，需要学生有良好的合作力和研究能力，进行课内外互动，有利于促进学生的个性发展以及创造力、合作精神的培养。

（四）人文教育在专业教育中的融入

在对大学生进行人文素质教育时，还必须将专业教育与人文素质教育两者相融合。在专业课程教学中，将科学史与科学家精神、教师自己的治学之道都渗透其中，这些都是人文教育的一部分，有助于学生形成正确对待科学、对待知识和社会的态度。专业教师在教学过程中进行人文教育可以通过以下途径：一是对于专业课中关于人文知识方面的资源进行深入挖掘，要在教学的过程中将人文知识融进去，从大学生的实际出发，对教材做出灵活处理。二是根据本专业的特点推进人文素质教育。三是结合专业实践活动推进人文素质教育。

二、加强校园文化建设

（一）加强对校园文化的思想引导

大学生是时代的弄潮儿，高校校园文化是时代文化的先锋，大学文化最先体现出时代的发展变化。当代大学生应加强对于时代问题的关注和思考，对于社会文化也要有自己独立清晰的判断，而不是盲从。人文素质的培养需要文化的浸润。当前来看，虽然当代大学生的社会适应能力比以往增强很多，但是在学术研究成就方面却有所下降，最明显的一个表现就是上乘的学术论文很少。如果校园没有一个良好的学术氛围，那么校园文化就会被庸俗流行文化所占领，因此，教育者要加强对学生思想的引领，要鼓励大学生积极进行创作，钻研学术，要大力提倡高雅文化，开展学术研究活动，来提高学生的人文素质。

（二）充分发挥教师群体的主导作用

校园文化是以校园为空间背景，由教育者和被教育者双重主体围绕教学活动和校园生活而创制并共享的。校园文化的建设需要校园中的人来参加，而只有学生活动是远远不够的。校园文化建设需要学校领导、教师、学生共同参与进来，需要校园中每一个个体贡献出自己的力量。在调动起学生的主动性的同时，也要加强教师群体的引导作用。大学教师是大学校园文化中的主要创造者和传播者，教师群体要比学生群体更具有稳定性，他们是学校理念的执行者和实践者，他们的为人师表、行为示范对校园文化有着不可估量的作用和影响。

（三）拓宽大学生活动阵地

大学生活动作为校园文化的一部分，是和学生最贴近的校园文化。开展丰富多彩的大学生活动，有助于大学生人文素质的提升。要拓宽大学生活动阵地，为人文素质教育提供新的载体。

学术科技活动是高校学术特色的体现，也反映了一个高校的学术水平。学术活动主要有专题学术讲座、开展读书研究、鼓励学生创办校内学术刊物、鼓励学生开展科研活动等。通过组织学生开展各类学术活动，如学科竞赛和创新成果评比等，可以锻炼大学生的创新意识和创新思维。开展人文讲座也是提升大学生人文素质的重要活动途径，将人文知识通过灵活多变的文化活动展现出来，可以使学生得到教育和熏陶，进而促进大学生人文修养的发展和提升。

三、善于利用网络新媒体

（一）利用互联网加强人文素质教育

网络技术的不断发展给当前学生的生活带来很大的影响，它增强了学生的主体性。网络具有的开放性和便捷，为加强人文素质教育提供了一个新的载体。教师可以通过互联网搜集更多的人文资源，利用网络技术不断更新教学内容。政府和高校应联合起来，建立专门的人文素质教育网站，为大学生自主学习搭建一个良好的平台。

（二）做好人文素质教育公众号建设

随着时代的发展，科学技术的进步，自媒体变成流行。高校也应当利用这一时机，做好人文素质教育公众号建设，专人负责，每天更新内容，为学生提供丰富的人文知识内容。

（三）利用即时通信技术

QQ、微信等即时通信技术的发展也为人文教育提供了新的渠道。教师要积极建立人文素质教育相关的 QQ 群、微信群，主动将人文素质教育延伸到学生的日常生活中，利用通信技术可以弥补传统课堂的不足，打破传统意义上的班级，通过传递信息等方式方便有效地进行人文素质教育。

四、构建人文素质的培养体系

具体来看，构建大学生人才人文素质的培养体系，应做好下面的工作。

（一）明确教育指导思想

构建人文素质培养体系，首先必须彻底改变功利主义的教育价值追求，把科学教育与人文教育相融合作为培养应用型人才的根本指导思想。大学坚持这一指导思想，就是要追求培养全面发展的人的崇高教育目标；就是要保持自身应有的独立性，不向低俗、短视的社会需求妥协；就是要自觉肩负不仅适应社会、服务社会，还要批判社会、引领社会的崇高使命。这是构建人文素质培养体系的关键，也是培育大学人文精神的关键。

（二）找准培养目标定位

从科学教育与人文教育相融合的指导思想出发，必须在专业培养目标中对人文素质培

养目标准确定位。

人的整体素质包括道德素质、专业素质、心理素质、人文素质等。所谓人文素质，是指人文知识在个体世界观、价值观、人生观及其人格、气质和修养等方面的内化。如何确定人文素质培养目标，换言之，大学生应该有什么样的人文素质，论者见仁见智。人文素质教育目标是一个多层次的体系，大学生人文素质培养目标应定位于两个层次：一是具备人文知识。即掌握语言、文学、艺术、历史、哲学等人文学科的基础知识。二是培养人文精神。依靠人文学科的基础知识，结合实践，通过内心反省、感悟和环境熏陶逐步形成正确的世界观、价值观、人生观以及自由、批判和超越精神。人文精神是理想人格的主要标志，也是人文素质的核心。

（三）构建人文课程体系

大学生人文素质培养目标只有通过构建完善的人文课程体系，规定学生必修的学分才能落实。人文素质课程体系的构建应放宽视野，把第一课堂、第二课堂、第三课堂有机结合，由列入课堂教学的显性课程和课外教育的隐性课程构成。显性课程分为必修课、限选课、任选课三大类。必修课包括思想政治理论课和大学语文、社会调查研究方法等。选修课的设置哲学类、语言学类、文学艺术类、历史学类、文化学类、心理学类等，每一类可包括若干门课程，各专业可根据专业特点和学生的实际情况设置具体课程。隐性课程由听取人文讲座、阅读名家原著、参加社会实践、进行素质拓展等构成。

第六章　高校学生信息素质培养

第一节　信息素质教育与应用型人才

信息素质是人们在信息化社会所具备的信息处理所需的实际技能和对信息进行筛选、鉴别和使用的能力。在信息社会，信息素质已成为人们信息化生存的必备条件和信息社会学习者的执照，以及衡量大学生是否合格的重要标志。因而，重视大学生信息素质教育是十分重要的。

一、信息素质的基本概念

（一）信息素质的相关概念

1. 信息

“信息”一词作为科学术语，最早出现在哈特莱（R. V. Hartley）写的《信息传输》一文中。他认为“信息是指有新内容、新知识的消息”，“信息是代码、符号、序列所承载的内容”，第一次提出了信息的概念，为信息论的创立提供了思路。

2. 信息源

（1）信息源的基本含义

“信息源”从字面上可以理解为信息的来源。个人为满足其信息需要而获得信息的来源，称为“信息源”。一切产生、生产、存储、加工、传播信息的源泉都可以看作信息源。

（2）信息源的特性

①客观性

客观性主要表现为信息源是实实在在的客观存在，不以人的主观意志为转移，总是存在于一定的时间和空间之中。

②共享性

大部分的信息源都是公开的，是全人类的宝贵财富。对于同一个信息源，任何组织或个人都可以自由地利用。唯一不同的是，他们从中获取的信息不尽相同。

③可传递性

信息源是信息传播过程中的第一要素，只有通过传播到达接收者并得到利用，才能发挥其作用。

④可激活性

对于信息的认知，人脑主要经过了感知、思维、分析、综合等一系列过程。这个过程的本质就是根据信息出现正常的应激反应，使其处于不断传播和使用的循环之中。在这个循环中，信息在人脑中不断地调整与组合，增强其内容的针对性。

⑤复杂性

由于信息能够反映一切物质，因此信息在源头、载体、传输等方面都具有一定的复杂性。这种复杂性使得信息的内容更加丰富、形式更加多样，并且会随着人类社会的不断发展而迅速地增长与丰富。

（3）信息源的分类

①按照信息资源的开发程度划分

潜在信息源：储存于大脑中。

现实信息源：经个人表述后可为他人反复利用。

②按照对信息源的加工层次划分

一次信息源：所有物质均为一次信息源，也称本体论信息源。直接来自作者原创的、没有经过任何加工处理的信息。

二次信息源：也称感知信息源，是从一次信息源中加工处理提取的信息，主要储存于人的大脑中，涉及传播、咨询、决策等领域。

三次信息源：又称再生信息源，以文献信息源（包括印刷型和电子型文献信息源）最为常见，如工具书（百科全书、辞典、手册、年鉴）等。

四次信息源：也称集约信息源，是文献信息源和实物信息源的集约化和系统化，如图书馆、档案馆、数据库、博物馆等。

③按信息依附的载体划分

文献信息源：指用一定的记录手段将系统化的信息内容储存在纸张、胶片、磁带、磁盘和光盘等物质载体上而形成的一类信息源。

非文献信息源：是与文献信息源相对应的社会信息源，是指信息以非记录形式存在的信息源，主要提供口头信息、实物信息等，具有直接、简便、新颖和生动形象的特点。

（二）信息素质的概念

信息素质也可以称为信息素养，信息素质是人们运用信息的能力，是在学习和工作中自然而然获得的。经过培训以后，就能够不断提升自己的素养。信息素养水平是以人们占有、处理信息并且用它解决问题的能力作为标志的。[①]

---

① 沈逸君，邓伟，董丽. 大数据时代信息素质教程［M］. 上海：上海交通大学出版社，2020，(53).

更确切地讲，信息素养应该被称作信息文化，其本质是一种全球信息化的体现，而这种全球信息化在客观上要求人们具备相关的能力，信息素养正是这样一种能力。

首先，在客观上人们必需适应信息时代，因而信息素养是一种对信息社会的适应能力。教育技术 CEO 论坛对 21 世纪人所应该具备的几种主要素质进行了罗列，包括基本学习技能（指读、写、算）、信息素养、创新思维能力、人际交往与合作精神、实践能力。明确将信息素养列入在内，而信息素养又涉及信息的意识、信息的能力和信息的应用。

其次，信息素养对多个方面的知识有涉及，它是一种综合能力，对许多知识能力都有所涵盖；它比较特殊，涵盖的面也非常广。它与许多因素有联系，而且涉及多个学科。通常，信息素养是由信息技术支撑的。但信息素养的重点是内容、传播、分析。因而可以说，信息素养是一种信息能力，信息技术是它的一种工具。

（三）信息素质的内涵

1. 信息意识与伦理

用信息技术来解决自己工作、生活中问题的意识，并遵循和维护一定的伦理道德规范。

2. 主动获取信息的能力

能够根据自己的生活、学习和工作要求，主动地、有目的地去发现信息，并通过各种媒体（互联网、书籍、报纸等）收集所需信息（重点：培养大学生获取文献和数字资源的能力）。

3. 信息分析能力

对所得信息能够进行筛选、鉴别和判断，并对其可靠性进行检验。

4. 信息加工处理的能力

对信息进行整理分类、综合和组织，并能对其进行编码和传递（难点：培养大学生在信息素材基础上的论文写作，其是信息素养的核心）。

5. 信息利用的能力

利用掌握的信息，分析、解决生活和学习中的各种实际问题。

6. 信息创新的能力

通过归纳、综合、抽象和联想的思维活动，找出相关性、规律性，或分析事物的根源，得出新的信息。

（四）信息素质的特性

信息素质所具有如下特性。

1. 稳定性

信息素质是个体自身素质的一部分，一旦形成，则相对稳定，保持不变。

2. 操作性

信息素质集中表现在操作能力上，具体落实在作用和操作上。只有在实践中，在应用信息的过程中，它才能表现出来。

3. 普及性

信息素质是社会个体应该具备的一种基本素质，对于每个人来说都十分重要。它没有年龄、职务等的区分，没有绝对权威。

4. 发展性

社会个体应随着信息技术的发展不断更新自身已有的信息知识，不断充实自己的信息容量，发展自己的信息能力。

5. 层次性

按照人们占有和运用信息的能力来划分，人们的信息素质是有层次的。信息素质的层次可以划分为通用的信息素质、工具性的信息素质和职业性的信息素质。通用的信息素质是社会成员在社会生活中所应具备的基本信息素质。工具性的信息素质是指人们在工作和生活中所应具备的占有和处理信息的基本技能。职业性的信息素质是指开发设计人员应具备的信息分析与处理素质。

二、信息素质教育的基本概念

（一）信息意识

信息意识是指在人的头脑中，人们积极占有信息和解析信息的一种意识。在信息素质中，信息意识是信息素质的灵魂。信息意识表明了人们的一种态度，说明人们对信息具有高度的敏感性和积极的主动性。如果一个人有很强的信息意识，那么这个人在态度上就会非常看重信息，会采取行动积极占有信息。因此，他捕捉信息和解析信息的能力就很强。信息意识的教育关键就是要教育大学生对待信息的态度和观念，要求大学生具有强烈的信息需求和信息注意力。因而，高校应十分重视培养大学生善于观察的习惯，要引导学生关注自己的专业学科，同时还要对交叉学科有所了解，要培养大学生的信息敏锐性。这不仅是培养信息素养的重要内容，同时也是培养创新人才的重要方法。

（二）信息能力

信息能力主要是指能够得心应手地运用有效的方法，迅速、准确而全面地获取所需信息的能力。对信息能够进行很好的认知，同时很好地获取信息，在获取信息后能够很好地处理信息，并在以后能够很好地运用信息，这些能力都属于信息能力。除此之外，大学生信息能力还包括培养大学生建立起查询信息和利用信息的能力。通过对学生进行信息能力培训，使学生能够提高对信息的敏感度，使大学生能够很好地适应网络环境，很好地感知信息并运用信息。信息能力包括以下几个方面的能力，这里进行具体的罗列。

1. 信息认知能力

信息认知能力是人们获取和处理信息的开端。人们在生活中接受了大量的信息，要想在海量的信息中对各种各样的信息进行判断和评价，就必须要有一定的信息认知能力。信息具有真与假、有序与无序、正价值与负价值之分，只有具备良好的信息认知能力，才能在信息的质与量关系上有好的把握。

2. 信息获取能力

信息获取能力是指利用一定的信息技术，及时、有效地获取本学科领域内的相关信息以及有关社会生产所需的各类信息的能力。它是人们利用信息的最基本的能力，可分为信息接受能力、信息收集能力、信息检索能力和信息索取能力。

3. 信息处理能力

信息处理能力是对获取的信息进行判断、整理，使之有序化、专业化的能力。它是信息分析、加工、组织能力的综合体现，通过对信息的去伪存真、去粗取精，获得真正有效的信息，再综合自身原有信息与选定信息进行整理，使信息有序化、系统化，为进一步利用信息做好准备。

4. 信息利用能力

信息利用能力是将认知、获取、处理的信息进行有效利用，应用于实践，并创造出新的知识和新的信息内容，使信息价值得以实现的能力。信息只有通过有效的利用，才能充分体现出它的价值。

（三）信息道德

信息道德是指人们在调节、制约信息生产者、传播者和使用者之间道德规范的综合。信息道德包括信息法律法规确定的人们在信息生产、传播和处理过程中的责任与义务。信息道德教育的目的就是引导大学生严格遵守各项信息法律法规，自觉遵守健康向上的信息伦理和道德准则，规范自身的行为活动，自觉抵制有害信息。良好的信息道德素质是推进信息化社会健康有序运行的重要保障。下面对信息道德的特点及要求进行简单的介绍。

1. 信息道德的特点

信息道德的特点如下。

第一，信息道德是一种道德手段，主要依靠社会舆论和内心信念形成一种行为规范，是在人们内心中自发形成的，存在于人们的意识中，无特定的制定者。

第二，信息道德执行手段独特，它无任何机构或者组织来管理，而是通过社会舆论和人们内心设定的道德规范来执行。一旦超越信息道德的界限，人们就会受到来自社会舆论和内心道德规范的谴责。

第三，信息道德有较为广泛的作用范围，包括信息活动的多个层次和社会生活的多个领域。

第四，信息道德发挥的功能是多方面的，主要在于引导人们对自身的信息行为产生一定认识，调节其信息活动中的各种关系，对人们的信息意识形成和信息行为产生有诸多教育功能。

2. 信息道德的要求

在组织和利用信息时，应遵循的信息道德要求如下。

第一，个人信息活动与社会整体目标一致，承担相应的社会责任与义务。

第二，遵循信息法律与法规，提高对信息的判断和评价能力，自觉抵制不良信息行为。

第三，尊重知识产权，保守信息秘密，尊重个人信息隐私，增强信息安全意识，正确处理信息创造、服务、使用三者之间的关系。

第四，合理使用与开发信息技术，不利用信息技术进行犯罪活动，准确合理地使用信息资源。

三、大学生信息素质教育的主要形式

早在信息素质概念出现之前，高校图书馆就开展了以提高大学生利用图书馆效率、查找资料的能力为主要内容的各种教育活动。随着信息素质概念的提出，这种图书馆教育活动的内容得到了极大的拓展，教育的形式也更加丰富多彩。

（一）信息素质教育课程

将信息素质教育有关内容以课程形式，由教师专门讲授并指导实践。这门课一般采用全校公共选修课或者专业指定选修课的方式来开设。授课教师主要来自学校图书馆，也有部分院系由专业教师为本院学生开设专业领域的信息素质教育课程。我国大部分院校开设的文献检索课就属于这种类型，这些课程的内容已经逐步从以讲授各种信息源的使用方法为主向尽量覆盖更多的信息素质相关内容的方向发展。它能够提供更加深入的信息素质指导，有利于快速提高学生的研究能力，因而是最有效的信息素质教育形式。

（二）嵌入其他课程的信息素质教育

这是一种在专业课程中增加信息素质教育内容的信息素质教育方式，也是国外近年来采取较多、成效较好的一种方式。这种教育方式要求院系、图书馆和教学管理部门相互合作，共同完成信息素质教育的目标。一般由专业教师在专业课程中预留 1~2 个课时请图书馆员为班上的学生讲授相关学科信息的获取和利用方法。这种方法的好处是可以扩大受益学生的覆盖面，同时将信息技能与学科结合得更加紧密，提高了学生学习信息技能的兴趣。但因为时间的限制，实际上主要的教育内容还是信息源的介绍和信息技能的培养。

（三）读者培训活动

许多图书馆都会将信息素质纳入读者培训的范畴，通常的培训方式就是由图书馆员开展讲座、短期培训、现场咨询、一对一辅导等。就目前看来，这是一种普遍的信息素质教育方式。这种方式的优点是培训内容实用性很强，往往能切合广大学生的实际需要，学习者可以选择与自己关系密切的内容，学习兴趣浓厚；同时这类培训一般均有大量的实践环节，能帮助学生迅速提高信息技能。缺点是不系统，且过于注重信息技能的培训。

（四）在线指导

为了满足人们远程访问的需要和更加迅捷、随时随地获取信息的要求，许多高校图书馆均启动了基于互联网的信息素质指导活动。其形式多种多样，包括文本式的图书馆利用指导、信息查找指南，各种在线信息素质课件，也包括各种可互动的多媒体的信息素质教育软件或学习测试程序等。这种方式可以作为课堂教学的辅助，方便学生在需要帮助时从家中、宿舍、实验室等各种场所在线浏览和使用。

总之，信息素质教育是一个系统工程，它可以采取多种形式。大学生要有效地提高自身的信息素质，应该坚持课堂学习与业余学习相结合的“两条腿走路方针”。这两种教育形式是良性互动的辩证关系，二者彼此互补，相辅相成，缺一不可。业余学习可以消化课堂学习所得并进一步拓宽思路，课堂学习则可以反过来提升业余学习的水平。对于任何人来说，课堂学习都是一时的，而业余学习则是永远的。

第二节　对大学生进行信息素质教育的意义

大学生是未来人才队伍的主力军，在信息时代的发展中肩负着重任。其信息水平高低，直接影响到我国社会主义现代化建设的步伐。因此，信息时代的大学生不应该是一个只会吸纳大量事实信息的人，而应该是一个知道如何检索、评价和应用所需信息的人。[①]作为大学生来说，在信息时代应具备终身学习和不断创新的能力，成为新时代的建设者与创造者。

一、信息素质教育的意义

（一）时代发展的现实要求

随着信息技术的飞速发展，人类社会逐渐向网络化、信息化社会迈进。在这个社会，信息是推动社会发展的重要资源。同时也是社会发展离不开的重要资源。信息资源的存在成为促使社会、经济和科学技术发生变革的主导要素。在这样一个“知识爆炸”的时代，人们在学习、工作、生活时，都面临着一个重要的信息选择问题。信息在质上具有不确定性，在量上具有无限扩展性，因而，准确而迅速地获取所需要的信息和有效地分析、评价、利用信息的能力，就是人们处在信息时代一项必备的生存技能。在信息时代，传统的高等教育也发生了一定的改变，信息时代的高等教育与传统的高等教育具有很大的不同。传统的高等教育是以教师讲授，学生学习为主的，教学模式主要是面对面的；而信息时代的高等教育，教学方式可以不是面对面的，可以通过网络教学、远程教学等一系列方式来完成。学生的学习也变成自主式的，因而信息素质正是学生在现代教育模式下必须具备的基本素质和能力。

（二）终身学习的需要

在信息时代，无论是知识还是信息的产出都在急剧增长，信息往往是瞬间发生的，而且传递的周期很短，大学生在校学习的那些基础知识很容易过时。因而，大学生在学校期间，不能仅仅局限于课堂学习，应该尽量了解课堂之外的世界，了解书本之外的知识，不断探究课堂以外的生活，开阔自己的视野。这就需要学生具有敏锐的嗅觉，不断挖掘大量的课外信息，并进行筛选吸收，灵活地掌握和运用现代化的知识信息，提高自己的实践操作能力。只有这样，才能在这个知识爆炸的时代中，在人才济济的年代中不断提升自己，提高自己的竞争力，使自己在时代的洪流中立于不败之地。也正是由于这个原因，我国的高等教育越来越重视信息素质教育，将信息素质教育放在十分重要的地位，真正变“授人以鱼”为“授人以渔”，使大学生在思想上变“学会知识”为“会学知识”，使大学生的综合素质不断提高。

---

① 王哲. 信息化时代下大学生信息素养教育探究［J］. 教育信息化论坛，2021（7）：53-54.

二、大学生信息素质评价标准

一般而言，信息主体就是查找信息和利用信息的人，而信息素质评价标准就是用来衡量这个主体是否达到特定要求的标准。有了信息素质教育评价标准，信息素质教育就能够更加规范，同时在评价教育效果时也有了依据，在判断人们信息素质水平时也有了标尺。信息素质评价标准，有助于了解大学生的信息素质能力和信息素质教育的成果，有助于教学方式、方法的改进。

（一）AASL 标准

1. 信息素质

标准一：如果一个学生具有很高的信息素质，那么这个学生就能够有效地获取需要的相关信息。

标准二：如果一个学生具有很高的信息素质，那么这个学生就能够对信息进行熟练的应用，并可以批判性地评价信息。

标准三：如果一个学生具有很高的信息素质，那么该学生对于信息的使用也比较精确，而且能够在原有的条件下创造性地使用信息。

2. 独立学习

标准四：学生是一个独立的学习者，具有一定的信息素质，并且会将这种信息素质与个人的兴趣爱好结合起来，并在这样的条件驱使下不断探求与个人兴趣相关的信息。

标准五：有一定信息素质的学生，能够对充满信息的作品进行欣赏，并且能够根据原有信息进行创造，表达出信息隐藏的内涵。

标准六：作为一个独立的学者具备查询和解决问题的素质，并且能够力争在信息查询与知识创新中做到最好。

3. 社会责任

标准七：一般来说，对学习社区和社会有积极贡献的学生应具备一定的信息，能够准确认识信息，同时对信息的重要性有一定的认识，并且认识到其给社会带来的重要影响。

标准八：具备信息素质的学生，还要求他们具有强烈的社会责任感，能实行与信息和信息技术相关的符合伦理道德的行为。

标准九：对学习社区和社会有积极贡献的学生具有信息素质，能够积极利用信息参与探求活动和创建信息。

（二）ACRL 标准

ACRL 标准是目前被接受并使用最为广泛的标准，由 5 项标准、22 项表现指标构成，如表 6-1 所示。①

表 6-1　ACRL 标准

标准	具体内容
标准一：能确定所需信息的性质和范围	1. 定义和描述信息需求
	2. 找到多种类型和格式的信息来源
	3. 权衡获取信息的成本和收益
	4. 重新评估所需信息的性质和范围
标准二：能有效地获取所需的信息	1. 选择最适合的研究方法或信息检索系统来查找所需信息
	2. 构思和实现有效的搜索策略
	3. 运用各种各样的方法从网上或亲自获取信息
	4. 改进现有的搜索策略
	5. 学会摘录、记录和管理信息及其来源
标准三：能评估信息和它的来源，并把挑选的信息融合到个体的知识库和价值体系	1. 从收集到的信息中总结要点
	2. 清晰表达并运用初步的标准来评估信息和它的来源
	3. 综合主要思想来构建新概念
	4. 通过对比新旧知识来判断信息是否增值，或是否前后矛盾，是否独具特色
	5. 决定新的知识对个人的价值体系是否有影响，并采取措施消除分歧
	6. 通过与他人讨论来验证对信息的诠释和理解
	7. 决定是否应该修改现有的查询

① 杨志斌. 大学生信息素质教育［M］. 西安：西安电子科技大学出版社. 2016：24.

续表

标准四：能有效利用信息来实现特定的目标	1. 能够把新旧信息应用到策划和创造某种产品或功能中
	2. 能够调整产品或功能的开发步骤
	3. 能够有效地与别人就产品或功能进行交流沟通
标准五：熟悉与信息使用有关的经济、法律和社会问题，并能合理合法地获取信息	1. 了解与信息和信息技术有关的伦理、法律和社会经济问题
	2. 遵守有关的法律、规定、机构性政策和礼节
	3. 在宣传产品或性能时声明引用信息的出处

（三）CAUL 标准

该标准以 ACRL 标准为蓝本修改而成，增加了两个一级指标：具有信息素质的人能够对收集与产生的信息进行分类、存储、利用和改写；能够认识到信息素质是终身学习和具有参与感的公民所必需的。

（四）ANZIIL 标准

这个指标体系是由 6 个一级指标、19 个二级指标和 67 个三级指标组成的。6 个一级标准如下。

标准一：对信息需要进行确认，依据自身的信息需要判断信息的种类以及程度。

标准二：能够高效获取自身所需要的信息。

标准三：对信息进行批判选择，同时对信息搜集的过程进行有效评价。

标准四：有效管理自己所收集到的信息。

标准五：能够把初始信息以及新的信息放在问题当中，并不断发现信息的新功能。

标准六：信息使用过程中，能对信息相关的文化、道德、经济、法律相关的问题进行了解。

（五）SCONUL 标准

该模式名称上不是指标体系，但其实质依然是一个高校信息素质能力的指标体系，由 7 个一级指标和 17 个二级指标组成。7 个一级指标如下。

指标一：识别自身的信息需求。

指标二：判断自己的信息来源。

指标三：掌握信息以后，拟定相关信息策略。

指标四：检索存取信息的能力。

指标五：对收集的信息进行比较，同时评估这些信息。

指标六：组织信息和应用信息的能力。

指标七：对信息进行整合创新。

第三节　大学生信息素质教育的探索与实践

提高大学生的信息素质，首先要从大学生的信息意识入手，这正是当下大学生所缺乏的重要意识。

一、提高信息意识

在当代，高校学生的信息意识越来越表现出其重要的一面。它是当代大学生获取信息和知识、提高创造能力的心理素质的前提和重要的思想基础。因而，大学生努力提高自己的信息意识，是时代的必然要求。

（一）大学生缺乏信息安全意识

信息安全意识是人们在处理信息的过程中，积极应对社会信息发展变化，防范信息危险的一种意识。具体来说，信息安全意识包括人们对信息的敏锐感受和理解，包括人们在信息工作中对各个方面的领悟。对于当代大学生来说，他们的信息安全意识不容乐观。

对信息安全意识的需求缺乏，许多大学生虽然能够有效利用一些信息搜索工具，但是不能判断信息搜索工具背后所隐藏的陷阱，往往出现病急乱投医的现象。

信息陷阱判断的敏感性缺乏，不能精准识别出信息陷阱，对于信息盲目信任。

对信息陷阱的作用方式缺乏认识，许多大学生虽然能够识别出信息陷阱，但是不能了解其作用方式，一旦上当之后，不能及时走出陷阱。

信息污染意识缺乏，社会信息流中充斥着许多不利于人们健康的信息，危害人类信息环境，影响人们对有效信息的利用。这些信息往往与有效信息混合在一起。缺乏信息污染意识会给盲目轻信网络信息的同学带来麻烦。

信息免疫能力差。也就是说，大学生现在面临的信息太多了，但是他们又缺乏一定的筛选能力。

（二）强化保护计算机信息安全的意识

强化保护计算机信息安全的意识，首先要对相关的计算机信息安全知识及如何操作有一定的了解，具体内容如表 6-2 所示。①

表 6-2　计算机信息安全知识

防火墙	1. 网络防火墙主要功能为阻挡试图通过网际网络进入你计算机的黑客 2. 提升抵抗力的秘诀：设定良好密码、安装防毒软件、安装防火墙
密码	1. 使用一个容易被猜到的密码，就好像打开大门邀请小偷进来般危险，即使小偷闯入后没有取走任何东西，你的个人私密信息也早被看尽 2. 提升抵抗力的秘诀：密码是保护计算机的第一防线，密码安全的四大守则： a. 不告诉任何人密码（包括亲人、职务代理人、上司等） b. 不写下密码 c. 设定不容易被猜到的密码 d. 一旦怀疑有人可能知道你的密码，即刻更改
软件更新	1. 软件使用一段时间后通常会出现一些安全漏洞，这些漏洞也是黑客容易利用的弱点，因此软件制造商会设计更新或修补程序来修正这些问题 2. 提升抵抗力的秘诀：随时留意微软操作系统更新功能与提醒；不使用盗版软件
病毒	1. 从技术观点而言，计算机病毒是一种会自我复制的可执行程序，其传染途径包括电子邮件、传输档案、计算机游戏，及任何从网络上面下载的档案。病毒造成伤害的可能方式有破坏硬盘档案、重新格式化计算机硬盘、使效能变慢、上网时浏览器新窗口不断被打开，直到计算机系统资源被耗尽为止等 2. 提升抵抗力的秘诀：防止计算机病毒的第一法则是安装防毒软件，并且定期升级
安全的操作环境	1. 计算机虽然是机器，一个良好舒适的操作环境，将能够延长其使用寿命，降低计算机损坏机会 2. 提升抵抗力的秘诀：计算机操作环境应保持干燥。确保计算机主机和其他接口设备（如打印机）相连的缆线、电线不杂乱交错，尤其注意插座的负荷量；避免在计算机附近放置饮食
资料备份	1. 计算机硬盘容量越大，所储存资料也越多，若突然遇上硬盘阵亡、系统损坏等情形，有资料被付之一炬的风险，所以定期备份是件很重要的事 2. 提升抵抗力的秘诀：将重要档案复制到计算机硬盘以外的储存媒体，例如网络硬盘等；备份重要的软件，以防原版软件受到损伤；定期测试备份资料是否有效

① 田林. 提高大学生信息素养，助力大学生素质教育［J］. 学周刊，2020（10）：191-192.

（三）树立保护个人资料和隐私的意识

树立信息安全意识，首要的就是对个人资料及隐私信息进行保护，如表6-3所示。

表6-3　个人资料及隐私信息的保护

Cookie 记录	1. Cookie 是网站服务器储存使用者浏览网页时所留下的一些个人信息，网站服务器在未来你再次到访时，可用其辨识你的身份，这也是为什么你有时到访雅虎或其他网站首页时，网页总是能够显示出你的名字。虽然这对于计算机系统不会产生直接的损害，但对于重视隐私权的用户来说，可谓为一种侵犯 2. 提升抵抗力的秘诀：通过设定浏览器的安全设定值来限制 Cookie 功能。路径为浏览器的［工具］—［选项］—［隐私权设定］
隐私权	1. 许多人会不小心在网络上将个人资料泄露出去，例如填写问卷调查、参加抽奖、加入会员等 2. 提升抵抗力的秘诀：在网络上留下个人资料前，先阅读该网站的“隐私权保护政策”内容。不随意在从来没有听过或第一次造访的网站中填写重要的个人资料或留下信用卡资料
公用上网	1. 使用图书馆、公司、网吧、机场等地点的公用计算机上网，或使用朋友计算机上网时，必须要注意使用时所输入的各种资料是否在这些计算机内“留底” 2. 提升抵抗力的秘诀：使用公共计算机的守则是，特别留意坐或站在旁边的人，因为他们可以轻易地看到你所输入的账号、密码或其他资料 3. 绝对不勾浏览器的“记住密码”选项 4. 使用公共计算机完毕前，应关闭网页浏览器，若有登入网络服务（如电子邮件），应完成“注销账号”动作后，再关闭浏览器 5. 尽量不在公共计算机中输入敏感性高的信息 6. 若经常使用公共计算机，更换密码的频率要更高
垃圾邮件	1. 垃圾邮件专指未经收信者同意，以电子邮件的形式大量寄发的广告信函 2. 提升抵抗力的秘诀：虽然目前我们仍无法完全阻止垃圾邮件入侵，但是可通过几个简单方法减低可能造成的困扰：绝不回复垃圾电子邮件，因为这样会让垃圾邮件散布者知道你的信箱是有效的；不购买垃圾邮件的广告商品；使用垃圾邮件过滤软件
间谍软件	1. 间谍软件和病毒相似，会毫无预警地溜进你的计算机系统，并隐匿行踪，在未经你许可情形下，不知不觉地将你的信息通过网络传送到特定对象。间谍软件常伴随网络免费下载的程序软件，进入使用者计算机硬盘内。这是一种侵犯个人隐私权的行为 2. 提升抵抗力的秘诀：下载免费或共享软件前，需仔细阅读和软件有关的所有讯息。避免通过 P2P 程序或其他管道下载来路不明的软件

（四）安全地使用网络上的各项服务

在了解了基本的计算机信息安全知识以及个人信息保护措施后，要安全地使用网络上的各项服务（表6-4）。

表6-4　网络上各项服务的安全使用

网络毁谤	1. 以言论伤害他人名誉或侮辱毁谤他人，是触犯法律的行为。网络因为具有快速、大量传播、成本低、匿名性高等特性，通过网络的毁谤所造成的伤害更大；在网络上传播言论若触法，一样要接受法律制裁 2. 提升抵抗力的秘诀：在网络上发言前，三思而后发布；不随意转寄未经证实的网络流言、信件等
即时通信软件	1. 越来越多人和企业使用即时通信软件，例如QQ，进行多方会议、信息与文件交换等。虽然方便，若没有针对你的计算机及个人信息进行保护措施，即时通信会造成潜在信息安全危机 2. 提升抵抗力的秘诀：不随意接受通过即时通信所传递来的档案；不通过即时通信传递个人资料或重要的公司机密资料；安装防毒软件、防火墙
知识财产权	网络使得知识产权更容易受到侵犯 1. 提升抵抗力的方法：不论是网络内容的使用者还是提供者，皆须了解违反著作权的行为：未经授权使用图片、抄袭他人的成果、点对点分享音乐文件等 2. 当你的网站使用其他网站的文字、图片、照片等内容时，必须取得对方的许可，以避免触犯其他网站的商标或著作权
网络钓鱼与诈骗	1. 网络钓鱼犯罪方式，是由黑客仿照知名公司网站制作神似网页，并以该公司名义发出假E-mail，标题多半为“系统更新，请检查账号”“请变更密码”“账号被关闭，请上网重新启动”等，而E-mail里几乎都会有该公司商标，取信于收信者，然后提供一个假的超链接，诱骗使用者登入假网站输入个人资料 2. 提升抵抗力的秘诀：不直接使用E-mail所提供超链接，以自己输入网址方式取代。凡事求证后才行动，可减少被骗机会
无线上网	1. 黑客可以在你家屋外通过装有无线网卡的计算机，进入你家的无线网络；加上一些设备与免费的恶意攻击程序，黑客可轻易地进入你的计算机系统，甚至植入后门程序 2. 提升抵抗力的秘诀：启动防毒软件与防火墙；不随意连线到不明的无线Access-Point；关闭DHCP自动指派IP地址之设定

（五）安全地在网络上购物与拍卖

大学生作为主要的网络群体之一，如何安全地在网络上购物与拍卖，保护自己的合法权益不被侵犯，是一个重要的问题，下面对这些内容进行论述（表6-5）。

表6-5　安全地在网络上购物与拍卖

网络交易纠纷	1. 在线购物是同等于邮购的，消费者享有相同的权利 2. 提升抵抗力的秘诀：在网络购物前，应检查电子商店网站是否提供充分的联络信息，并详细阅读相关契约条款内容；发生消费争议时，知道向谁请求协助
网络付款	1. 网络交易付款方式很多，最常见者为直接于网站上输入信用卡号 2. 提升抵抗力的秘诀：输入信用卡等重要个人资料时，应确认网络商店的网站付款机制符合 SSL 等安全机制，以确保资料传输时的安全。简单的检查方法包括：网址最前方是否为 https（一般网址开头为 http）；网站是否有认证标识；网页右下方是否出现锁匙图案；选择有商誉的网络商店进行交易
安全认证网站	1. 安全认证标章是由公正第三方之验证机构，针对网络商店之交易安全进行检验；通过验证之网络商店，验证机构会提供身份认证张贴于该网站上，以便消费者辨析该网站之交易安全与可靠性 2. 提升抵抗力的秘诀：在网络上填写个人资料或进行交易时，先检查该网站是否有诚信标识；特别注意网络商家是否提供完整的公司基本资料、联络方式、商品说明、退换货条件方式、申诉处理机制等必要信息

二、信息素质的培养途径

（一）通过专门的信息素质教育课程学习

信息素质教育已引起世界各国政府的重视。目前，在国外，信息素质教育比较成熟，从幼儿园到大学，信息素质教育的对象、模式和层次都不相同，因此也确定了不同等级的要求，例如在初等和中等教育阶段，就有基础的图书馆应用知识和基础信息技术应用教育，在高等教育阶段则又包括了信息技术方面的专业教育。因此，专门信息素质课程是培养学生信息素质的主要途径。

大学生的信息素质相关课程主要包括两方面的内容：其一是大学新生入学后的“怎样利用图书馆”教育；其二是在大学高年级阶段开设的“科技文献检索课程”及“科研技

能培训”等相关课程。通过开展这些课程教学，不仅可以更好地让大学生学会利用图书馆资源，同时还可以让学生在互联网上很快找到要学习的知识，查询所需要的信息，帮助大学生充分利用现代文献信息环境，对各种各样的信息资源都能够充分把握利用，从而培养大学生的信息意识及其查询和利用信息的能力。

值得指出的是，信息素质课程的教学工作基本上是由大学图书馆承担的，这方面正是我国教育机构所需要学习的。教育部所颁布的《普通高等学校图书馆规程》指出，大学图书馆的主要任务之一就是开展信息素质教育，培养读者的信息意识和获取、利用文献信息的能力。我国大学图书馆在这方面还需要进一步努力。

（二）善于利用大学图书馆，将其作为提高信息素质的实践场所

在高校，图书馆一般是信息和技术的集散地，同时，在图书馆中，会拥有很多信息技术人员，这样就为大学生培养自己信息素质提供了得天独厚的学习基地和实践场所。

首先，大学图书馆丰富的馆藏，为开展信息素质教育提供了丰厚的信息资源基础。在图书馆内，一般会拥有丰富的馆藏文献资料和多媒体教学资源，同时还拥有比较丰富的网络数据库资源，这就可以向学生提供全方位的、多学科的知识信息资源。在因特网迅速普及、信息浩如烟海的今天，图书馆丰富的馆藏资源不仅不能被因特网所替代，反而是因特网知识资源的提供者和补充者。

其次，大学图书馆完善的图书馆服务体系，使其成为大学生提高自己信息素质的实验室。随着高校中信息教育的普及，越来越多的电子阅览室、声像阅览室、多媒体阅览室等现代化服务设施建立起来，大学图书馆现在不仅仅是收藏了许多图书的地方，同时还是现代电子信息中心。通过培养大学生自觉学习使用现代电子文献检索工具，使大学生学会快速获取、处理各类信息的方法，获得更多有用的信息，成为一个具有综合素质的人才。

再次，在大学中，图书馆还给学生创造了良好的自学环境。大学图书馆环境安静、自由、轻松、无拘束、无压力，使学生能够自由发挥想象，发掘灵感，同时大学生可以在幽雅的环境中根据自己的需要选择信息的种类和内容。这种主动的信息交流可以使大学生学到很多的信息评价和利用的知识。而这种基于资源的自主学习方式十分有利于学生良好的学习习惯和自学能力的养成。在大学期间，学习专业知识固然重要，但更重要的还是要学会思考。

最后，通常大学图书馆的管理人员都具有专业的知识，这些人员是帮助大学生提高信息素质的重要辅导员。同时，这些人员还是将学生和图书馆联系在一起的重要桥梁。在图书馆员的帮助下，大学生能够解决在信息查找和利用方面的疑难，提高信息素质能力。

第七章 高校学生创造性思维与身体素质培养

第一节 大学生创造性思维的培养

一、大学生创造性思维的基本内容

（一）创造性思维的含义及特征

1. 创造性思维的含义

创造性思维也叫创新思维，它是一种以新颖独创的方法解决问题的思维，不仅能揭示事物的本质，而且能在此基础上提供新的具有社会价值的思维成果。创造性思维是人类思维的高级形式。通俗地说，创造性思维是多种思维形式特别是辩证思维与形象思维高度结合的结果。所谓创造性思维，是指突破过去知识经验的限制，应用全新的方法、程序来解决问题的思维。[①] 例如，科学家应用仿生学原理而创造的各种前所未有的仪器、仪表，艺术家构思出新的作品，学生独立地想出解题方法等。创造性思维的特点是具有鲜明的新颖性和独立性，并且其成果一般都具有一定的社会价值。创造性思维是构成创造力的第一要素，是创造力的核心。

创造性思维是一种复杂的高级思维过程，是多种思维形式有机结合的产物，既包括各种类的思维，也包括各类型的思维。思维的种类是以思维的本质属性为标准来划分的，一般把它分为动作思维、形象思维、形式思维和辩证思维四种。思维类型是以这种思维或那种思维方式在某人生活中占主导地位或绝对优势为标准来划分的，如形象思维型、抽象思维型、分析思维型、综合思维型、求同思维型、求异思维型、创造性思维型及再造性思维型等。创造性思维是多种思维种类和类型有机结合的过程，而且在不同的创造性思维活动中，总是以一种思维为主导而进行的。由此我们可以看出创造性思维的复杂性，同时可以

① 马云阔，付倩倩．我国大学生创造性思维培养问题研究［J］．大庆社会科学，2018（3）：120-122.

看出它是一种高级思维，而绝非脱离其他思维的一种什么特殊思维。

2. 创造性思维的主要特征

第一，积极的求异性。创造性思维是一种求异思维，这个特征贯穿于创造性思维的始终。它往往表现为对司空见惯的现象和已有的权威性理论持怀疑的、分析的和批判的态度，而不是轻信和盲从。求异思维在质与量、深度与广度上，要求集中性思维与发散性思维辩证统一。集中性思维是发散性思维的出发点与归宿；发散性思维以集中性思维为中心，扩及各个方面，通过不断的思想反馈，集中到解决问题的最佳方案上来。

第二，敏锐的洞察力。观察是知觉与思维相互渗透的复杂认识活动。在观察过程中，不断地将观察的事物与已有的知识或假设联系起来思考，把事物之间的相似性、特异性和重复现象进行比较，发现三者之间的必然联系。因此，进行创造性思维必须具备敏锐的洞察力。

第三，创造性的想象。创造性思维之中自始至终伴随着创造性想象。它不断改造旧的表象，创造新的表象，赋予抽象思维以独特的形式。诚然，想象不可避免地带有臆测、虚假和错误的成分，但它的确是由感性认识上升到理性认识不可或缺的环节。

第四，独特的知识结构。一切科学的新进展都是建筑在已有知识的基础上的，而创造性思维的成果又意味着对已有知识的突破和创新。因此，进行创造性思维与掌握的知识有密切的关系。一般来说，一个人掌握的知识越多越有利于创新，但知识多少与创造力又不是成正比例的。因为创造力构成因素很多，不只需要知识为其提供确定的内容，也需要知识上升为思想因素与智力因素。否则知识就会成为死板的、凝固的和束缚创造力的东西。

第五，活跃的灵感。在创造性思维活动达到高潮时，智力的跃进超出了平时能力的极限，新思想新形象突然呈现，这便是有了灵感。创造性思维活动中常有灵感的产生。

3. 影响创造性思维的主要因素

第一，智力因素与知识因素。高智商不一定代表高创造力，但高智商却是高创造力的必要条件。一般认为智商值在 120 分以上时才可能有高的创造力。另外，创造性也离不开相应的知识掌握，不存在超越知识的创造力，但物极必反，如果一味重视学习掌握知识而忽视运用，忽视创造力的培养，对学生创新也是有害的。

第二，心理环境与心理素质。创造性思维在良好的心理环境中才能有序渐进，不断深化。然而创造者并非居于真空之中，各种信息的干扰都可能影响高级神经网络系统，一方面造成新的信息的增加，另一方面造成各种无效的网络联系。一个创造型人才具有摒弃各种干扰而收集储存各种有益信息的能力，而且在进行创造性思维的逼近期，必须使自己的大脑处于相对封闭的状态，即“心理排他状态”，它将使网络的沟通流畅性良好，加之大脑处于这种相对的封闭状态，通过一个阶段的思维运转，往往能迸发出智慧的火花、灵感。

创造性思维还要求创造个体具备一定的心理素质，以建立自己的“内心自由”环境。“内心自由”环境主要有以下几个方面：不受冲击、畏惧、强迫、紧张刺激和信息泛滥的干扰；对周围人群的亲和能力；意志坚定，自强不息，富有较强的洞察力、预感力和强烈的好奇心。

第三，人格特征。良好的人格特征能有效促进创造力的发展。个性独立少依赖，自信心强，有较好的理解洞察力，想象丰富、兴趣广泛、勤奋、意志坚强，这些都是具有创造性人的共同特点。他们常常颇有雄心，愿尝试困难、复杂的工作，纵然错误、失败远多于成功，也不愿回避，而是坚持努力，宽容，不偏执且善于吸取经验教训，使灵活新颖的思想如泉涌。

（二）创造性思维的成分

1. 发散思维与聚合思维

所谓发散思维，又称扩散思维、求异思维、辐射思维，是依据思维任务，利用已知信息沿着不同方向、不同角度、不同范围进行思考而获得大量的、独特的新信息的思维。发散思维是创造力的一个重要组成部分。这种思维方式是从一点引向四面八方，突破思维定式，重新组合已有的知识经验，找出许多新的、可能的答案。这是一种开放性思维，它没有固定的方向和范围，允许标新立异、异想天开，因而有助于问题的创造性解决。

发散思维具有三个重要特征或品质，即流畅性（短时间内表达出的观念和设想的数量）、变通性（多角度、多方向思考问题的灵活程度）和独创性（超乎寻常的新奇程度）。

聚合思维，又称收敛思维、求同思维、集中思维等，是指依据思维活动任务，从已知信息中产生逻辑结论，从现成资料中寻求正确答案的一种有方向、有范围、有条理的思维。人们运用发散思维进行多项尝试并寻求到多种答案后必须经过聚合思维的选择才能确定最佳方案或有实际意义的方案。

完整的创造性思维不仅包括发散思维，也必须包括聚合思维。发散思维是构成创造思维最重要的成分，以至一些心理学家用它来代表创造思维，或说在许多场合一些心理学家将其看成创造思维，甚至创造力的代名词。的确，当解决问题中受到某种固定偏见、定势束缚时，人们要战胜偏见，摆脱定势就必须依靠发散思维。完整的创造性思维应包括发散思维和聚合思维两个方面。只有两者相互协调、相互补充才能产生高质量、高水平的创造性思维，才能保证顺利完成各种复杂的创造活动。创造思维的确需要发散，但从哪儿发散，总得有一个明确的问题情境或目标，也就是说在发散前必须寻找到发散点。这个发散点很重要，它是否有意义、有价值，直接关系到创造成果的大小。而这个发散点要靠聚合思维，综合已知的各种信息才能得到。因此，在发散思维之前要经过聚合思维找到发散点，然后在此基础上进行发散，寻求多种设想、途径和方法。当人们运用发散思维经过艰苦的工作之后搜索到许多新设想、新途径、新方法，那么究竟哪些是最佳方案可以付诸实践并能取得最佳效果呢？此时还要借助聚合思维对发散思维所获得的多种答案进行选择和判断以确定其价值，然后加以实施。

2. 直觉思维与分析思维

根据思维结果是否经过明确思考步骤和主体对其思维过程有无清晰的意识，可将创造性思维分为直觉思维和分析思维。所谓直觉思维是指人脑基于有限的数据和事实，调动一切已有的知识经验，对客观事物的本质及其规律做出迅速的识别、敏锐的洞察，直接的理解和整体判断的思维。再进一步说，直觉思维是一种未经有意识的逻辑推理过程而对问题答案突然领悟或迅速做出合理的猜测、设想的思维。直觉思维是创造性思维的一种重要形式。随着创造心理学研究的日益深入，人们对直觉思维的认识也越来越深刻，并把它作为创造性思维训练的一项重要内容。它的最大特点就是不依靠概念、判断、推理等逻辑思维过程而直接把握认识对象的内在性质和本质规律，具有直接性、无意识性和创造性。在科学发明和创造中，直觉思维起着十分重要的作用。

分析思维是阶梯式的，一次只前进一步，步骤明确，包含一系列严密、连续的归纳或演绎过程。关于分析思维和直觉思维的区别，分析思维以一次前进一步为其特征，步骤是明显的，而且常常能由思维者向别人做适当报道。在这类思维进行的过程中，人们能比较充分地意识到其所包含的知识和运算、演绎和推理，因它往往使用数学或逻辑及明显的进行计划，或者，它也可能包含逐步的归纳和试验过程，因为它利用了研究设计和统计分析的原理。

直觉思维与分析思维是协调互补、相互促进的。直觉思维是创造性思维最重要的组成部分。特别是当信息不足时，或对问题情境难以清晰把握时，唯一的办法就是凭直觉思维大胆提出假设或进行猜测。

3. 纵向思维与横向思维

根据创造性思维行进的方向可以将思维划分为横向思维与纵向思维。所谓纵向思维，是指在一种结构范围内，按照有顺序的、可预测的、程式化的方向进行的思维。纵向思维遵循由低到高、由浅入深、由始到终的顺序按照逻辑规律在同一知识领域或实践领域运用。学生学习某门功课所采用的大都是这种思维样式。所谓横向思维，是指突破问题的结构范围，从其他领域的事物、事实中得到启示而产生新设想的思维方式。横向思维不一定按某种顺序，同时也不能预测，不受范式的约束，甚至有意摆脱某种范式。

纵向思维与横向思维既具有不同作用又相互补充。横向思维可以改变解决问题的一般思路，常常从其他领域中得到解决问题的启示，因此，横向思维在创造活动中常常起着巨大作用。但我们却不能据此认为一个创造者只要具备横向思维就够了，而不必具备纵向思维。事实上，一个真正有创造性的人，往往是两种思维的有机结合。一方面，当纵向思维不能解决问题时应当尝试横向思维；另一方面，纵向思维又可以对横向思维进行补充和完善。因此，横向思维与纵向思维的有机结合是创造性思维所必需的。

4. 正向思维与逆向思维

按照人们对某一问题思考的方向，可以将思维划分为正向思维和逆向思维。所谓正向思维是指人们在解决问题时沿特定的、习惯的方向所做的单向度的、简单的思维。所谓逆向思维，是指从与正向思维或传统的、习惯的思维相反的方向（从对立的、颠倒的角度）的双向度或多向度的思维。逆向思维常常从相反的视角，如上—下、左—右、前—后、正—反认识和解决问题，常常别开生面、独具一格，能取得突破性的思维成果。

总而言之，逆向思维与正向思维不可分，两者的有机结合就构成了创造性思维。

5. 潜意识思维与显意识思维

按照人们对自己思维的意识程度，可将创造性思维划分为潜意识思维与显意识思维。这实际上是根据弗洛伊德的精神分析学派的观点划分的。所谓显意识思维是指人们能够意识到的思维。按照弗洛伊德及精神分析学派的观点，显意识思维是思维者能够意识到的思维，它只是人整个精神活动处于心理表层的一个很小的部分。所谓潜意识思维是心理活动深层不被人意识到的思维。潜意识思维不像显意识思维那样遵循着正常的逻辑轨道，而是不断地、无规则地流动、跳跃、弥漫、渗透和交融。

现代思维科学研究表明，某些在显意识思维过程中不能组合加工的信息，都可能在潜意识思维中得以组合加工。[①] 因此，潜意识思维在创造活动中具有不可忽视的作用。创造过程的孕育阶段实际上就是潜意识思维在发生作用。按照弗洛伊德的观点，梦是潜意识与意识的通道。弗氏指出，在人类的精神生活里，有些直接发生的不受人控制的精神活动对我们的发明创造是有用的。潜意识思维的内容是在显意识状况下长期积累的结果，潜意识的成果一旦闪现，即表现为显意识，并通过显意识思维修正、补充和完善。因此，创造活动常常是潜意识思维与显意识思维交替作用完成的。

二、大学生创造性思维教育的意义

科学的思维能力和较强的创新能力是知识经济时代人才必备的素质。但是，在传统思维习惯和知识型人才培养模式的影响下，往往只重视理解表面的东西，而不注重怀疑求新；重逻辑推理，轻发散求异；重概念内涵，轻形象直观；重知识积累，轻思辨创新。面对科技飞速发展的挑战，要实施科教兴国战略，思维素质教育势在必行。

（一）创造性思维能力是大学生最佳智能结构的核心

所谓智能结构，是指一个人具有的知识技能和能力构成的多序列、多要素、多层次的

---

① 金燕娇．大学生创造性思维培养研究［J］．时代报告，2019（8）：238-239.

动态综合体。作为未来科技人才的大学生，其最佳智能结构应包括以下内容：第一，科学正确的政治基本理论和知识。作为社会主义人才，必须掌握科学正确的政治基本理论，并用其基本观点、立场、方法去指导创造性活动。第二，宽厚扎实的基础知识。除具有一般基础知识和本专业基础知识及专业知识外，还应具有本专业相邻学科的基础知识，同时还应了解现代科学发展的特征和规律，认识新学科的生长点和有关学科的新进展。第三，较强的创造性思维能力。第四，熟练的基本技能。第五，知识、能力、技能的高层次协调。这是指面对不断变化的新情况和承担的新任务，能够及时有效地对自己的知识、技能和能力这三者进行有意识的调节，以达到动态平衡和最完备的结合。

从上述智能结构的内容可以看出，不但思维能力是大学生最佳智能结构的重要内容，而且其他构成成分的形成和发展也以良好的思维能力为基础，也就是说其中也包含着思维素质的内容。因此，可以说思维素质是大学生最佳智能结构的核心。

（二）思维水平决定着学习的效果

学习是一种有组织有系统的思维。每一个阶梯都代表一种水平层次的思维，创造性思维是学习的最高级形式，个体的思维水平是学习的前提和结果。学习的低级形式是记忆和掌握知识，使人具有知识，主要依靠记忆，较少思维。但是知识经济时代必将是一个以知识为基础的学习型社会，我们学习不但要知道是什么，即关于事实方面的知识；还需要知道是为什么的知识，这是要掌握原理和规律，知道怎样做的知识。作为知识经济时代的建设人才，大学生要发展的是最高形式的主动学习能力，即不断自觉主动和创造性地学习，不但要了解事实，更重要的是发展自己对各种事实及相关概念进行应用、评价和分析的能力。因此，要提高学习效果，就必须提高自己的思维水平，发展创造性思维。

三、发展大学生创造性思维的方法、途径

从前一部分创造性思维的特征和影响因素可知，要培养、发展个体的创造性思维能力，在思维素质教育中需要注意扩大知识面，培养良好的个性，创设良好的环境，需要有意识地削弱思维定式带来的不利影响，除此之外，还应开展一些具体的创新思维训练。

（一）转变教育观念

新时代需要包括创造性思维在内的人的全面发展，而创造性思维又是现代人才必备的素质。所以要发展学生的创造性思维，就必须树立素质教育观念。

1. 要求教师转变教学观念，实行创造性教学

教师要掌握创造性思维的有关理论，澄清模糊认识，在此基础上要明确培养创造性思维能力的目的和任务，选择科学的内容和方法，不断提高自身的创造性教学能力。具体地

说可以从以下几个方面着手。

第一，把教学的中心转向学生的主体活动方面，把教学的主要目标由传授教材知识转向增长学生的经验和能力。这样，严格的课堂纪律和常规的教学氛围就会被生动活泼、注重探索的学习气氛所代替。

第二，发挥学生的主体能动性，让他们主动地参与到教学活动中去，在教师的指引下，大胆想象，积极思维，主动探索。

第三，确立新型师生关系，平等、宽容地对待学生。尊重学生提出的任何幼稚甚至荒唐的问题，欣赏学生表现出的具有想象与创造的观念，多鼓励学生提意见，避免对学生所做的事情给予否定的价值判断，对学生的意见有所批评时应解释理由。

第四，积极组织社会实践活动，使学生在亲身感受具体而丰富的客观世界、激发好奇心和求知欲的同时，锻炼动手能力，培养创造性品质。

2. 学生要转变学习观念，变被动接受为主动探索，把学习与创造紧密联系在一起

素质教育要求学习不仅是信息的输入、知识的积累，更重要的是要打开大脑的各种储存渠道，通过创造性思维，寻找已有知识之间的内在联系，并从外部引入新的知识，由此来冲破原有知识圈的束缚，发展现有知识，创造新的知识。学习的过程实质上是研究知识、深入发掘知识的创造过程。因此，要从应试教育的枷锁中解放出来，转变学习观念，坚持创造性学习，始终把学习看成是一项创造性活动，在接受知识时进行创造知识的思考，把学习和创造紧密地联系在一起。

（二）改变思维定式

所谓思维定式是一种思维模式，是存在于人们头脑中的认识框架。此外，某些流传久远的或者权威的观念、行为和处事箴言之类也容易被人们接受而成为思维定式的一部分。

思维定式一旦成型就难以改变，而且具有无比强大的惯性，使人们的一切思维都照此模式进行。这一方面使人在处理日常事务和一般性问题时，能驾轻就熟、得心应手；但另一方面，当我们面临新问题、新情况而需要开拓创新的时候，它就会变成思维枷锁，阻碍新观念的确立，同时也阻碍头脑对新知识的吸收。所以我们要发展创造性思维就必须破除思维枷锁。总的来说，影响创造性思维的思维枷锁主要有从众定式、权威定式、唯经验定式、唯书本定式和自我中心定式等。

1. 从众定式就是服从众人随大流，人云亦云

要破除从众枷锁对思维的束缚，就要求我们在面对新情况进行创造性思维时，不必顾及多数人的意见，不必以众人的是非为是非，要相信真理往往掌握在少数人的手中，并做好“光荣孤独”的心理准备。这样才能打破封闭，开阔思路，获得新观念。

2. 权威定式就是人们对权威的毫无怀疑的无条件遵从

权威定式一方面为我们思维提供便利，另一方面也会成为扼杀我们独立思索的枷锁。因此，为了保持头脑的灵活和思维的创新，我们必须对自己认识的权威来一番审视，看他是不是真正的权威，是不是本专业的权威，是不是本地域的权威，是不是当今最新的权威，并且敢于向权威质疑。

3. 唯经验定式是指人们对经验过分依赖乃至崇拜形成的固定的思维模式

经验一方面可以促进创造性思维能力的提高，另一方面总是在一定范围内产生并适用于一定的范围，同时经验仅仅是思维个体常见的经历的东西，经验之外，还存在许多偶然的未经历的东西。因此，经验有其局限性，人们在思维中要借助经验但不要唯经验。

4. 唯书本定式就是唯书本是从

书本知识是千百年来人类经验和认识的结晶，人类认识的局限性决定了书本知识有其局限性。同时，书本知识往往是世界的理想状态，而不是实际存在的状态。如果唯书本，势必落得马谡的下场。

5. 自我中心定式就是以自己的立场、观点和眼光去思考整个世界

在这种思维定式的束缚下，个人思考以自我为中心，听不进别的不同意见和观点，阻碍思维广阔性的发挥。因此，我们在遇到新问题新情况时，要多站在不同的立场、观点和角度去思考，多听别人的意见和观点，这样才有利于新观念的产生。

（三）培养优良的个性品质

一些研究成果表明，优良的个性品质可以使创造性思维得到更充分的发挥，如爱国主义情感、坚强的意志、浓厚的兴趣、强烈的好奇心、勤奋等。

第一，坚强的意志是创造性思维在心理上的保证力量和维持力量。坚强的意志会促进学生长期地对探索的问题开展创造性思维与创造性想象活动，即使遇到困难、遭受挫折，也不低头，愈挫愈奋，愈挫愈勇。

第二，浓厚的兴趣是从事创造性思维的内在动力。科学史上许多科学家取得卓越成就的原因之一，就是他们对从事的工作有浓厚的兴趣和强烈的探索欲。

第三，勤奋。勤奋是创造性思维进行和完善的必要心理条件。

尽管国内研究和国外的成果关于影响创造性思维的个性特征在表述上有所差异，但是都表明创造性思维能力的高低与个性品质有关。有助于创新能力的品质，有些是属于先天的性格，但大部分是后天教育影响获得的。因此，要提高创新思维能力，就需要以科学的训练方式培养良好的个性品质。

（四）创设良好的创造环境

所谓创造环境，也叫“创造气氛”，是指有利于发挥创造精神，激励科学创造的各种因素和条件。一般说来，创造环境包括内环境和外环境两方面。内环境就是有利于发挥创造性思维的“心理环境”或者叫“心理状态”。这里重点谈谈外环境。

外环境主要包括社会大环境和个体的具体思维环境。社会大环境，即在社会营造一个有利于大学生发挥创造力的良好氛围。良好的社会气氛是激发大学生创造力的基本前提。现在我国已经有了充分调动人们科学创造积极性的坚实基础。党和国家已采取了一系列鼓励创造发明的有效措施，如在大学设立科技孵化园区、设立创新基金等，对科学创造嘉以重奖、对科技发明保以专利等。

对于个体来说，创造性思维需要在某种适合的场所和环境中运行。人们肯定会有这样的体会，在某种环境里，头脑特别灵光，新观念新办法层出不穷，而在另一些场合，则显得头脑麻木，或者心乱如麻，理不出头绪。因此，每个人都应当选择并把握住自己的最佳思维环境。

利用外物激发创新思维固然是个好办法，但是，如果过分依赖外部环境，离开了特定的思维环境就心乱如麻，这也是不好的习惯。良好的思维习惯应该是在各种环境中都能够进行有效的创新思维，都能利用身边的各种物体作为良性刺激物，激发思维创新。

（五）积极投身社会实践

社会实践活动不但向人们提出创新的要求，激发创新意识，而且社会实践活动本身也是对思维的一种训练。关于一个人创造性思维能力的形成和发展，现代心理学家做了许多实验，结果表明，影响创造性思维程度的主要有三大因素：一是先天赋予的能力，二是生活实践的影响，三是科学的思维训练。“天赋能力”绝不意味着不需要任何外界条件，它是一种资质、一种倾向，只有遇到合适的条件才能充分地发展。也就是说，“天赋能力”只有在积极的社会实践活动中才能充分发挥。

思维训练从本质上说也是一种社会实践。因此，可以说，社会实践对个体创新思维能力的提高具有关键性的意义。在社会现实生活中我们也经常能够看到“见过世面”的人往往对问题的理解更为深刻，更容易接受新事物，处理问题时思维敏捷、灵活、有创见。

因此，大学生要提高、发展自身创造性思维能力，就必须积极投身社会主义现代化建设的伟大实践，在社会实践活动中锻炼自己的思维能力。

（六）系统进行思维训练，掌握创造性思维技巧

1. 发散思维训练

训练发散思维可以从以下两个方面做起。

第一，以集思广益的方式在一定时间内采用极为迅速的联想，刺激学生产生大量的主

意。这种方法又叫“大脑激荡法”，它适合于以学习小组的形式进行团体训练。

第二，以材料、功能、结构、形态、组合、方法、因果关系等为“扩散点”，尽可能地从不同角度和较大范围去灵活地思考问题，以提高思维的变通性和独创性。

2. 形象思维训练

形象思维是运用已有表象进行思维的活动。它解决问题的过程是把思维形象化或建立一个新的形象体系，解决问题的方式是创造性的想象活动。形象思维在任何一项创造性活动中都占有重要地位。进行形象思维训练需要多读一些文学作品，同时，要利用各种机会到大自然中去，接触大自然中的各种事物，接受大自然对感官的形象陶冶，丰富和发展表象系统。

3. 立体思维训练

立体思维又叫球形旋绕性思维，它集发散思维和网络思维等思维方式的优点于一体，极大地拓宽了思维的范围，具有多样性、系统性、整体性和预测性等特点，是一种指向整个空间的思维方式。

我们知道，客观事物都是一个有机的系统，其中包含着许多层次和多个子系统。从不同的角度、不同的层次去看待它，就会有不同的认识结果。当代大学生要适应社会的发展，就应当具有符合客观形势的新的思维方式，即立体思维方式。这就要求我们在学习中，对各种问题，尽可能地从问题自身所包含的各种属性出发，进行全面、综合、整体地分析研究，力求清晰地认识把握整体性问题的内在诸要素之间的错综复杂的关系网络，进而获得对问题的优质解决。

4. 逆向思维训练

在通常情况下，人们的每一个思维过程都有一个与之逆向的思维过程。运用逆向思维可以突破习惯性思维的束缚，去进行与正向思维完全相反的探索：在顺推不行时考虑逆推，探讨可能性发生困难时，考虑其不可能性等。

从人们的认识规律不难发现，正向思维可以习惯地并牢牢地在学生头脑中扎根，而逆向思维不经系统训练很难形成。为了提高逆向思维能力，我们可以从以下三个方面着手：第一，遇到问题时反过来想一想；第二，掌握分析法，“由果寻因”；第三，逆用概念、定义、公式和解题原则，如化繁为简或化简为繁。

第二节　大学生身体素质教育

作为我国素质教育四大组成部分之一的身体素质教育，我们拟就它的发展历史、提出的根由、存在的意义，以及应注意的问题等做一番考察，以便大家对身体素质教育有个概括的印象。

一、从体育到身体素质教育

身体素质教育显然是从体育发展而来的，或者说，它是在体育的基础上提出来的。因此，在对身体素质教育的提出与发展进行考察时，简要地对体育及其与身体素质的关系做一些探讨是必要的。

（一）体育的内涵与任务

体育是身体教育的简称，它有广义和狭义之分。广义的体育是社会文化教育的组成部分，对体育运动而言，它是以各种专门项目的体能练习与锻炼为手段，有目的、有组织地增强体质，促进健康，提高运动技术水平，丰富社会文化生活。狭义的体育指学校体育，与德育、智育、美育一起，构成我国全面发展教育的组成部分。它是有目的、有组织地向受教育者传授系统的体育运动和卫生保健知识，以增强学生体质，促进其身体各系统、器官的良好发育，从而提高学生以身心和谐为基础或核心的全面发展水平。

体育的目的与任务可归结为如下几个方面：学校体育的总体目的就是促进学生身体正常发育，结构、机能健康发展，从而为学生的全面发展提供必要的物质基础。具体任务之一是使学生具备体育运动的基础知识、锻炼身体的基本技能与良好习惯；具体任务之二是增强学生体质，促进其机体活动能力（如走、跑、跳跃、投掷、攀爬、通过障碍等）与素质（如速度、灵敏、力量、耐力、柔韧等）的多方面发展；具体任务之三是以锻炼坚强意志与养成热烈情感为基础，培养学生的优良品德与健全人格；具体任务之四是促使学生形成精神振作、外貌整洁与举止文明的行为方式与习惯。

（二）身体素质教育与体育的关系

身体素质教育是体育的直接继承与发展。众所周知，自古以来，体育就受到人们的重视。中外思想家、教育家几乎都对体育的理论与实践做出了不少的贡献，如我国古代伟大教育家孔子倡导以智、仁、勇、艺来培养学生，使他们成为君子或成人，其中的“勇”就与体育相当。[①] 我国一直推行着使受教育者在德、智、体、美、劳几方面都得到发展的教育。必须指出，古今中外长期以来所实施的体育，实质上就是为了发展与提高人们（学生）的身体素质，只是没有明确地说出而已。在现代体育中，虽曾注意到素质培养问题，但却将它归结为体能素质，并具体地规定为速度、灵敏、力量、耐力、柔韧等五项，这大大窄化了身体素质的内涵与外延。

我国近年来兴起的素质教育，将身体素质教育作为其中重要内容之一。而这里所谓的身体素质，既包含了五项体能素质，也把体育所要培养的内容都囊括了进去。不仅如此，

① 王煜雯，张一诺．浅谈加强大学生身体素质教育的必要性［J］．情感读本，2017（11）：36.

为了适应时代的要求、合乎社会发展的需要，还进一步扩大了身体素质的外延，丰富了其内涵。由此看来，身体素质教育与体育既有联系，又有区别：一方面，体育的总体目的与四项任务，基本上适用于身体素质教育，后者是以前者为基础发展起来的；另一方面，身体素质教育又是时代的产物，从理论到实践、从思想到行动都拥有不少新的内容。因此，如果把身体素质教育与体育视为一个东西固然是错误的，但如果将身体素质教育视为全新的东西而与体育绝缘，则也是与事实不符的。我们应当否定这两种错误的观念。

二、大学生身体素质教育的基本要求

体育锻炼是促进人体发展的积极手段和重要方法。它对强健体魄、增强体质、提高力量、增进健康、延长人体的生命力都有着重要的作用和意义。

新陈代谢的同化和异化作用，运动生理上的超量恢复原理，生物进化论关于“用进废退”的法则，人类遗传学的遗传与变异理论，都是进行体育锻炼有效促进人体发展的科学依据和理论基础。

（一）体育锻炼

1. 体育锻炼对人体的主要作用

科学和实践都充分证明了体育锻炼对促进人体发展、增强体质具有重要作用。

第一，体育锻炼能改善和提高中枢神经系统的机能。体育锻炼一方面可以促使中枢神经系统及其主导部分大脑皮层的兴奋性增强，可以改善神经系统的平衡性和灵活性，提高大脑皮层的分析、综合能力，以保证机体对外界不断变化的环境有更大的适应能力。另一方面可以改善和提高中枢神经系统对身体内部器官的调节作用，从而使得对外界的各种刺激的反应更快，由强度较大的脑力劳动或体力劳动引起的疲劳出现得更晚、程度更轻等，使各器官系统的活动更加灵活、协调，机体的工作能力也就得以提高。

第二，体育锻炼能促进人体的生长发育，提高运动系统的机能，改善和提高人的形态、机能和素质。通过体育锻炼，可以使骨骼更加结实，抗压性提高，增强骨的抗折、抗弯、抗扭转等性能。体育锻炼对肌肉的发展有明显的作用，体育锻炼时，肌肉工作加强，血液供应增加，蛋白质等营养物质的吸收和贮存能力增强，使体纤维变粗，因而肌肉也逐渐粗壮、结实，有力量。又由于肌肉中储存氧气的“肌红蛋白”增加了，储存的营养物质“肌糖原”也增多，肌肉的毛细血管的数量因此大大增多，从而使经常从事体育锻炼的人比一般人的肌肉有更多的物质储备。通过体育锻炼，还可提高神经系统对肌肉的控制能力，使动作的反应速度、准确性和协调性都有很大提高。另外，体育锻炼对增强关节的灵活性和牢固性有很大的作用，体育锻炼使关节囊和韧带增厚，关节周围的肌肉力量增强，从而加强了关节的稳固性，又由于体育锻炼使关节、囊、韧带、关节周围肌肉的伸展性加大，因而也提高了关节的灵活性。

第三，体育锻炼可促进内脏器官的机能。从心血管系统来看，体育锻炼能提高神经中枢对心血管系统功能的调节，促使血液成分发生变化，提高心脏机能，使血液循环系统的结构发达，从而有助于提高学习、工作效率。从呼吸系统来看，体育锻炼能使呼吸器官的结构和机能得到改善和提高，能使呼吸机能增强，肺活量增大，从而保证人体坚持长时间的体力和脑力劳动。从消化系统来看，坚持体育锻炼，对提高消化器官的机能有良好的作用，它可使胃、肠的蠕动力增强，消化液的分泌增多，增加食欲和消化能力，有利于体质的增强。

第四，体育锻炼可以预防和治疗某些疾病，是推迟衰老和延长生命力的重要手段。

第五，体育锻炼还可以调节人的心理，丰富文化生活，消除疲劳和振奋精神，使人朝气蓬勃、精神愉快、精力充沛，从而更好地去学习和工作。

身体锻炼对人体发展的作用是多方面的，大量的事实证明，同一年龄的人，经常从事身体锻炼的比不从事身体锻炼的，体质要明显更好，身体明显更健康，更能抵抗疾病。

2. 体育锻炼的基本原则

体育锻炼不是盲目的随意性的活动，而是有目的、有原则、有方法的一种人体的科学活动。我们已经知道体育锻炼的目的在于强健体魄，增强体质，提高力量，增进健康，延长人体的生命力，更好更长地学习和工作。那么怎样进行体育锻炼才能达到这一目的呢？这就要求我们必须首先掌握体育锻炼的基本原则。

第一，因人制宜，合理选择。锻炼身体的内容和方法很多，每个参加体育锻炼的人，应根据自己的实际情况，主要是身体状况，合理选择锻炼的内容和方法。参加锻炼的人有男有女，有老有少，各人的健康状况也不同，锻炼的基础也不一样，有的锻炼者是为了全面发展身体素质，有的是为了健美，有的是为了恢复健康，有的是为了延年益寿。因此，每个锻炼者，都要根据自己的生理特点，身体的健康状况，结合工作、学习、生活等实际情况和需要，选择适合自己的锻炼内容和方法，合理安排锻炼时间和运动量，才能收到良好的效果。

第二，循序渐进，持之以恒。进行体育锻炼，必须遵循人体机能活动的规律，循序渐进地锻炼身体。由于人体的各个器官系统的机能需要一个进步发展、不断提高的过程，如果不遵循这一规律，不仅不能增强体质，反而会损害身体的健康。进行体育锻炼，不仅需要循序渐进，而且还必须持之以恒，在锻炼内容和方法及运动负荷等方面，力求连续性和系统性。人的体质，只有在经常的体育锻炼中，才能得到增强，才能不断调节和促进人体的发展。如果“一曝十寒”“三天打鱼，两天晒网”地去锻炼，是没有任何效果的，不能达到增强体质的目的。

第三，适宜的运动负荷。在体育锻炼中，运动负荷是否适宜，直接关系到锻炼的效果。实践证明，运动负荷过大，不仅不能增强体质，甚至还会损害健康的身体；运动负荷太小，锻炼效果不大。因此，选择适宜的运动负荷，才能有效地增进健康，增强体质。在安排适宜的运动负荷时，应该清楚，所谓适宜的运动负荷只是相对的，不是绝对的，应该因人、因时、因健康状态而异。要合理安排锻炼和间隔的时间，并且逐渐增加运动负荷。如果条件许可，可以通过医务监督，掌握适宜的运动负荷。

3. 体育锻炼的内容

体育锻炼的内容是多种多样的，现将其主要内容简单介绍如下，以供锻炼者有目的、有计划的选用。

第一，健身运动。这是指为了一般增强体质而从事的体育锻炼。它主要是为了发展和增强人体内脏器官的功能，尤其是心血管系统和呼吸系统的功能，以及力量、耐力、速度、灵敏、柔韧等素质。一般来说，年轻人最好选择球类、田径、体操、游泳等来锻炼身体。

第二，健美运动。这是为了人体的健美所进行的体育锻炼。主要运动有举重、器械体操、技巧、舞蹈、韵律体操和健美操。健美运动越来越受人们欢迎，尤其是青年人更倾向于选择这一运动。

第三，民族体育。它是指具有民族特点和民族传统的体育项目。我国民族体育运动历史悠久，内容丰富多彩，深受人民喜爱，近年来，不仅在国内普及面较广，还引起国外广泛重视。

第四，医疗体育。这主要是为了治疗某些疾病而从事的体育锻炼，它包括散步、慢跑、太极拳、气功、矫正操、按摩、保健操等内容。

第五，娱乐体育。这是为了丰富文化生活、调节心理而进行的带有娱乐性的体育运动，包括滑冰、滑雪、爬山、钓鱼、下棋、踢毽子、游戏等内容。

身体锻炼的内容选择，要符合“因人制宜，合理选择”的原则，内容选择恰当，锻炼的效果就比较好，否则，就会收效不大，或无效果，甚至还会产生相反效果。因此，选择锻炼内容时，应注意针对性（针对自己实际情况进行选择）、实效性（要选择锻炼价值大的内容，要少而精，讲究实效）、全面性（要考虑到全面锻炼身体）、季节性（要根据季节、气候和环境条件选择内容）。

（二）卫生保健

体育锻炼必须与卫生保健相结合，才能增进人体健康，预防疾病，提高人体素质。下面我们就从三个方面简要谈谈卫生保健。

1. 个人身体卫生

讲究个人身体卫生是保护和增进身体健康的必要措施，主要包括在饮食起居各方面建立符合生理要求的个人生活习惯、饮食卫生、皮肤卫生、口腔卫生等内容。

第一，养成良好的生活习惯。这就是要根据人体的生理要求，结合自己工作学习、生活的实际情况和需要，制定科学合理的作息制度，并严格按照作息制度去工作、学习和休息，逐渐养成良好的生活习惯。我们养成良好的生活习惯，按照客观的生理规律，保养和锻炼身体，积极工作和学习，必然获得较高的生命质量。科学理论和实践都充分地证明，有良好生活习惯的人总是比生活无规律或经常打乱生活规律的人健康长寿。

第二，注意饮食卫生和口腔卫生。我国有句古语，叫作“病从口入”，就是说如果不注意饮食卫生和口腔卫生，就很容易患病。因此，我们应做到定时定量就餐，不乱吃食物或吃不干净的食物，不吃没有经过卫生处理的生食，不吃没有熟透的熟食，不喝生水，适量饮水，不抽烟，少喝酒。另外饭后一小时以内不要进行剧烈运动，而活动后半小时以内不要进食。这是因为，一方面饭后在副交感神经支配下，血液集中在消化系统的各器官中，对食物进行消化和吸收，若饭后进行剧烈运动，肌肉皮肤同消化器官同时需要大量血液，血压会因血液不够分配而下降，大脑皮质和心脏所需的血液得不到满足，容易晕倒，甚至有生命危险；另一方面饭后剧烈运动，交感神经起支配作用，血液流向运动四肢，对消化腺的分泌和消化活动起抑制作用，从而影响消化功能，容易产生消化不良症。

第三，注意皮肤卫生。皮肤包围在人体的外表面，直接与外界环境相接触，有保护、感觉、分泌、排泄等作用。皮肤虽然具有保护机体防止病菌侵入人体内的作用，但是由于它经常与外界接触，难免附着各种细菌，另外汗腺会排出部分代谢的废物，而肤内的毛囊又是很容易受病的原体，如果不经常清洗，不仅容易患上皮肤病，而且还会产生其他疾病。因此，保持皮肤清洁卫生，才能保证身体健康。

2. 工作、学习、生活环境卫生

第一，保持人类生存的大环境的卫生。人类生长在自然环境中，人体与环境是辩证统一的。大气、水、土壤、森林、草地、城乡规划建设和居住条件等自然和社会环境因素对人体健康的影响很大，要有目的地改善、控制和消除上述环境中的有害因素，充分利用其有利因素，以预防和消灭疾病，并创造有益于人类健康的生活环境。我们要积极呼吁，保护自然环境，防止其受到破坏，对造成环境污染的单位和个人，我们应该强烈谴责，努力维护人类生存环境的卫生。

第二，保持我们周围的小环境卫生。我们工作、学习和生活的场所，是我们每天都要接触的，它的卫生状况如何，与我们的身体健康状况有直接的联系。我们要自觉执行卫生规则，经常打扫工作、学习和生活的室内外卫生，保持室内清洁整齐，空气新鲜，室外干净利落，环境优雅。努力维护公共场所的卫生，培养自己良好的卫生习惯，保证身体健康。

3. 卫生防疫和医疗预防

我们经常进行体育锻炼，并努力搞好个人身体卫生和环境卫生，这并不是说就可以杜绝疾病，这些只能起到增强体质、增进健康的作用。为了避免疾病，我们还必须进行卫生防疫，定期进行健康检查，运用医疗手段预防疾病，维护人体健康。

卫生防疫主要任务是调查研究自然和社会因素同人民健康的关系及传染病、寄生虫病的发生、发展和传播规律，并据此制订各种卫生措施，开展卫生防疫工作，我们必须积极参与爱国卫生运动，协助卫生保健部门做好卫生防疫工作，必须按照卫生部门的要求，做好卫生防疫。

医疗预防主要是通过定期进行健康检查来实现的。定期进行健康检查，可以了解身体健康状况，对疾病加以治疗，预防产生疾病，又可以使体育锻炼更有目的性，从而保证身体健康发展。

三、身体素质教育的意义

良好的身体素质是发展其他诸素质的物质基础。一个人只有具备健康的体魄，才有条件去认真学习科学文化知识和从事各项工作。青年是未来社会的主体，他们身体素质的好坏直接关系到中国的前途和命运。身体素质教育的意义是多方面的，以下仅就主要的几个方面做些分析。

（一）身体素质教育既是素质教育的重要内容，又是素质教育的重要手段

素质教育，从本质上来说，是以提高全民族素质为宗旨的教育。素质教育是为实现教育方针规定的目标，着眼于受教育者群体和社会长远发展的要求，以面向全体学生、全面提高学生的基本素质为根本目的，以注重开发受教育者的潜能，促进受教育者德、智、体、美、劳诸方面生动活泼地发展为基本特征的教育。

素质教育到底要发展学生哪些素质呢？众说纷纭，但不管是谁，不管从哪个角度去研究素质教育，都离不开身心素质，而促进学生身心全面发展，提高学生的身体心理素质，正是学校身体素质教育的本质功能和首要目标。因此，素质教育决不能没有身体素质教育。

（二）提高身体素质，有助于发展智力

身体素质教育对人的智力发展起促进作用，这早已被生理学、心理学等研究成果所证实。实施身体素质教育表面上看来是减少了学习和工作的时间，但实际上却是开发了人脑，提高了大脑的工作效率。那么，开展体育运动、提高身体素质有助于发展智力是否有科学根据呢？答案是肯定的。

第一，提高身体素质能增加大脑的重量和皮层的厚度，这样就为一个人保持旺盛的精

力、提高学习和工作效率奠定了良好的物质基础。而不常参加锻炼的学生，由于身体羸弱，过多的脑力劳动之后，容易出现失眠、健忘、神经衰弱等症状，这就妨碍了智力的发展，对学习效率必然会产生消极影响。

第二，提高身体素质能促进大脑的调节、反应功能。高级神经活动有两个基本过程，即兴奋和抑制，而运动则能加快兴奋和抑制的交替。判断一个人思考问题的速度和智力水平，可以通过测定脑细胞的反应速度而得出。体育运动则是提高脑细胞反应的强度、灵活性与精确性的有效手段。

第三，提高身体素质能提高体内的血糖水平。人体内部的血糖浓度在 120 毫克/100 毫升时，大脑反应最快，记忆力最强。在长时间的脑力劳动后，血糖浓度会持续下降，当降至 50 毫克/100 毫升时，就会出现头昏脑涨现象。运动能使人体内的胰岛素正常工作，促使肝储备更多的肝糖原，以备大脑需要时补充。

（三）提高身体素质，有助于保持心理健康

身体素质对心理健康影响是显而易见的。体格健壮的人与体弱多病的人相比，在认识、情感、意志、兴趣、性格等各方面会有很大差别。例如，身强力壮的人，无论遇到什么打击，都可能会表现出坚韧不拔、不屈不挠、不达目的誓不罢休的顽强意志；而体弱多病的人，一遇到挫折就可能一蹶不振，精神萎靡。就情绪而言，一个草木枯槁、天高云淡的秋日，体质良好者会感受到这是个美好的季节，并兴趣盎然地去参加各种活动；而在体质衰弱者的眼中，看到的可能只是索然寡味或肃杀悲凉。诸如此类，不一而足。

科技的竞争、经济的竞争等归根结底都是人才的竞争。新时期对人才的要求，不仅要有健康的身体，还需要有健康的心理，要保持青少年健康的心理，加强身体素质教育不失为一剂良药。

（四）提高身体素质有助于学生的社会化

在通过锻炼提高身体素质的过程中，应该对学生的行为规范提出要求，并使学生与群体自发产生的规范协调起来，使其转化为对学生有约束力的集体规范，尽可能借助舆论去保持集体的一致性，既形成凝聚力又防止盲目从众。在身体锻炼的过程中，学生间的相互作用产生了具有可感知的相互支持和认同关系后，所产生的潜在积极结果有一般社会化，未来心理健康，防止发生反课堂、反社会的问题和行为，掌握和控制冲动，角色的认同，透视力的培养，学习志向和运动成绩的提高等。

参考文献

［1］周非，周璨萍，黄雄平．教育教学管理与素质培养研究［M］．吉林人民出版社，2021.

［2］陆宝萍．高校学生公寓管理及文化建设初探［M］．北京：北京理工大学出版社，2021.

［3］王旭，刘小毛，王华．高校大学生素质教育工作实效与方法［M］．长春：吉林出版集团股份有限公司，2021.

［4］宋建卫，魏金普，杨洪瑞．大学生创新与创业教育［M］．北京：北京理工大学出版社，2021.

［5］唐博．大学生德育教育创新研究［M］．长春：吉林文史出版社，2021.

［6］卢保娣．大数据时代高校教育管理及其信息化建设［M］．长春：吉林大学出版社，2021.

［7］刘鑫军，孙亚东．互联网时代高校教育管理模式改革与实践研究［M］．长春：吉林人民出版社，2021.

［8］刘思延．高校教育教学管理实践与创新发展［M］．哈尔滨：哈尔滨出版社，2021.

［9］赵莉莉，赵玉莹，严婕．新形势下高校人才管理及素质教育创新研究［M］．延吉：延边大学出版社，2021.

［10］蔡明山．地方高校应用型人才培养的研究与实践［M］．上海：复旦大学出版社，2020.

［11］颜廷丽．“互联网+”背景下大学生创新创业能力培养研究［M］．北京：北京理工大学出版社，2020.

［12］冉启兰．教育管理理念与思维创新［M］．长春：吉林出版集团股份有限公司，2020.

［13］张文俊，张茜，高汝男．高校校园文化与就业创业管理［M］．吉林出版集团股份有限公司，2020.

［14］许文刚．大学生创新创业训练与实践指导［M］．北京：北京理工大学出版社，2020.

［15］宋丽萍．新媒体环境下高校学生教育管理工作创新研究［M］．长春：吉林大学出版社，2020.

[16] 丰晓芳，魏晓楠，陈晶．高校教育管理研究［M］．吉林出版集团股份有限公司，2020.

[17] 陈民．高校教育管理创新与实践［M］．长春：东北师范大学出版社，2020.

[18] 解方文．高校教育创新及其管理体系的建设［M］．北京：经济管理出版社，2020.

[19] 刘畅．德育视域下的大学生创新素质培养研究［M］．成都：电子科技大学出版社，2019.

[20] 王任祥，傅海威，邵万清．应用型人才培养教学改革案例［M］．杭州：浙江工商大学出版社，2019.

[21] 丁兵．当代高校教育管理研究［M］．西安：西北工业大学出版社，2019.

[22] 陈晔．新时期高校教育管理实践研究［M］．北京：现代出版社，2019.

[23] 郭晓雯．高校教育教学管理创新发展研究［M］．北京：北京工业大学出版社，2019.

[24] 丁阿蓉．高校教育管理与教师专业发展研究［M］．吉林出版集团股份有限公司，2019.

[25] 靳浩．高校教育与教学管理［M］．北京：北京工业大学出版社，2019.

[26] 刘欢．高校学生教育管理研究［M］．长春：吉林大学出版社，2019.

[27] 朱爱青．素质教育背景下高校教学管理制度改革的研究［M］．北京：中国纺织出版社，2019.

[28] 郝岩．我国高校教育创新管理的多元化研究［M］．北京：新华出版社，2019.

[29] 穆瑞杰．大学生体育人文素质的培养与发展研究［M］．北京：中国书籍出版社，2019.

[30] 刘畅．德育视域下的大学生创新素质培养研究［M］．成都：电子科技大学出版社，2019.

[31] 工明粤．大学生积极心理与素质培养［M］．武汉：武汉大学出版社，2019.